国連が創る秩序

領域管理と国際組織法

山田哲也
Tetsuya Yamada

東京大学出版会

南山大学学術叢書

Does the UN Create Order?:
International Territorial Administration and
the Law of International Organisations
Tetsuya YAMADA
University of Tokyo Press, 2010
ISBN 978-4-13-036140-8

はしがき

冷戦後の国際社会において数多くの内戦が発生したことは、改めて繰り返すまでもない。また、一九九〇年の湾岸危機を皮切りに、国際連合（国連）の安全保障理事会（安保理）を通じた集団的安全保障システムは、さまざまな問題を抱えながらも、冷戦期とは比べようのないほどの役割を果たすようになった。そのような国際社会の劇的な変化を受けて、国際法学においても、また、国際政治学においても冷戦後の国際社会と国連の役割を題材とした多くの研究が行われてきたことは周知の事実である。

そのような中で、本書が題材とするのは国連による領域管理（暫定統治）であり、中心的事例として取り上げているのは、カンボジア、コソヴォを中心とした旧ユーゴスラヴィア、東ティモールでの国連の活動である。カンボジアの内戦は冷戦中に発生したものであるが、冷戦終結とともに和平合意に達し、国連による領域管理を通じた国家再建が試みられた事例である。国連事務総長特別代表として明石康氏が任命されたり、自衛隊が派遣されたりしたこともあって、日本国内でもなにかと関心を集めた事例である。コソヴォは、一九九〇年代前半の旧ユーゴスラヴィア紛争の中でも政治的解決が遅れたこともあって、九〇年代後半に問題が深刻化した事例である。とくに、一九九九年には北大西洋条約機構（NATO）が安保理の授権決議によらずに軍事行動をはじめたため、その合法性が関心を集めることとなった。そのコソヴォでは、一九九九年六月から二〇〇八年の独立宣言まで、国連が実質的な統治機構として活動した。もっとも、独立宣言後も、国連による領域管理は正式には終了していない。ロシアがコソヴォの独立に頑強に反対しているからである。また、東ティモールは、インドネシアによる事実上の併合状態を解消するにあたっての住民投票に際して、独立派とそれに反対する併合派が激しく衝突し、一時はオーストラリア軍を中心とした多国籍軍が派遣される事態となった。その後、国連が領域管理を開始し、二〇〇二年の独立達成とともに活動を終了したものである。

このように三つの事例を並べてみると、紛争の時期や背景、発生場所、周辺国や大国の反応はさまざまであり、国連が領域管理を行ったという一点においてしか共通点を見出すことはできない。これらの三つの事例を基本的な題材として、いかなる分析が可能で、そこから何を導くことができるのであろうか。

本書で基本に据えた視点は次の三つである。第一に、これら三つの事例を含めた冷戦後の紛争に対する国際社会の対応を全体的に検討することである。国連は冷戦期に編み出した平和維持活動を基に、紛争後の復興支援にも積極的に関与し、現在では平和構築という独立した活動を活発に展開している。領域管理も紛争後の平和構築の一環として行われているのであるから、平和維持から平和構築への国連の活動分野の拡大を視野に入れる必要があることはいうまでもない。第二に、冷戦後の三つの事例を、過去の類似の制度や先例の流れの中に位置付けることである。本文でも言及しているが、カンボジアでの領域管理の制度設計にあたっては、国連の国際信託統治制度が参考にされている。国際信託統治制度は国際連盟の委任統治制度の後継なのであり、今日の領域管理の分析にあたっては、委任統治制度までをも視野に入れることになる。また、同じ国際連盟はダンチッヒ自由市やザール地域において、一定の施政権を行使したことがある。冷戦後の領域管理の分析においては、当然、これらの諸先例をも念頭に置く必要があろう。

このような二つの視点は、領域管理を単に冷戦後の事象とのみ捉えたり、国連の平和維持・平和構築の一手段としてのみ捉えたりするのではなく、国際組織を通じた領域管理を全体として捉える必要性があるという認識に連なっている。その上で、第三の視点として、そのような総体としての領域管理を国際法・国際組織法の観点から分析するということである。領域管理の制度論的な分析が、その出発点となることはいうまでもない。誰が、どのような手続きに従って領域管理の実施を決定し、その領域管理が現地でどのような権限を行使しているか、という点は領域管理の法的分析の第一歩である。しかし、単なる制度論的分析では事実に対する無批判な解説に留まる可能性もある。本書では、諸先例も含めた総体としての領域管理が、国際法・国際組織法に対するいかなる認識に基づいて実施されているか、ということも含めて検討することを試みることにした。

冷戦後の国際秩序分析においては、しばしば「帝国（的）」という言葉が登場する。国連による領域管理についても、帝国的な要素を含んでいるものとして批判の対象となることもある。本書は必ずしもそのような批判に与するものではないが、なぜそのような批判を招来するのか、という点を念頭に置きながら分析を進めている。その上で、そのような批判の根本にある問題意識を国際組織法学の中に取り込むことが、本書の最終的な目的である。

『国連が創る秩序』という本書の題名は、領域管理を通じて創られた、紛争後の新たな国家秩序そのものを意味するものではない。むしろ、国連が領域管理を通じて、どのような新しい秩序を創ろうとしているのか、ということに力点を置いている。また、そこには、国連が創ろうとする秩序がいかなる国際秩序観を反映したものなのか、という問題意識が含意されている。当然のことながら、この問題意識は、現実の国連の活動に対する批判的な、あるいは少なくとも懐疑的な認識に基づいている。それを基盤としつつ、総体としての領域管理分析を行っていきたい。

目次

序　章　国際秩序の中の領域管理
――分析視角と射程――

二〇〇八年二月一七日、コソヴォは独立を宣言した。これにより、一九九九年六月一〇日の国連安保理決議一二四四によって設置された国連コソヴォ・ミッション（UNMIK）の活動は終了することになる。もっとも、ロシアはコソヴォの独立を承認しておらず、UNMIKの活動を正式に終了させる安保理決議はいまだ採択されていない。とはいえ、安保理決議一二四四で「コソヴォにおける実質的な自治と自己統治の創設を促進」させ、そこに至るまでの間の「基本的な行政機能の実施」を主たる目的として設置されたUNMIKは、事実上、その使命を終えたといえよう。

本書では、このUNMIKにみられるような活動を「領域管理（territorial administration）」という名称で括っている。本書において領域管理とは、「人間が居住可能な領域に対して、国際組織が直接または間接に一定の統治権限を及ぼす活動」と定義している。コソヴォや東ティモールにおける国連の活動といった冷戦後の事例を中心に、類似の先例を含めて検討するための概念規定である。このような概念規定の妥当性については、改めて第三章で詳述することにするが、引用の際は暫定統治や領域統治といった用語も同義として扱っている。ただし、取り敢えず指摘しておくべきことは、二〇〇三年のアメリカおよびイギリスによるイラク攻撃の後に両国が国際人道法に基づいて実施したと考えられるイラク占領（占領統治）と、それと並行して実施された国連による復興支援活動は本書の検討対象としておらず、本書における領域管理概念に含めていない。

本書の問題意識は、この領域管理を題材に、国連を中心とした国際組織の活動を巡る法的論点を検討することに置かれている。このような問題設定を行った背景には、次の二つの問題意識が込められている。一つは、領域管理がいかなる法的根拠で実施されているかということであり、二つ目は、領域管理が実施されることが国際法秩序にいかなるインパクトを与えるかということである。

他方で、領域管理が、冷戦後の武力紛争への国際社会の対応において必ずしも主要な手段ではなかったことにも注意を向ける必要があろう。『ストックホルム国際平和研究所（SIPRI）年鑑』二〇〇四年版によれば、一九九〇年から二〇〇三年までに四八の地域で発生した五九件の紛争のうち、国家間紛争は四件のみであり、残りはすべて国内紛争であった(1)。このような現実を前に、安保理をはじめとする国連諸機関は国内紛争への対応に力を注いできたものの、コソヴォのほかに領域管理が実施されたのは、カンボジア（一九九二―九三年）、東スラヴォニア（一九九六―九八年）、東ティモール（一九九九―二〇〇二年）に留まる。

そのような領域管理を題材にして、いかに一定の深みを持つ理論的な分析が可能なのだろうか。領域管理を実施するにあたっての根拠や手続き、権限を国際法学的観点から分析・検討することは可能かつ必要な作業である。本書が目指すのは、そのような作業を踏まえつつ、武力紛争への事後的対応手段としての領域管理が国際社会の秩序変容とどのように関わっているかを視野に入れ、それを国際法学、とりわけ国際組織法学にフィードバックさせることである。そのような問題設定が可能であるか否かについて、いま少し掘り下げておくことにしたい。

一　冷戦後の武力紛争と平和維持・平和構築

一九九〇年以降、安保理における五大国間の協調を通じた、武力紛争への組織的対応が可能となった。国連憲章の構造上、国際の平和および安全を維持することは国連の目的の根幹を成すものであり、冷戦の終結に伴う国際秩序の変容の下で、集団的安全保障制度を通じた紛争への対応とその能力向上に対する期待は昂進した。国連憲章の解釈論のレベルにおいては、安保理が憲章第三九条に基づく平和に対する脅威の認定を積極的に行うことを通じて、さまざまな事態への対応を図った。湾岸危機（第一次湾岸戦争）における武力行使権限の多国籍軍への授権を契機に、その後、安保理は国内紛争に対しても積極的に自身の権限を行使し、その結果として平和維持活動（PKO）の設置・派遣数は飛躍的に増加するとともに、具体的任務も多様化・多機能化することになった。

これとあわせ国連は、種々の報告書を通じて、国連の紛争への対応能力の拡大を主張してきた。その嚆矢とも呼べる報告書が一九九二年の『平和への課題（*An Agenda for Peace*）』[(2)]であり、「平和構築（peace building）」も同報告書中で用いられることで注目を集めることとなった。平和構築とは、「紛争の終了、すなわち和平合意が成立したのち、紛争地域における人々の和解を達成し、経済的・社会的インフラや民主的政治・行政制度を再構築する、一連の活動[(3)]」、あるいは、「紛争発生の可能性を最小限化し、発生した紛争の拡大を防止し、紛争によるダメージを復興し、その地域の持続的開発に結び付けていくプロセスであり、平和構築の究極的な目的は、途上国にかかる能力を備え付けることにより、恒久的な自立発展を目指すこと[(4)]」と定義される一連の活動である。平和構築の概念規定には国連の一連の報告書においても時期によって変化が見られるが[(5)]、紛争の発生・再発を防止することを目的として、紛争発生の蓋然性が高い、あるいは、現に紛争が発生した国家（地域）の政治・経済・社会構造に対して一定の変更を試みる国際社会の関与という意味合いが込められているという点については一貫している。

領域管理も、そのような平和構築の一環として実施されている。とりわけ、ＵＮＭＩＫや国連東ティモール暫定統治機構（UNTAET）にみられるように、ＰＫＯが派遣先において現地の統治権限を包括的に行使している点を捉えれば、平和構築の中でも国連の役割がもっとも強大となる手法であるといえる。すなわち、冷戦終結に伴う国際社会の構造変化を受け、国連の集団的安全保障システムやＰＫＯは、国連の役割の拡大・増大という方向で変容を遂げてきた。とくに、平和構築を通じて、国連は紛争後国家（地域）の秩序再建にも深く関与するようになった。領域管理もその一つの手段であり、それがいかなる法的根拠や手続きに基づいて、いかなる秩序を再建しようとしているのかを問う必要がある。それが本書の第一の目的である。

二　歴史的文脈の中の領域管理——介入を巡る問題として

冷戦後に実施された領域管理が数的には限定されている一方で、領域管理が冷戦後に特有の現象でないことも事実である。また、領域管理が国際組織に固有の活動なのではなく、その原型あるいは源流として、国家が他国領域に一定の権限を有したり、支配を及ぼしたりする諸制度が存在してきたことを見逃すこともできない。国家領域の一部または全部について、当該領域国の合意に基づいてその主権の行使が停止あるいは制限されるという事例は、歴史上、多数存在する。代表的なものとしては、国際地役、租借、保護国・保護領、共同統治（condominium）があり、さらには、植民地の国際的管理制度である委任統治や国際信託統治も含まれる。国連による近年の領域管理を題材とした研究の中には、東ティモールやコソヴォでの国連の活動を国連の保護領などと表現するものが少なからず存在する[(6)]。そのような表現の法的妥当性はともかく、文明国による野蛮国・未開国の保護領化（植民地化）という文脈で、先例との対比や先例からの類推が行われる背景には何があるのだろうか。

領域管理の検討において、保護領や文明化の使命といった一九世紀的国際秩序を髣髴させる用語が使用されることは、冷戦後の国際政治学・国際関係論が一九九〇年代以降の武力紛争とそれへの国際社会の関与のあり方を巡る議論において「介入（intervention）」をキーワードとしてきたことと関連する[(7)]。一九九〇年代以降の国際政治学・国際関係論が介入を巡る議論を盛んに行うようになった契機は、一九九〇年四月五日付け安保理決議六八八を通じた、湾岸戦争後のイラクにおけるクルド人保護のための行動あたりであろう[(8)]。この種の介入が、介入される側の合意・同意・

要請に基づく合法なものであるのか否かということは、いったん脇に置くとして、冷戦後の国際社会において介入への関心の高まりは、国内紛争の多発という現実の前で「外部からの適切な介入がなされなければ逆に局地紛争がエスカレートし、人道危機に拍車がかかるという逆説[9]」に基づくものであった。いいかえれば、国際社会全体における、人権・人道に対する規範意識の高まりに根ざすものであった。この介入を巡る議論において特徴的なことは、今日の介入が旧来の一九世紀的な介入政策とは異なり、「国際社会の規範を体し、一定の正統性を帯びているものと受け取られる[10]」であろうことを前提としていることである。

一九世紀的国際秩序の産物としての文明・野蛮・未開や保護領といったものが、今日の国際秩序においても旧態依然のまま存続していると考えるのは早計である。むしろ、今日の領域管理を通じた国内秩序構築のための介入的活動がいかなる国際秩序との「共振[11]」に基づいて実施されているのか。また、この点が領域管理の歴史的先例といかなる関係にあるのか。そのようなことを検討することが本書の第二の目的である。

三　現在と過去の交錯――国際法・国際組織法の問題として

今日的な意味での介入は、単に一国内で現に発生している武力紛争への対応・関与というものに留まらない。そこでは、武力紛争の有無よりもむしろ、人権・人道という価値や規範の世界規模での実現こそが重要な目標とされるのであり、紛争後の平和維持や平和構築は、この目標達成に向けた重要な手段として位置づけられている。そのため、介入を巡る近年の議論の動向は、国家間秩序としての国際社会およびそれを法的に支える規範体系としての国際法（学）に対し、主権・平等・不干渉という従来の根本的な規範への再検討を迫ることになる。具体的には、平和維持や平和構築はもとより開発援助における「良い統治（グッド・ガバナンス）」の要求などを「内政干渉の国際政治の復活であり、国民主権観の支配する国際秩序の再形成[12]」と見る国際政治学的分析に対して国際法学としてどのように答えるのかという問題提起に結び付くことになる。

本書の第三の、そして最終的な目的である、領域管理を国際組織法学の問題として捉える、ということは、このような国際政治学・国際関係論からの問いかけに対する国際法学からの応答という点に関わる。

冷戦後の国際社会の秩序構造の変容において、国連などの国際組織は、介入の合法性と正統性を担保する装置として位置づけられてきた[13]。その一方で、安保理における透明性の欠如、拒否権の存在およびアメリカの影響力を批判し、これらを通じて伝統的な平等原則が変容し、国際組織が率先する形で「帝国的なグローバル国家」が出現しつつあるという主張があることも見逃せない[14]。このような批判に見られるように、国連（安保理）の行動は必ずしも価値中立的に行われるわけではなく、安保理理事国、とりわけ常任理事国五カ国の利害によって左右される。人権・人道や民主主義といった、これまでどちらかといえば国内の統治原理とされてきた価値・規範を、国連の活動を通じて国際的に追求するという過程で、国連は国際秩序と国内秩序の共振の媒介者となる。この時国連は、その存在だけではなく、個々の活動レベルで正統性を持っているかどうかが問題になる。

ここでいう正統性とは、平和構築に内在するイデオロギー性や権力性をどのように理解し、評価するか、という問題に直結する。紛争後の国や地域に、一定の、あるいは、特定の理念を反映させた秩序を構築させようとするとき、国連は否応なくそのイデオロギーや理念の片棒をかつぐ立場に置かれ、国連自身も平和構築の対象となっている国や地域、さらには現地住民に対して権力的な存在として立ち現れるからである。仮にそれが政策的に許容されるにせよ、法的な観点からの考察を等閑視してよいことにはならない[15]。国連をはじめとする国際組織は国家間の条約によって創設される存在である。その任務・権限・活動も条約によって規律されるため、国際組織法とは、そのように創設される国際組織を規律する国際法の一部として認識される。従って、国連の活動を巡るイデオロギー性や権力性の問題も、究極的には国際組織法の問題として認識されざるを得ない。さらにまた、国連の活動を通じて実現されるべき規範の内容についても、国際組織法はもとより、国際法体系全体との整合性も問われなければならないのである。[16]

領域管理が、保護国・保護領や委任統治・国際信託統治などと並列的に取り扱われて議論されていることは既に述べた。PKOを通じた領域管理を含め、領域管理の場合も、対象領域における領域国の主権が国際組織に委譲される結果として、領域国による主権行使が停止あるいは制限されるのであるから、委譲先が国家であるか国際組織であるかという点を除けば、領域管理と歴史上の先例との間に本質的な差はない。植民地保有の合法性を前提とした国際法秩序の下での諸制度と、植民地保有が違法化された今日の国際法秩序の下での領域管理の間に何らかの共通点があるのだとしたら、それを国際法学全体の問題としていかに理解すべきだろうか。この点は、第一の問題意識として挙げた、領域管理の実施における制度・手続き的な側面とは異なる意味で、やはり法的な考察を必要とするのである。

四　本書の構成

以上のように考えてみると、領域管理の実例を先例も含めて検証することを通じ、そこに関わる法を体系的に検討することで、今日の国際社会における国際法・国際組織法の特質や問題性の一端を描き出すことが可能であるように思われる。そこで、本書では次のように考察を進める。

まず「第Ⅰ部　冷戦後国際秩序と国連」では、冷戦後の国際秩序の変動が国連憲章体制にいかなる影響を与えたか、また、それに伴う国際法学およびその近接分野の理論動向にいかなる影響を与えたかを概観する。本書の目的の第一番目の考察にあたっての、準備作業でもある。第一章では、国連のPKOが平和維持のみならず平和構築をも任務とするようになった経緯を中心に整理する。それに基づいて第二章において、領域管理を含む平和構築の諸手段の登場が、国際法・国際組織法にいかなる影響を与えたと考えられるかを、前提的・予備的に考察する。

「第Ⅱ部　領域管理の系譜と活動」では、領域管理の概念規定を明確にするとともに、諸先例も含めた領域管理の実例を第三章で俯瞰する。第四章では、領域管理を実施するにあたっての法的根拠や手続きを中心に、国際組織法における組織法の観点から整理する。本書の問題意識の第一点目が、ここで中心的に取り扱われることになる。これに対し、第五章は、領域管理という制度の下で実施される任務を治安（秩序）維持や現地の統治機構創設を中心に検討する。国連をはじめとする国際組織がいかなる秩序を現地に創り出そうとしているのかが主要なテーマである。

「第Ⅲ部　領域管理と国際組織法」では、問題意識の第二点目と第三点目に関わる論点を扱う。第六章では、冷戦後の国際社会において主権平等原則が変容し、一九世紀的国際秩序が再来しているという指摘や、それに伴って国際組織の正統性に疑義が生じているとの指摘に対して、領域管理の文脈でいかなる回答が可能かを試みる。第七章では、問題意識の第三点目を扱い、領域管理を巡る問題が国際組織法に対していかなる影響を与えていると考えられるか、また、その結果として今後の国際組織法学が取り組むべき課題が何であるかを明らかにすることを試みている。

国連は領域管理という手段を通じて、紛争後国家（地域）に何らかの秩序を構築しようとしている。国連が創ろうとしている秩序の内実は何か。また、そのとき国連自身はいかなる国際秩序を前提としているのか。国際秩序と国内秩序の間に共振があるのなら、共振の媒介者としての国連は、国際秩序と国内秩序の間に立って、いかに両者の整合・調和を図ろうとしているのか。さらに、それが国際社会の規範意識、あるいは国際法や国際組織法の実定的規則や既存の学説・理論とどのように関わっているのか、以下、順に検討したい。

第Ⅰ部

冷戦後国際秩序と国連

第一章　冷戦終結のインパクト

本章では、領域管理を考察する準備作業として、今日の国際社会の構造について整理しておきたい。冷戦終結に伴う国際社会の構造的変化については、国際政治学を中心に既に多くの論点が提示されているし、国際法学も一定程度の影響を受けている。そこで共通している問題関心の一つは、先進国対途上国といった形での国家間秩序の（再）階層化を巡る問題といってもよいだろう。「内政干渉の国際政治の復活[1]」という批判的評価にも見られるように、内政不干渉を基本的原則に据えてきた国家間秩序への修正を迫るような現象が、冷戦後の国際社会に出現しているのである。

そのような議論の代表例として挙げられるのが、人道的介入の正統性を巡る問題である。また、それと深く関わる点として、「破綻国家」、「保護する責任」、「人間の安全保障」など、国家あるいは政府の統治能力を対象とする議論や、国際社会による積極的保護の対象として住民一般を位置付ける議論が出現したのも特徴的である。これらの用語が、法的概念として明晰性を備えているかどうかは別にしても、いずれも国家の領域支配の正統性とかかわっていること自体が極めて興味深い現象であり、それを念頭に置きながら、国際法の立場から国際社会の構造変化をどのように捉え得るか、またそれが領域管理の正統性を巡る問題とどのように関わり得るかを検討することが必要になってこよう。

第一節　冷戦後国際秩序と国連の集団安全保障

一　国際社会の脅威の変化――湾岸危機から内戦へ

一九九〇年八月二日未明に発生したイラクによるクウェート侵攻（湾岸危機）とそれに対する国連の対応は、冷戦終結後の国際秩序とそこでの国連の役割を巡る、その後の一連の期待と幻滅の入り口であった。

侵攻直後に賛成一四、反対〇、投票不参加一（イエメン）で採択された安保理決議六六〇は、この侵攻を「国際の平和および安全の破壊」と認定し、国連憲章第四〇条に基づいてイラクに対し、即時撤退を要求した（同決議主文第一項）。その後、安保理決議六六一（八月六日）による経済制裁発動を経て、遂に安保理は決議六七八（一一月二九日）により、一九九一年一月一五日までにイラクがクウェートから撤退しない場合には、「クウェート政府に協力している加盟国」に「必要なすべての手段をとる権限」、すなわち武力行使権限を与えることとしたのである。一九九一年一月一七日に開始された、アメリカを中心とする（湾岸）多国籍軍（Multi National Force）による軍事行動の帰趨は改めて記すまでもない。

もっとも、この多国籍軍に対して国連の指揮・命令が及ばず、軍事行動の詳細について安保理に報告さえされなかったことなど、国連の授権に基づく多国籍軍による軍事行動を巡ってはさまざまな問題点がある。安保理理事国の中でさえ、決議六七八の採択に際してはキューバとイエメンが反対票を、中国は棄権票を投じている。この決議六七八に基づく多国籍軍の軍事行動の合法性（合憲章性）を巡る論点、とりわけ国連憲章第四二条の下でこのような授権が可能かどうかについては見解が分かれる。(2) その点については、本書の目的から逸れる上、大多数の国際法学者が一応は決議六七八を合法と捉えていると思われるので、(3) これ以上は立ち入らない。

ただ一点記しておくべきは、隣国への武力侵攻というあからさまな国際法違反に対し、曲がりなりにも安保理が大国の協調を取り付けて意思決定を行い、国連の枠外であったとはいえ集合的な措置を通じてクウェートをイラクから解放したという事実がもたらしたインパクトである。いいかえれば、冷戦終結直後という時代に、湾岸危機が一定の成功体験として記憶されることになった事実である。このことがその後の数年間、国連を通じた集団的安全保障に対する期待感を生むことになったのである。もちろん、決議六七八が加盟国に授権した武力行使権限の範囲や、国連（安保理）との関係など、実体的側面においても手続き的側面においても法的な不十分さ・不明確さは残る。また、そのような問題が残るが故に、湾岸危機に対する国連と大国（アメリカ）の行動の正統性に疑問を付すことはできる。とはいうものの、同様の事態が冷戦期間中に起きていれば、「同侵攻は冷戦構造に組み込まれたであろう」し、「米国とソ連が対峙するといった展開に発展[4]」したであろうことも想像に難くない。それに比較すれば、安保理決議も存在し、アラブ諸国（特にサウジアラビア）の参加も得た多国籍軍の行動は、全体として比較的正統性の高いもの[5]として評価され、また、そうであるからこそ国連内外において、安全保障問題に対する多国間主義（multilateralism）に基づく対応への期待が高まったのである。

しかし、国連への期待が失望に変わり、賞賛が非難に変わるまでに長い時間を要することはなかった。それは、繰り返し指摘されているように、冷戦後の国際社会が直面したのは、湾岸危機のような国家間での武力行使を巡る問題ではなく、アフリカを中心として多発した国内紛争だったからである[6]。序章でも記したように、一九九〇年以降に発生した紛争の九割以上が国内紛争であった。この事態に対し、当初、国連は、多国籍軍や冷戦期とは異なる職務権限を持ったＰＫＯを通じて対応することを試みた。ＰＫＯの変容・変質については次の二で整理することにし、ここでは、より一般的な問題として、国内紛争に従来の集団的安全保障システムを適用することの限界について触れておきたい。

改めて国連憲章の文言を引用するまでもなく、国連設立の最大の目的は国際の平和と安全の維持である（憲章第一条一項）。この目的を達成するために、憲章第七章が存在するといってよい。もっとも、南ローデシア問題や南アフリカのアパルトヘイトといった国内問題が、憲章第三九条の下で「平和に対する脅威」として認定された事例は存在するのであり、佐藤哲夫が記すように、「『平和に対する脅威』は国家間における武力の行使を引き起こしうるという意味での脅威」という憲章起草当初の理解は、冷戦期間中から既に拡大の兆しを見せてはいた[7]。とはいえ、武力紛争化した国内紛争に対して、国連、とりわけ「大規模侵略対応型の《集団安全保障》[8]」で対応できるか、また、手続き的側面において、それが「平和に対する脅威」を構成するかどうか、冷戦終結後の段階で自明だったわけではない。また実態にも目を向ければ、発生の原因も多様で、正規軍以外の武装勢力や住民までもが戦闘に参加し、通常の国家間での戦争よりもはるかに深刻な人道的危機を発生させる国内紛争に対し、国連が効果的に対応できるか明確ではなかったのである。サッタリン（James S. Sutterlin）が指摘するように、冷戦終結と湾岸危機を通じて、国家間武力紛争に対しては安保理が一致してそれに対処する、という点についての常任理事国間の見解が得られたときには、既に紛争の大部分は国内紛争という、国連憲章が意図せず、また、国連に対応の用意がない状況が生まれていたのである[9]。

そのような状況において、安保理は、当時のいくつかの国内紛争に対して、多国籍軍と自衛目的を超えた武力行使権限を与えたＰＫＯの派遣という形で対応した。このような対応の成否、あるいは、個々の活動に対する評価は行わないが、少なくともソマリアにおける「統一タスクフォース（UNITAF）」と「第二次国連ソマリア活動（UNOSOM II）」、および、旧ユーゴスラヴィアにおける「国連保護軍（UNPROFOR）」の活動がそれぞれ失敗に終わったことで、冷戦後の国際社会における国連の役割への期待が過大あるいは過剰なものであったのは事実である。またほぼ同時期（一九九四年四月）に発生したルワンダ内戦に対し、既に派遣されていた「国連ルワンダ支援団（UNAMIR）」の規模縮小が決議され（安保理決議九一二、一九九四年四月二一日）、その後、フランスの申し出による多国籍軍（「トルコ石作戦（Operation Turquoise、安保理決議九二九、同年六月二二日）」）への授権までの約二カ月間、凄惨な虐殺が放置されたことも、国連と安保理理事国（とりわけ常任理事国）の意思と能力に疑問を投げかける出来事であった。

湾岸危機からの約五年間、国連は、国内紛争の多発という事態とそれに対する対応のあり方を巡って、いわば迷走状態にあった。そのことは、ブトロス＝ガリ（Boutros Boutros-Ghali）事務総長（当時）の余りにも有名な二つの報告書『平和への課題』[10]と『平和への課題・追補』[11]における、国連の集団的安全保障システムに対する国連自身の認識を巡る落差からも明らかである。『平和への課題』では、冷戦終結によって、国連が「紛争の防止および解決ならびに平和の保持の中心的制度になった」[12]と高らかに謳い上げ、それに基づき、従来のPKOよりも重装備な「平和強制部隊（peace-enforcement unit）」の創設を提案した。[13]これに対し、一九九五年の『平和への課題・追補』では、ソマリアと旧ユーゴでの経験に基づき、PKOによる武力行使が現実的な選択肢ではないことを率直に認めざるを得なかったのである。[14]

二　PKOの多様化・多機能化

冷戦終結と湾岸危機発生は、集団的安全保障システムとしての国連に対し、新たな期待を生んだと同時に、さらなる難問を突きつけることになった。それは冷戦期間中、憲章が予定していた集団的安全保障システムの麻痺を受けて独自の発展を遂げたPKOについても同様である。近年の領域管理――カンボジア、東スラヴォニア、コソヴォ、東ティモール[15]――がPKOを通じて実施されていることを考えれば、ここで冷戦後のPKOの変容についても全般的な整理をしておく必要があるだろう。[16]

一般にPKOは「平和を脅かす局地的な武力紛争を平和的に収拾するために、国連が関係当事者の同意の下、その権威を象徴する軍事組織を現地に派遣し、停戦や兵力の引離し、非武装化の監視、治安維持といった警察的任務にあたらせ、その公正・中立的な立場により、紛争の最終的・政治的決着を目指す国連活動[17]」と定義されてきた。PKOが国連憲章に明文の根拠を置かず、実行を通じて定着した活動であるため、何を基本原則と見るかについては論者により多少の相違があるものの、「関係当事国の同意・中立・自衛以外の武力行使の自制」を中核的原則として挙げることに異論はなかろう[18]。納家政嗣が指摘するように、冷戦という国際政治構造によって規定されたPKOの役割は、東西両陣営の狭間で発生した紛争に対して派遣され、「同意原則の徹底化」により、「存在することだけ[19]」を任務としつつ、それでも一定の成果を収めてきたことは紛れもない事実である。

停戦監視や兵力引き離しという、従来からの任務に変化が生じたのは、冷戦終結よりやや早く、一九八九年四月に派遣された「国連ナミビア移行支援グループ（UNTAG）」に遡る。その後、エルサルバドル、西サハラ（ともに一九九一年）、カンボジア（一九九二年[20]）、と相次いで議会選挙の実施・監視や人権状況の監視を任務とするPKOが派遣されるようになった。この頃から任務の多様化・多機能化と呼ばれる現象が見られるようになり、そのようなPKOを指して「第二世代のPKO」という呼び方も出現するが、上記の基本原則に根本的な変化が生じたわけではない。

PKOについて、「世代」という用語で分類を試みることを「進歩主義者（progressivist）」的とする批判[21]はあるものの、①PKOを伝統的原則に忠実で、停戦監視・兵力引き離しなど限定的な軍事的活動のみを任務とするもの、②伝統的原則に忠実ながらも、選挙監視など民政分野や人権・人道分野を任務に加えたもの、③伝統的原則に必ずしも忠実ではなく、必要な範囲で武力行使権限を認められたもの、の三種類に大別することはできる。既に見たように、③に分類されるPKOは、集団的安全保障システムとしての国連を再検討した時期（一九九〇年代前半）の徒花であった。国連（事務総長）の指揮・命令の下で、PKOの基本原則を枉《ま》げてでも一定の規模の軍事力を行使することを通じて所期の目標を達成しようとすることは、今日においても政治的・軍事的に不可能である。二〇〇〇年八月にアナン（Kofi A. Annan）事務総長（当時）の諮問を受けて開催された「国連平和活動に関するハイレベル・パネル

(The Panel on United Nations Peace Operations)」の報告書（いわゆる「ブラヒミ報告」）でも、強制行動とPKOを峻別しつつ、「国連は戦争（war）を行わない。強制行動が必要とされる場合は、憲章第七章の下に行動し、安保理の授権（authorization）に基づき、意志のある国々の連合に一貫して任せてきた」と記し、国連第二次ソマリア活動（UNOSOM II）やUNPROFORのような「第三世代のPKO」に否定的な見解を示すとともに、平和構築の重要性について紙数を割いている[22]。伝統的原則に則りながら、②の民政・民生分野の活動も行うPKOは、①と並んでPKOとしての正統性も得やすく、当事国・関係国・要員派遣国からの理解も得やすい。要は、国家間の紛争より国内紛争が増加したため、単なる停戦監視のような軍事的な意味での治安維持に留まらず、国内の社会秩序の再建を任務に加えた平和構築型のPKOへの需要が高まったのである。

UNOSOM IIやUNPROFORといった、いわゆる「第三世代のPKO」の失敗を受け、PKOの設置・派遣における「同意原則」の重要性は、既に『平和への課題・追補』の時点で再認識されていた[23]。その一方で、従来はPKOと無関係と考えられてきた憲章第七章が、「第三世代のPKO」以外のPKOの派遣に際しても言及されるようになったことは、冷戦後のPKOの特徴である。第七章に言及することが直ちに「平和強制」的な武力行使に道を開くものとはいえず、言及の仕方も決議によって差が見られるのであり、第七章に言及することの法的効果については個別の検討を必要とする[24]。詳細は第四章で検討するが、領域管理を実施するにあたり、必然的に国連憲章第七章が言及されているわけではなく、「受入国の同意除外といった個別の事情や、暫定統治機構設置にいたる交渉過程の内実を含めた紛争管理形態に応じて現れたもの[25]」であるという、酒井啓亘の見解をここでは紹介するに留めておく。

PKOが平和構築を任務に加えることに伴い、そのような平和構築型のPKOにおいては伝統的PKOとは異なる困難に直面することになった。それは、PKOの任務の多様化によって、現地に派遣される要員も、軍事要員に加え、文民警察官や文民要員の重要性が高まり、国連内部の人道援助機関や非政府機関（NGO）も加わるようになったことである。これに伴い、ブラヒミ報告以降、ＰＫＯの計画立案から実施に至る一連の過程での調整・連携の確保という問題に実際上の注目が集まることになった。(26)

第二節　平和維持から平和構築へ

一　平和構築の概念

平和構築は、紛争後の復興・再建を目的とした国連の活動を指す用語として登場したものである。前節で見たように、内戦の増加は、紛争発生国（地域）の復興・再建を誰がどのように行うか、という問題を生んだ。他方で、平和構築を的確に定義することが困難であることを始めに認識しておく必要がある。それは、平和構築の名の下に実施される活動が多岐に亘ることによる。ブトロス＝ガリは、『平和への課題』の中で、「紛争の再発を回避するために、平和を強化・強固にする構造を特定し、支援する行動(27)」として平和構築という言葉を使用した。その後、国連文書（報告書）レベルでも、定義の修正・変更（篠田英朗によれば「精緻化(28)」）が行われているが、それでもなお、定義として確立したものはなく、平和構築という言葉を使う者・文脈に依存しているといわざるを得ない。

この点について、例えば、稲田十一は、平和構築の定義に広狭の二種類があることを指摘する。それによれば、平和構築は、狭義では、紛争終結直後から実施される「平和的制度構築」の意味で用いられるのに対し、広義では、軍事・外交（政治）・経済（開発）のすべてにかかわる「すべての活動」の意味を含む。従って「復興支援」との異同も曖昧なものとなる。(29)加えて、「誰が、誰に（どこで）行う活動」を平和構築と呼ぶか——例えばアフガニスタンやイラクでアメリカやイギリスが実施する活動を含むかどうか——も判然としない。

二　平和構築の理論的課題

冷戦構造の下で、平和維持とは、停戦監視や兵力引き離しといった消極的ないし受動的な任務を指す用語として用いられてきた。これに対し、平和構築は、たとえそれが国連のPKOという冷戦期と同様の組織形態を通じて実施されるにせよ、平和的制度構築なり復興支援を任務とする以上、従来とは異なる積極的あるいは能動的な意味合いを持つことになる。

国内紛争の多発が国際的な安全保障問題として認識されるようになると、当然のことながら、紛争の再発防止についても国際社会の積極的関与が必要となる。国内紛争の原因を、紛争発生国が国家の体を成しておらず、その結果として国内で武力紛争が発生する、という、いわゆる「破綻国家」あるいは「崩壊国家」の問題に求める見解がある。ここで問題になっているのは、紛争発生国の国家性そのものの問題ではなく、それぞれの国家の統治の内実である。破綻国家・崩壊国家が果たして国際法学的に意味のある概念であるかどうかという問題はともかく、このような用語が「良い統治（グッド・ガバナンス）」と対を成す形で各国家の統治の巧拙を判断し、序列化しているのは確かである。(30)

ここで統治の基準をどこに、あるいは何に見出すか、また、基準を達成していない国や紛争によって統治機構が崩壊した国家に対して、いかなる能力構築（キャパシティ・ビルディング）が可能か。また、国際社会から与えられた能力構築の機会を受け入れようとしない国に対して、強制的・介入的に一定の統治基準を押し付けることが妥当か、という問題が生じる。さらに介入する側の問題として、平和構築と呼ばれる活動が拠って立つ理念なり哲学は何かということも問題となる。

既に触れたように、冷戦末期に派遣されたPKOの中には、国内紛争終結後の国内選挙監視や人権状況の監視を任務とするものが登場している。このような経験を踏まえて、民主的な国内制度の構築を目指す、あるいは、国際社会全体として各国内の民主主義を確保・育成することが、紛争後の国内社会に対する国際社会の支援・協力という意味での平和構築においては重要とされる[31]。そのことが強く意識される背景には、冷戦が西側民主主義陣営側の勝利に終わり、民主主義体制がより平和をもたらしやすい体制であるとの信念が一般化したこと、また、国内の平和と国際社会の安全との双方において民主主義が重要な役割を果たすと信じられるようになったことが挙げられる[32]。民主主義が定着していないが故に紛争が発生したとされる国に対して、紛争の再発防止のために民主主義を定着させる。それが、平和構築の眼目である。たとえそれが紛争発生国の要請に基づくものであるにせよ、そのような活動は当然、外部からの介入を伴う、外科的な手法とならざるを得ない。そこに平和構築の、あるいは、紛争再発防止策としての領域管理の存在意義と問題点とが潜んでいるのである。

第三節　冷戦後国際秩序を巡る言説

前節までは、冷戦後、という時代において安全保障（あるいは、より単純に戦争・紛争と平和を巡る問題群）の側面において国連が直面した事態と対応について、概略を整理した。ここでは、そのような冷戦後国際秩序における紛争とそれへの対応を巡る言説に着目しておきたい。本章冒頭にも記したように、今日の国際関係研究の諸分野において、「破綻国家」、「保護する責任」、「人間の安全保障」といった用語が氾濫している。元田結花が開発援助論（開発学）の文脈で指摘する「氾濫する概念やアジェンダの興亡[33]」と同じ現象がここでも見られるのである。

新たな概念やアジェンダが提示される契機はさまざまであり、既存のものに対する補完・補足でもあり得るし、否定・革新でもあり得る。したがって、言葉の「新しさ」を一律に批判する必要はないものの、安全保障であれ、開発援助であれ、それらは現実の政策という形で実践されるものである以上、新たな概念やアジェンダは、従来とは異なる政策を実施し、それを説明しようという政策的意図を持って登場している。そうである以上、新たな概念やアジェンダによって語られようとしている政策や意図と、それらの規範性・正統性は全く別の次元に属することに自覚的でなければ、新たな概念やアジェンダをいかに論理的あるいは実証的な方法論で分析してみせても、それは単にその言説によって支えられた政策を無批判に受容しているに過ぎないことになる[34]。

例えば、人道的介入は、従来、国際法学が議論してきた人道的干渉と異なるのか。介入の主体に国家以外の、国際組織やＮＧＯも含まれるのか。介入の態様は、武力行使を伴うものに限るのか[35]。「人間の安全保障」も同様であり、この用語法は、一九九四年に国連開発計画（UNDP）の『人間開発報告書』に登場したのが最初であるとされる。押村高は、この「人間の安全保障」と伝統的な国家を単位とした安全保障との間には「補完」、「対抗」、「統合」という三つの側面があることを指摘する[36]。それを踏まえると、多義的多面的な要素を含む言葉を取り出して、一つの「概念」として、まして「規範」として扱うことにはよほど慎重でなければならないだろう。

他方で、冷戦後に流行した用語には、人（個人）の生命や尊厳の確保に対する「同情」・「救済の機運[37]」の高まりを明示・暗示するものが多いという、一定の傾向も見てとれる。その背景には、大沼保昭が既に指摘したように、第二次世界大戦後の国際社会において人権・人道分野での規範形成が普遍的レベルで進行したことが挙げられる[38]。人の生命・尊厳の確保は、本来、国境によって高低や優劣がつけられるものではないから、国境を越えて人の生命・尊厳を確保しようとすれば、内政不干渉・武力不行使・領土保全という、これまで国際法・国際政治において基本的規範とされてきたものと衝突が起こることは明白である[39]。

いずれにせよ、ここで明らかにしておきたい問題は、ある特定の言葉が用いられるとき、その背景にある秩序観なり秩序構想を念頭に置いた上で、その言葉が持つ意味を解釈する必要がある、ということである[40]。とくに、ある外国語を日本語に翻訳して用いる場合、原語が持っていた秩序観との紐帯が翻訳の段階で切れ、あたかも価値中立的な

「概念」であるかのように扱われ、用いられ、さらに再生産されることがあるので、なおさらである。[41] 冷戦後の国際社会における「階層性」の再出現を巡る議論では、現象とそれを解釈・描写する言説の間の緊張関係にも目を向ける必要がある。

第二章　国際社会の構造変容と国連

第一節　国際法・国際組織法上の論点

今日の領域管理とその先例は、国際法および国際組織法のさまざまな側面と関わりを有している。領域管理についての詳細な検討は第三章から第五章で行うことにし、ここでは、領域管理を国際（組織）法の観点から取り上げる意義を概観したい。

一　国際法における国家の位置付け

（1）国家性を巡る問題——国家の創設と法的地位

領域国の合意に基づき他の国家あるいは国際組織が当該領域国からの主権の委譲を受け、その結果として一定の権限を行使するものを「国際化された領域（internationalised territory）」として網羅的に事例研究を行ったイディット（Méir Ydit）の書物は[1]、本書が対象とする領域管理を論点とする先駆的な業績である。これに対し、クロフォード（James Crawford）は、「国際化された領域」は事例ごとに異なるのであり、それ自体は法的概念ではないと批判する[2]。その上でクロフォードは、各領域の実情に則して、当該領域が国家であるか否かという意味での「国家性（statehood)」の問題と、「国家創設過程における国際組織の関与」という点に分けて議論する必要性を指摘するのである(3)。すなわち、後者はある領域に政治的な実体を創設する過程での国際組織の機能とその法的根拠を問うものとして扱われるのに対し、前者はその結果として出現した実体の法的地位として扱われているのである。例えば、ダンチッヒ自由市(The Free City of Danzig)がヴェルサイユ条約第一〇二条に基づいて創設され、そこに国際連盟が一定の権限を持ったということは後者の問題に属し(4)、特殊な状況は存在していたもののダンチッヒ自由市が国家であるか否かは前者の問題に属するのである(5)。

先にも述べたように、国家が他の国家との合意を通じて自己の主権の一部またはすべてを相手国に譲り渡すことは、歴史的にも行われてきた。国家性すなわち各領域の法的地位の問題は、これらの主権の「一時停止(suspended)」あるいは「制限(restricted)」の問題として捉えられる。ただし、いうまでもないことであるが、ひとたび一時停止ないし制限された主権は、その後に回復されることもあれば、その逆もあり得るのであって、国家性の問題と国家創設過程の問題は国際関係の現実の中で動態的に立ち現れる。第一次世界大戦以降の国際社会において、この動態的な過程の中で果たす国際組織の役割が増大していることを考えれば、国家性の問題も国家創設過程の問題も、クロフォードが指摘した通り、国際組織の活動・権限を考慮することなしには十分検討し得ないといえる(以下、**二**を参照)。

(2)　領域性原理の変容への理論的呼応

伝統的国際法が領土保全と内政不干渉を基本的な規範としてきたのに対し、今日の国際法が既存の国家の領域内における統治の実質的な正統性への関心を増大させてきていることは、つとに指摘されるところである(6)。この点について桐山孝信は、国際連盟における委任統治制度の導入を契機として、「領土帰属論からガバナンス論への転回」が始まったことを指摘する(7)。もっとも、そのような転回に伴うガバナンス論的理解の台頭が無条件の歓迎を受けることができないのも、また事実であろう。それは第一に、桐山自身が指摘する通り、委任統治制度が「委任統治地域住民の福祉と植民地支配とが表裏一体のものとして捉えられていたこと[8]」にある。この委任統治制度の二面性が、グッド・ガバナンス論やグローバル・ガバナンス論において完全に払拭されたという保障は何一つない。例えば、キングスベリー（Benedict Kingsbury）らがグローバル・ガバナンスの本質を「規制と管理（regulation and administration）」と捉えていることに対し[9]、チムニ（B. S. Chimni）は「帝国的なグローバル国家[10]」の出現としてグローバル・ガバナンス論的な発想を批判する。国際社会が多くの課題に直面しているとの認識で両者は共通するものの、課題解決にあたっての国際法や国際組織の役割の理解が全く異なるのである。すなわち、世界規模での規制を通じた問題解決は、内政不干渉を重要視する立場からは帝国的と見られるのである。委任統治制度にせよ、今日のガバナンス論にせよ、国際関係における福祉の側面を過度に強調することで、新たな帝国的秩序とも呼ばれるものの出現に対して無批判になりかねないのである。委任統治制度に見られた二面性が今日に至るまでに変容を遂げたのか否かを検討することが、領域性原理の現代的意義を問うことになるのである。

二　国際組織法の任務

既に述べたように、冷戦後、国際の平和および安全の維持・回復における国連の役割が拡大したことに伴い、それを主題とする議論も蓄積されている。概略は第一章でも紹介したが、平和構築を巡る議論も含め、安全保障分野における国連の役割を巡る議論は、どちらかといえば国連について性善説的な立場に立ち、冷戦期間中に麻痺していた国連の安全保障機能が活性化したことを無批判的に受容、歓迎するものが多いように感じられる。しかし、国連の役割が増大しているという事実は、国連の役割が正しいことを直接には意味しない。そこで、国連が任務として果たしている役割の正しさを何らかの形で検証する必要が生じよう。

では、国際組織法をさしあたり「国際組織に対する法学的分析アプローチ(11)」と定義するとして、領域管理を含む平和構築は国際組織法学にどのようなインパクトを与えるであろうか。一般に、国際組織法は、国際組織の組織構造と活動・作用を検討対象とする。そのような国際組織法の特質として、ひとたび設立された国際組織が活動を始めるや、「実効的な任務遂行に向けたダイナミズム(12)」を法（学）の問題としてどのように捉えるか、という問題に直面する。この点は領域管理を含む平和構築と呼ばれる一連の活動においても当てはまるのであって、国連憲章に基礎を置かない活動が、いかなる内部組織によって担われ、その権限が何によって根拠付けられるかを検討することが、国際組織法上の問題として重要になる。

例えば植木俊哉は、機能的団体である国際組織であっても、「国連による紛争解決機能の一環としての一時的・暫定的な性格のもの」であるとはいえ、国際組織に一定の領域管理権能が認められることを指摘する(13)。植木は既に『国際組織法』の体系に関する一考察」において、国際組織の領域管理権能を「国際組織に共通して存在する法的諸問題、いいかえれば国際組織の法秩序たる国際組織法に関する一般的問題」を検討するにあたっての、一つの観点として設定している(14)。

また本書で検討する領域管理が、国際の平和と安全の維持・回復の文脈において行われ、さらに委任統治や国際信託統治制度との異同が論じられたり、それらの制度との対比において領域管理の正統性が議論されたりしていることを考えれば、領域管理は設立基本条約の解釈を通じて明らかとなる国際組織の「事項的管轄(15)」の問題としても認識できる。そのような視点の設定は、佐藤『国際組織法』において一層顕著であり、同書は第八章において「国際組織の国際法上の地位」を論ずる中で、「設立文書に基づいて有するその他の権能（第Ⅳ節）」の一つとして、「領域的管轄権」を位置付けている(16)。このことは、国際組織が一般的に直面する、「条約としての静態的な傾向と組織体としてのダイナミズムの要請との矛盾・対立(17)」の一つの具体例として領域管理を捉えていることを示しているのであって、本書にとっても極めて示唆的である。詳細については第三章以下で論ずるが、国際組織による領域管理（権）やそれに基づく実際の活動は、黙示的権限の法理に拠ると考えられる。他方で、国際の平和と安全の維持・回復における国連の活動が拡大傾向にある近年の状況を考えると、特定の活動に法的根拠があるだけでなく、当該活動の限界も法によって基礎付けられていなければ、当該活動はもとより、ひいては国連そのものの正統性が脅かされることになると思われる。そのように考えると、領域管理においては幾重にも法が絡んでおり、領域管理の法的分析は、国際組織法学にとって重要な論点になるのである。

とくに、近年の領域管理においては、現地に派遣される事務総長特別代表が「暫定行政官」として広範な権限を行使し、現地社会の（再）構築を行っている。またその際、基本的人権の尊重や民主的統治（デモクラティック・ガバナンス）の構築といった制度の導入・定着が目指されている。そのことを考えれば、領域管理権を検討することは国際組織の組織と活動の双方にかかわる問題として「国際機構の持ち合わせている機構としての正統性・代表制だけでなく、動態的な国際機構の権限拡大の過程をどのように法的に説明し、限界づけていくのか[18]」という論点の考察にも資することになろう。

第二節　平和構築と国際法の関わり——領域管理の考察へ向けて

一　国際法・国際組織法と平和構築

既に見たように、平和構築を正確に定義するには困難がつきまとうものの、平和構築を題材とした研究も着実に蓄積されている[19]。とくに国際法や国際組織法の観点からは、先にも触れたＰＫＯ研究の一環として、ＰＫＯの変容（多機能化・多様化）という文脈で平和構築に触れる傾向が強い[20]。すなわち、平和構築をいわゆる「多機能型ＰＫＯ」、

「第二世代のPKO」といったPKOの一類型の中で捉え、その任務や権限を検討し、従来の伝統的なPKOと対比するといった手法である[21]。

では、平和構築それ自身を国際法や国際組織法の観点で検討することは不可能あるいは不必要なのだろうか。ここでは、平和構築を「武力紛争への対応を紛争の一局面だけで見るのではなく、紛争の過程を連続かつ一体のものとして捉えた上で、紛争の事後的な対応に軸足を置き、それぞれの問題状況に応じて何が実効的であるかを考慮して進め[22]」る制度と捉える見解に従い、次の三点を指摘して、平和構築が国際法や国際組織法の問題として認識可能であること、むしろ認識されなければならないことを示しておきたい。

第一に、国際法も国際組織法も、平和構築の名の下において実施されるさまざまな活動を法的に根拠付けるものとして機能している。平和構築を目的とした具体的活動が国連のPKOを通じて実施される場合、そのPKOに対する法的統制はとりもなおさず平和構築に対する法的統制となる。第二に、国際法や国際組織法は、平和活動の諸活動の正統性、あるいは、法的な限界を示すものとしても機能する。平和構築のためにいかなる活動が必要となるかは、紛争発生国（地域）の個別事情・状況によらざるを得ず、小森光夫が指摘するように「何が実効的な措置であるかは、一律に論じられず、個別事態によって変化する[23]」のであるから、実効性を確保しつつ正統性を担保する規範として国際法と国際組織法は参照されことになる[24]。第三に、平和構築が、「国際の平和と安全の維持における国連の役割」という伝統的な意味でのPKOの文脈を超えて、より一般的にガバナンス（統治）の問題と結びついて議論されていることを考えれば、平和構築と国際法の関係に注意を払う必要性も増すことになると思われる。なぜなら、紛争の発生原因をガバナンス能力の欠如に見出し、ガバナンス能力を向上させることが紛争の再発を防止し、さらには経済的安定ないしは繁栄にも資するという発想[25]が、伝統的な国際法との間でどのような緊張関係に立つのか、さらには伝統的な国際法に対していかなる修正を求めるものであるのか、ということが問題になるからである（この点は改めて本節二で検討する)。

ところで、本書が主題としているのは領域管理であり、その法的な検討である。近年の事例(カンボジア、東スラヴォニア、東ティモール、コソヴォ)が平和構築の一環に位置付けられていることは周知の通りである。他方で、これらの領域管理を歴史的な先例とあわせて法的観点から検討することが、平和構築に対する法的分析と同じ意味を持つものではないことに注意する必要があろう。平和構築はすぐれて現代的な用語である一方、過去の領域管理の中には、今日でいう平和構築に該当し得るものも、そうでないものも含まれているからである。したがって、領域管理を法的に検討することが、直ちに平和構築と呼ばれる活動全体の法的分析となるわけではない。その一方で、平和構築の具体的手段や活動のうち、領域管理においても実施されている活動については問題点を共有するのであり、領域管理の法的分析を通じて平和構築が抱える法的問題の検討にも一定の貢献を行うことが可能となろう。

二　国家間の「支配・被支配関係」と国際法

(1)　近代国際法と秩序構想

歴史的に国際法が、「国家の主権が及ぶ範囲を領域によって相互確定して領域外での主権の行使を制限し、他方で領域内の国民に対する支配を国内管轄事項として国際法の規律の対象外とし、内政不干渉原理を通じて国家間での紛争の発生を抑制するための法制度[26]」として認識されてきたのは紛れもない事実である。しかし同時に、主権国家は、相互の協力を必要とする問題について、同じく国際法を通じた調整・解決の手段を発展させてきた。「国際社会の組織化」は、通常、国際組織とその萌芽形態である国際河川委員会や国際行政連合の成立・発展過程を指すことが多い。しかし、より一般的に、組織体の形成を伴わない「国際社会の制度枠組み[27]」を指すものと捉えるなら、国家はウエストファリア体制の成立以降、一貫して「組織化」を通じた国際秩序の形成を志向してきたともいえ、国際連盟や国連といった国際組織の出現は国際社会の組織化の一つの断面に過ぎないともいえる。

このような国際法（およびその派生物としての国際組織）の歴史的変遷を考える際に、もう一つ念頭に置かなければならないことは、国家間秩序という意味での国際社会の構造そのもの（とその変容）を巡る問題である。国際法は、「ヨーロッパ文明諸国間の法」として成立・発展してきた。そこでは、国際社会を「ヨーロッパ＝文明」と「非ヨーロッパ＝未開・野蛮」とに分かち、前者においては主権平等・領土保全・内政不干渉を秩序維持の基本原理としつつ、後者との関係においては、さまざまな形態・形式を通じた植民地化に対し、正統性を与えるものとして国際法が利用されてきた。この「ヨーロッパ諸国による非ヨーロッパ諸地域の植民地化」を単純に「帝国主義（imperialism）」と呼ぶとして、ヨーロッパと非ヨーロッパの差別的構造を前提とする帝国主義に基づく国際社会と国際法・国際組織との関係はどのように捉えられるだろうか。この点についてコスケニエミ（Martti Koskenniemi）は、「国際法は帝国主義そのものについて沈黙しており、せいぜい領域取得の問題として扱ってきたに過ぎない(28)」と指摘する。すなわち、帝国主義という非ヨーロッパ諸国の行動様式そのものの合法性・正統性を巡る問題ではなく、帝国主義的行動様式に基づく、非ヨーロッパ諸地域の植民地化という「結果」について、それを誰が当該領域を支配するかという、権力行使の主体問題という意味での「領土帰属論(29)」の範囲で扱ったに留まるというのである。

ヨーロッパ（文明国）対非ヨーロッパ（未開国・野蛮国）という対立構造の時代においても国際社会の組織化の萌芽は見られる。例えば、一九世紀の国際法学者ロリマー（James Lorimer）は、その主著(30)の中で、「文明・未開・野蛮」という区別を正統化する(31)一方で、国内類推(32)に基づく世界政府的な平和機構構想(33)を示している。その構想では、国際的な立法府・行政府・司法府における大国優位を規定していた。このロリマーの構想が実現することはなかった一方で、一八三八年の国際衛生理事会のように、文明国ではないオスマン帝国（トルコ）から文明国たるヨーロッパへのコレラの感染を防ぐことを目的として、トルコへの「行政的な干渉(34)」を行う組織体も出現した。これらのことにも見られるように、ヨーロッパと非ヨーロッパという階層的な構造と国際社会の組織化現象は、思想のレベルにおいても実行のレベルにおいても、歴史的には並存・並行していたのである

(2)　現代国際法における植民地問題の「解消」

このような「支配・被支配」関係の存在を前提とする国際法の伝統的構造に変容を迫る一つの契機となったのが、国際連盟の成立である。国際連盟は、人類史上初の集団的安全保障を目的とした国際組織であったと同時に、委任統治制度を通じた、植民地保有に対する「国際コントロール」[35]の制度を導入している。国際連盟規約第二二条一項が委任統治地域を「人民ノ福祉及発達ヲ計ルハ文明ノ神聖ナル使命」に基づくものと規定し、その実現のために国際連盟理事会とその下に置かれた「常設委任統治委員会」が、受任国による統治の実態について「監視・指導」を行うことになったのである。もっとも、この委任統治制度は、あくまでも第一次世界大戦の敗戦国の植民地を対象としたものであって、植民地保有の一切の禁止を目指したものではなかったという意味では、妥協的なものであった。その最たるものは、委任統治領を、「独立国トシテ仮承認ヲ受ケ得ル発達ノ程度ニ達シタ」シリアやパレスチナなどの旧オスマン＝トルコ帝国領のアラブ地域（A式。連盟規約第二二条四項）、「受任国ニ於テ其ノ地域ノ施政ノ責ニ任スヘキ程度」とされた旧ドイツ領東部アフリカのような地域（B式。同第五項）、さらに「人口ノ稀薄、面積ノ狭小、文明ノ中心ヨリ遠キコト」などの事情で「受任国領土ノ構成部分トシテ其ノ国法ノ下ニ施政ヲ行フヲ以テ最善トス」とされた旧ドイツ領南西部アフリカや南洋諸島のような地域（C式。同第六項）に分けたことであろう。これは、理想主義的なウィルソン（Woodrow Wilson）に対する、イギリスとその自治領（南アフリカ、オーストラリア、ニュージーランド）側からの修正案として提出されたものであった[36]。

とはいえ、委任統治制度が、第二次世界大戦後に国連の下で一気に進行した非植民地化の契機になったことは疑い

のない事実である。ただし、従来の帝国的な「支配・被支配」関係が、委任統治制度を通じて崩壊したわけでもない。ヴェルサイユ講和会議に向けて、委任統治制度を含む国際連盟構想を発表した南アフリカ連邦のスマッツ（Jan Christian Smuts）も、ロシア、オーストリアおよびオスマン＝トルコの帝国的支配下にあった地域やその住民が「政治的な訓練を受けていない（untrained politically）」ことを理由に、彼らを国家として独立させることが有効な解決策だとは考えていなかったし、むしろ、スマッツはイギリス帝国と自治領（ドミニオン）の関係を念頭に置きながら国際連盟構想を打ち立てたのである。(37)

同様に、国連憲章第一二章の下での国際信託統治制度は、国際連盟規約の委任統治制度下にある地域に加え、日本やイタリアといった敗戦国の植民地を対象としたものであった。ただし、憲章第七六条bが規定するように、この制度は「自治又は独立」を目的としており、委任統治以上に植民地の独立を目指すものであった。さらに、戦勝国たる連合国が保有する植民地については、憲章第一一章に基づき非自治地域制度が設けられることになった。この制度は、現地住民の福祉の向上を「神聖な信託」として義務化するものであったが、憲章上の目的は、「独立」ではなく、あくまでも「人民に自由な政治制度の漸進的発達」（憲章第七三条b）に留まったという点で、施政国に課せられた義務は緩い。「宗主国は信託の普遍性を受け入れた一方で、自らの属領を国際的な監督下に置くつもりはなかった」(38)のである。

このように記すと、国際連盟の委任統治制度が「偽装された植民地主義」(39)であり、国連の設立こそが非植民地化の原動力であったかのようにも思われるが、そのような解釈は必ずしも適当ではなかろう。マッツ（Nele Matz）が指摘するように(40)、国際連盟の活動はせいぜい二十数年であり、もし仮に国際連盟が存続していれば、C式委任統治領であっても独立を達成する地域が出現したかもしれないからである。いずれにせよ、植民地を巡る国連憲章の「二本立て」の構造がその後崩れ、非植民地化の波が押し寄せたこと、また、そこで国連が多大な貢献を行ったことは改めて指摘するまでもない[41]。非植民地化を国際法的に裏付けたのが人民（民族）自決権であるとされていることは明らかであるが、これが領域管理とどのような関係にあるかは本節**三**（2）に譲ることにし、ここでは、「文明国・未開国・野蛮国」の三分類に基づく近代国際法を否定した論理構成の特徴を確認しておくに留めたい。一九六〇年一二月一四日に採択された国連総会決議一五一四（XV）（「植民地独立付与宣言」）は、自決権に基づく非植民地化過程における一つの到達点というべき文書であるが、同決議は、植民地支配が「基本的人権を否認するものであり、国際連合憲章に違反し、世界の平和と協力の促進に対する障害」（第一項）として、「個人」の権利としての人権と、「人民（民族）集団」の権利としての自決権と、自決権に基づく独立後の「国家」としての主権平等が連続的に捉えられていることである。

（3）平等観念の変容

政治的領域的支配という意味での植民地問題は解消したが、それにかわって新興独立諸国と旧宗主国を含む先進経済諸国との経済・貿易面での圧倒的な格差とその是正を巡る問題、すなわち南北問題が出現することになった。途上国である旧植民地諸国は、一九六四年の国連貿易開発会議（UNCTAD）設立に際して「援助より貿易を」をスローガンに掲げつつ、関税と貿易に関する一般協定（GATT）の下での「自由・互恵・無差別」原則の修正を求め、一九六五年にはガットに「第四部　貿易と開発」を追加するに至った。当時の議論の構造は、途上国側が先進国に対して、先進国間で適用されるのとは異なるルールの導入を求めるものであった。このような主張の背景にあるのは、従来の比較的同質性の高い国家を前提とした主権平等原則に対し、経済面での現実の差異を考慮に入れた「弱者に有利な積極的差別」あるいは「補償的不平等観念[42]」に基づく取り扱いを要求したのである。

植民地独立に伴う国家間の形式的平等の進展と、それに並行した国家間の実質的な不平等の拡大は、途上国（旧植民地諸国）の側が、いわば「落ちこぼれ」ていくことによってのみではなく、アメリカの政治的軍事的突出に伴う「単独主義」によっても生じ得る。近年の国際政治学・国際関係論が「破綻国家（論）」に加え、過去の「帝国（主義）」をも引照しながら、活発な議論を展開してきたのも同じ問題意識による。国際（組織）法学においても同じような状況が見られ、アメリカの単独主義を念頭に、それが国際法に及ぼす影響という観点からの議論が行われている[43]。そもそも覇権国が国際法規則の形成に影響力を行使するということは、歴史的事実に属することであり[44]、現在のアメリカだけの問題ではない。また、国際社会における国家間の実質的不平等の存在とその是正は、特定の国家（群）の問題に留まらず、国連や国際復興開発銀行（世界銀行）といった国際組織の特定の活動の合法性や正統性の問題とも密接に結びつく。詳細は改めて本節**四**で検討するが、冷戦後における安保理の積極的な活動は、アメリカの外交政策の一環によってももたらされたものであり、その結果として、領域管理も含めた多様な活動が安保理の決定を通じて実施されるようになり、それと伝統的な主権平等原則との関係が議論される[45]。ここで、国連憲章上、安保理に幅広い裁量権が与えられていること、アメリカを含む常任理事国に拒否権が与えられていること、さらに、諸国家はそのような国連憲章の諸規定の存在を所与のものとして加盟していることは事実である。しかし、そのことと、安保理の活動が正統性を有しているかどうかは、別の問題であることを意識することが必要だろう。

三　人権・自決権を巡って

（1）　現代国際社会における人権の位置付け

これまでにも触れてきたように、人権と自決権の国際法レベルでの承認は、近代国際（法）秩序を特徴付けた、国家間の不平等の解消の背景の一部を形成している。その結果、主権（平等）・内政不干渉・領土保全といった基本的な規範によって構成されてきた、伝統的な「国家間の法」としての国際法に変容を促してきた[46]。国際人権法の発展やそれが伝統的な国際法理論に与えた影響について詳細に振り返ることはしないが、一点ここで確認しておきたいことは、人権、あるいは、より一般的に個人の尊厳や自決権が近代国際（法）秩序の変革をもたらしただけではなく、今やさらにそれを超えて、先に触れた新たな国家間の不平等を炙り出す一つの契機にもなっているということである。

その背景には、冷戦構造の終焉が、いわゆる西側陣営の「勝利」という形でもたらされたという一般的な理解の下、西欧的な人権や民主主義の実現が、国家単位での平和のみならず、国際社会全体に平和と安定をもたらすと考えられるようになったことが挙げられる。無論、現実においては、民主化への移行期にこそ紛争が起きやすい[47]ということが指摘されるが、それでもなお、人権の尊重や国内政治の民主化と国際の平和および安全の維持や回復を結びつけて理解し、さらに現実の紛争への対応においても両者を関連付ける傾向が強まっている[48]。

人権の尊重は、一般的な文脈では「国際共同体の正統な関心事項」であり「政治的、経済的、文化的体制のいかんを問わず、国の義務[49]」とされているが、これを、平和構築も含めた国際の平和および安全の維持や回復の文脈で捉えると、具体的に次のような問題が含まれる[50]。まず、紛争発生前の、従って、特定の国内社会構造の所与の問題としての、特定の人間集団に対する差別・抑圧の問題が挙げられる。また、紛争発生後においては、難民・国内避難民の問題が生じる。一九九九年のコソヴォ紛争のように、紛争前から抑圧的な地位に置かれてきたアルバニア系住民の難民化・国内避難民化のように、構造的な差別・抑圧が紛争の激化に伴い、より脆弱な立場に追い込まれることも珍しくはない。さらに紛争後においては、紛争の責任者の処罰、難民・国内避難民の帰還・再定住といった問題に加え、よりよく人権を保障し得る社会・政治制度の（再）構築が構造的な問題として浮上することになる。

また、人道的介入を巡る問題も、執られる手段はともかく、根幹にある問題意識は、紛争などによって傷ついている個人を救済することである。個人の尊厳を最大限確保しようとすれば、外部の主体が何らかの形で関与（介入・干渉）せざるを得ないことになるし、むしろ、規範論的にはそれが一定の正統性を持つと考えざるを得ない[51]。

（2）自決権と紛争、領域管理

自決権がヨーロッパ諸国による非ヨーロッパ地域の植民地支配の正統性を否定するものとして機能したことは、先にも述べた。ここでは、現代の国際社会、とりわけ冷戦後の国内紛争との関係で自決権がいかなる意義を持つか、あるいは、いかなる問題を抱えているかについて略述しておくことにしたい。

自決権は、「すべての人民」の権利であり、それに基づき「その政治的自由を自由に決定し、並びにその経済的、社会的及び文化的発展を自由に追及する」[52]。植民地独立に際しては、「植民地その他の非自治地域は、『国連』憲章に基づき、それを施政する国の領域とは分離した別個の地位を有する」[53]ものとされ、これを拠り所にして独立を達成した。これが、外的自決権と呼ばれる、自決権の一つの側面である。しかし、その結果として地球上のほぼすべてに主権国家が成立した後の自決権の意義は何か、ということが問題となる。この非植民地化以後の自決権を巡る議論は、主として、主権国家内の一部住民がさらに自決権に基づいて当該国家からの分離を要求し得るかという「分離権」の問題と、主権国家の内部において政治的、経済的、社会的および文化的発展を追求するという「内的自決権」の問題とに集約できる[54]。冷戦後の紛争との関連では、主として旧ユーゴスラヴィア紛争におけるクロアチアやボスニア＝ヘルツェゴヴィナの独立の過程で、両共和国内の少数者（セルビア系）が、さらに自決権を享有するかどうかという形で大きく取り上げられた[55]。

旧ユーゴスラヴィア紛争の過程における自決権を巡る一連の議論について、仔細に検討することはしないが、次の点を冷戦後の国内紛争への国際的な対応・関与との関係で指摘しておきたい。すなわち、冷戦後の国内紛争のいくつかは、民族的あるいは宗教的な対立の武力紛争化として理解される。しかし、そのほとんどは外的自決すなわち既存国家の分離・分裂という形で解決が図られることはなかった。むしろ、既存の国境線を前提に、必要に応じて少数者保護のための積極的な施策を求めるか、あるいは、国際的な対応・関与を通じた和解や共存の途が探られている。これを「文脈依存型の権利[56]」として自決権を再構築する契機と捉えるか、それとも、究極的には「自決権を個人の権利に解消してその独自の意義を否定する」ものとして内的自決権論の「陥穽[57]」と捉えるかという問題は残る。しかし、植民地独立とは異なり、アイデンティティの異なる住民集団が混在して一個の領域国家を形成しているような場合の紛争においては、領土保全と外的自決権（あるいは分離）を二者択一に捉えるのではなく、柔軟な解決方法が模索されて然るべきではあろう。

ところで、自決権と領域管理の関係については、次の二つの点を予め区別して考える必要がある。すなわち、領域管理という手段を通じて国連が関与することになった紛争そのものが自決権を巡るものであるかどうかということと、領域管理という手段が紛争の再発防止や国家（社会秩序）の再建を目指す現地住民の自決権行使とどのようにかかわるかということである。後者については第五章で検討することにし、ここではさしあたり、前者について、次のことを指摘しておきたい。

冷戦後の事例のうち、東ティモールは、一九六〇年以来、非自治地域に指定されており、独立か自治かを選択する民衆協議（住民投票）プロセス自身が自決権に基づく非植民地化過程の一環であった。そのことは、例えば一九九九年五月の安保理決議一二三六の前文が、自決権に関する主要な総会決議である、「植民地独立付与宣言（総会決議一五一四（XV））」、「国連憲章第七三条eの下で情報を送付する義務があるかの決定にあたっての加盟国への指針を示す原則（総会決議一五四一（XV））」および「友好関係原則宣言（同二六二五（XXV））」に言及していることからも明らかである。これに対し、コソヴォにおける領域管理の目的が、コソヴォ自治州のアルバニア系住民の自決権行使にあるかどうか、あるいは、そもそも彼らが自決権の行使主体であるかどうか、明確にはされていない。安保理決議一二四四（一九九九）におけるＵＮＭＩＫ設置の目的が「最終的な決着に至るまでの間のコソヴォにおける実質的な自治」（第九項）の促進に留まっていることから考えれば、少なくとも形式的には東ティモールにおけるＵＮＴＡＥＴと異なり、自決権行使に基づくアルバニア系住民の独立を目指すものではない。これらからも明らかなように、領域管理は前提となる紛争が自決権を巡るものであるかどうかという紛争の「性質」とはとりあえず別の文脈にあるということである。

四　現代国際社会と国際組織

(1) 国際組織の権限拡大——冷戦後における憲章第七章の機能変化

既に見たように「国際社会の組織化」現象は、一八世紀から一九世紀のヨーロッパにおいて出現したものである。組織化の契機は、「国際社会における国家間の相互交流と相互依存の進展に伴い、各国が単独で独自に問題の処理にあたるよりも、国際組織を創設してその活動を通じて統一的に問題を処理していった方が、それぞれの国家自身にとっても有利であった[58]」からに他ならない。主として行政的技術的、あるいは、経済的側面における、国家間に共通する利益・関心事項を処理することを目的として組織体が形成されていったのである。国際組織が、設立基本文書で明示された目的（共通利益[59]）を達成するために設立される機能的な団体であるという点は、国際組織の定義の一つに挙げられるのが一般的である[60]。

ところで、国際組織を通じて実現・達成が図られる共通利益の具体的内容は歴史の中で変化し得るし、特定の国家（群）にとっての個別的な利益が共通利益であることを装うことも可能である。したがって、個々の国際組織設立時に主権国家によって合意された目的はともかく、ひとたび国際組織が活動を開始した後においては、目的は、時代状況に応じて加盟国によって不断に設定し直されることになる[61]。特定の行政的技術的事項を扱う国際組織であればともかく、国際連盟や国連のような一般的政治的事項を扱う国際組織であれば、時代の変化に対してより敏感な反応が求められることになろう。例えば、既に略述した、「文明国・未開国・野蛮国」あるいは「宗主国対植民地」という国際社会の階層的秩序構造の解消において国連が重要な役割を果たしたことは事実であるが、それは、当時の国際政治情勢の下で、国連憲章の規定を超えて国連における規範の創設が進行した結果[62]に過ぎず、国連の創設そのものから必然的に導かれるものではない。

時代の変化に対応するといっても、国連を始めとする国際組織が設立基本文書を全く無視して、いわば場当たり的に活動できる訳ではないことも明白である。そこで、国際組織は、設立基本文書に対する柔軟な解釈プロセスを通じて、合法性を確保しながら、その存在意義を確保していくことになる。国際組織法学は、これまでも設立基本文書の解釈理論に関心を払ってきた。その契機になったのが、「損害賠償事件」勧告的意見[63]であり、その中で示された「黙示的権限の法理[64]」である。国際組織は設立基本文書に明示されている権能のみでなく、そこから推定される権能をも行使し得るという、設立基本文書の目的論的拡大解釈を通じて、設立時には想定されていなかった事態に対応し、「組織体としてのダイナミックな展開[65]」を法的に可能にしてきたのである。

冷戦後、安保理における常任理事国間での協調が一定程度可能となった結果、実にさまざまな問題が安保理の場で議論され、さらに状況によっては憲章第七章の下で強制力のある決定が下されるようになった。湾岸戦争以降の多国籍軍への授権や多様化・多機能化したPKOの設置・派遣はもとより、大量破壊兵器の拡散防止、テロ、戦争犯罪人の処罰に関する刑事法廷の設置、イラク・クウェート間の国境画定などがその代表例である。さらに最近の例では、二〇〇七年四月一七日の安保理においては、地球温暖化が平和や安全保障に及ぼす影響についての公開討議が実施された[66]。国連憲章上、安保理は「国際の平和及び安全の維持に関する主要な責任」（第二四条一項）を負っている。したがって、国際の平和および安全の維持に関連すると安保理自身が判断しさえすれば、いかなる議題についても議論し、かつ、意思決定を行うことが可能であり、明示的に禁止されていない限り、安保理の権能を制約するものはない。さらに根本的には、安保理自身に固有の意思が存在するわけではなく[67]、安保理の構成員たる一五カ国、とりわけ拒否権を持つ常任理事国五ヵ国の意思が安保理の意思決定において決定的な役割を果たしている。すなわち、冷戦後の安保理の守備範囲の拡大は、基本的には常任理事国間の関係変化によってもたらされているのである。

このことは、国際法あるいは国際組織法において、次のような問題として立ち現れる。まず、加盟国間の「主権平等」（憲章第二条一項）を巡る問題である。勿論ここで、安保理の広範な裁量権と常任理事国の特権的地位を前提として各国は国連に加盟している、と理解することで、安保理の権限拡大と主権平等の間に矛盾がないと考えることも可能である。しかし、既に二でも素描したように、今日の国際社会における国家間の実質的不平等の存在とその拡大を考えれば、そのような理解は極めて形式主義的で、むしろ現実の問題から目を逸らすこととなる。国連、とりわけ安保理が国連憲章のダイナミックな解釈を通じて任務を拡大し、国連自身の目的達成を推進しようすれば、加盟国の主権も動態的に制限されるということを念頭に置く必要があり、決議あるいはそれに基づく個々の活動のレベルで主権制限の問題を検討する必要が生じる。(68) このことは、近年の国連を巡る研究動向の中で、安保理の活動の正統性を問う、という形で具体的に取り扱われる傾向にあることに現れている。(69) これらの研究が、国連憲章の目的論的拡大解釈に基づく個別の活動は合法的（legal）に開始される一方、その活動の態様や結果を含めて考えれば正統性（legitimacy）に乏しい、あるいは「せいぜいのところ脆弱(70)」なものに過ぎないのではないかという問題意識に根ざしていることは明白である。

（2）　平和構築・領域管理からの問題提起

冷戦後の安保理の役割拡大との関連で、しばしば指摘されるのが「平和」概念の拡大あるいは変質である。国連憲章第一条一項が、国連の目的として「国際の平和及び安全を維持すること」と規定した際、念頭に置かれていたのは国家間の平和と安全の維持であった。勿論、人権や社会的経済的な国際協力も国連の目的に掲げられてはいるが、それはあくまでも国家間の平和と安全の維持を補完するものとして位置付けられていたに過ぎず、これら自身が国連の目的であったとは考えにくい。しかし、その後の国連内外での認識の変化は、国家の安全保障と並んで「人間の安全保障」という考え方を生み出し、「保護する責任」を生み出した。平和構築も同じ系譜に属する。

この平和概念の拡大・変質に対し、国連憲章の解釈の次元では、国連憲章第三九条における「平和に対する脅威」概念に対する柔軟な解釈で対応が行われてきた。[71] そこでは、国内の紛争であってもそれを放置することが国際社会全体、あるいは少なくとも地域の脅威になり得るという理解に根ざしている。酒井は、冷戦後における憲章第三九条の解釈において、「人権や人道性をも包含」した「人間性」原理の登場を見出している。[72] 同様に、「弱者の保護」という観点で冷戦後の国連（安保理）の実行を整理する見解もある。[73] これらの見解は、いずれも国連の活動、とりわけ紛争中および紛争後の国家（地域）に対するさまざまな関与を「国家間秩序」としての平和に留まらず、個人の尊厳の確保・回復にまで押し進めて考えることの重要性を指摘するものである。

そのような視点が国際（組織）法に与える影響は決して小さくない。主権国家体系の中で国際組織は、歴史的に必然性を持って誕生した、主権国家体系のいわば副産物である。それが、平和構築のような限定的な文脈においてではあれ、主権国家内の「個人」を直接の受益者とした活動を繰り広げることで、伝統的な意味での主権国家や国家と国際組織の関係に変革を迫り得るからである。とりわけ、領域管理においては、国際組織（の補助機関）が国家を媒介とせず、直接に住民の管理という任務に携わっている。つまり、平和構築や領域管理という活動の拡大の結果、従来の国際組織法には見られない現象が出現するようになっているのである。

その一方で、「人間性原理」であれ、「弱者」であれ、これらを導入することが直ちに主権概念やそのコロラリーとしての内政不干渉原則を凌駕するものでもない。このような視点を積極的に取り入れようとしているのが、拡大する格差の中で「勝者」の側にある国だからであり、制度的には安保理の常任理事国のような特権的地位にある国だからである。合法性だけでなく、個々の活動の正統性についての考察は、主権国家中心の規範体系であった国際（組織）法と「個人」レベルでの規範的価値との調整・調和をいかに図るかという問題意識に根ざしているのである。

第三節　小　括

第I部では、序章で提起した本書全体の構想を掘り下げる形で、今日の国際秩序像、領域管理を含む紛争後の平和構築を支えるイデオロギーの内実、さらにそれらが既存の国際法学あるいは国際組織法学に与え得るインパクトについて検討した。そこから次のようなことが指摘できるだろう。

冷戦の終結は、アメリカ・西欧的な意味での政治的民主主義と経済的自由主義に「勝利」をもたらした。そのことが直接に国連の機能変化に結びついたとまではいえないが、少なくとも西側（アメリカ、イギリス、フランス）と東側（さしあたり旧ソ連）の対立構造を解消し、安保理における五大国協調の機運を高めたのは事実である。一九九〇―九一年の「湾岸危機」に対し、対イラク経済制裁（安保理決議六六一）から多国籍軍派遣許可（安保理決議六七八）へ至る一連の対応が可能になったことは、その典型例である。その一方で、その後に多発した国内紛争に対し、安保理が必ずしも十分な対応を行えなかったのも事実である。その背景には、「侵略」という国際秩序への明白な破壊行為と異なり、種々の要因によって引き起こされる国内紛争そのものの構造上の複雑さが存在する。と同時に、関与（介入）する側の諸国が紛争発生国（地域）とさまざまな歴史的、政治的、経済的因縁を持っていることが多く、安保理を通じた集合的な対応は紛争の構造や性質に依存せざるを得ないのである。

武力紛争の発生とそれに伴う甚大な人命の損失への国際的対応を巡る問題は、大沼が指摘するとおり、究極的には「武力不行使原則の徹底」と「基本的人権の尊重」という、第二次世界大戦後の国際社会を規定し、国連憲章の基本原則でもある二つの規範の先鋭的衝突という問題に行き着く(74)。このような事態に対し、国連憲章の解釈論のレベルでは、憲章第三九条の拡大解釈を通じ、すなわち、「平和への脅威」を幅広く認定することで対応可能である。にもかかわらず、さらに「人道的介入」や「保護する責任」が議論され、一定の規範的地位を占めるとされるのか。それは、原理的に「国家間紛争に国際組織を通じて対応する」という意味での集団的安全保障に、個人の生命・尊厳の確保という視点を取り込むことを通じ、国内紛争という、本来なら集団的安全保障の枠外に置かれる武力紛争に対しても集団的安全保障メカニズムを発動させる便法だと理解することができる。

また個人の生命・尊厳の確保という視点は、単に集団的安全保障という、武力紛争そのものへの対応という側面での守備範囲の拡大を越えて、紛争そのものの発生予防（紛争予防、予防外交）や再発の予防（平和構築）という文脈にも応用されるようになった。個人の生命・尊厳の確保をよりよく行い得る政治体制としての「民主主義の確立」や「法の支配の構築」という目標である。これらは、必ずしも冷戦後に特有のアジェンダではないが、冷戦終結によって質的変化を遂げた集団的安全保障メカニズムの中に取り込まれることを通じ、国連憲章上、安保理決議によって「強制され得るもの」となったという意味において、一定の国内統治原理が国際規範化しつつあることを認めることができる。

冷戦後、紛争処理プロセスという限定的な文脈ではあれ、共通利益化したリベラル・デモクラシー的価値が国際組織の直接的な関与を通じて実施・実現されているという事態や事実は、国際法学や国際組織法学に新たな論点を提供することになる。そもそも国連がいかなる権限に基づき、そのような活動を行っているのか、という権限論レベルの問題があることは疑いがない。さらに、領域管理や平和構築においては、現地に派遣された安保理の補助機関たる国連機関が現地の国内（法）体制の（再）形成にも、深く関与している。その意味で、従来の国際組織法や国際機構論が議論してきた「国連と加盟国の（法的）関係」についても再検討する余地が生じ、さらに現在の国際秩序の下での国連の位置付けやそのような国連の活動の合法性・正統性を確保する法的枠組みとしての国際組織法論を構築することにもつながる。これらの点について、次章以降、領域管理の源流を遡りつつ、検討することにしたい。

第II部

領域管理の系譜と活動

第三章　国際組織史の中の領域管理

第一節　はじめに——概念規定の必要性と限界

一　本書における定義

（1）用語法を巡る問題

本章では、国際連盟期から今日に至る諸事例を検討することを通じて、本書における、国際組織による領域管理の概念上の整理を行うことを試みることにする。

序章にも記した通り、本書では、「人間が居住可能な領域に対して、国際組織が直接または間接に一定の統治権限を及ぼす活動」を表現する用語として「領域管理」を用いている。これは、ワイルド（Ralph Wilde）が二〇〇一年の『アメリカ国際法雑誌（*American Journal of International Law*）』に掲載した論文[1]において、ダンチッヒ自由市から東ティモールまでを一括して、international territorial administration（ITA）と名付けたことに対応する。さらに、第二章でも紹介した通り、日本では植木がワイルドとほぼ同じような意味で「領域管理権（権能）」を用いていること[2]に倣い、ＩＴＡの訳語として「領域管理」を充てたものである。なお日本語では、暫定統治、領域統治といった語も相互互換的に使用されており[3]、本書でも引用等では、これらを領域管理と同義の語として扱っている。

他方でこのような用語法について、「領域統治」という表現のほうが適切ではないかという指摘[4]もある。そこでまず、本書が、領域管理を用いていることについて補足しておきたい。筆者が本書でも領域管理を用いているのは、従来からの筆者自身の用語法との統一という技術的理由によるところが大きい一方、上述のように領域管理を用いた先行研究も存在するという理由もある。このような形式的な問題以外で領域の（暫定）統治ではなく管理という呼称を選択した理由を強いて挙げるとすれば、統治という語が含意する強い排他性や絶対性[5]を少なくとも名称上は回避するという意図もある。もっとも、筆者も分担執筆した横田洋三編『国連による平和と安全の維持（第二巻）』では、東スラヴォニアと東ティモールについてはAdministrationを「統治」と訳し、さらに原語にAdministrationを含まないコソヴォについても「統治」を補って「国連コソボ暫定統治ミッション」として紹介している[6]。さらに日本国外務省の資料（ホームページ等で入手できるもの）では、東スラヴォニアについて単に「暫定機構」として逆にAdministrationを訳出せず、東ティモールとコソヴォについては「行政」と訳出しているなど、訳語は統一されていない。

複数の訳語が存在する場合、いずれを選択するかは最終的には訳者の判断に委ねられると思うが、国際組織法学の観点から考えると、国際組織が加盟国によって付与された権能のみを行使する機能的存在であると考えられる以上、国際組織が領域・住民に対して一定の権限を行使するにせよ、それは主権に基づいて国家が行う統治ほどの排他性や絶対性を伴うものではないことを考慮して、両者を区別する意図で領域管理という用語を充てることにも一定の意義は認められよう[7]。なお、暫定という語を使用していないのは、ダンチッヒ自由市や植民地の国際的管理においては、必ずしも暫定的な制度として領域管理が導入されたわけではないからである。

用語としての領域管理であれ領域統治であれ、より重要な問題は、これらが明確な外延を伴った概念として確立しているかどうかということである。仮に、国際組織の領域管理下に置かれた領域をイディットの「国際化された領域」と見るなら、クロフォードが指摘するように、領域管理も単一の概念ではあり得ず、現実に実施されている個々の事例から、領域管理の法的根拠やそこで妥当する法原則を析出するというアプローチ[8]が必要となろう。

(2) 領域管理概念の射程

これまでにも繰り返し触れたように、本書では領域管理を「人間が居住可能な領域に対して、国際組織が直接または間接に一定の統治権限を及ぼす活動」と定義し、現地で領域管理の任にあたる機関を領域管理機関と呼ぶ。この定義に関する若干の注釈を付すなら、ここでの領域とは、国家の要素として挙げられる「領域・人民・統治機構」における「領域」と同じ意味であるということである。これは、国際組織の領域管理権能を国家による領域および住民に対する統治権の応用・類推と位置付けることからの当然の帰結であるともいえる。この点に関連して、イディットも、国際河川委員会の管轄下にある河川を「国際化された領域」から除外している[9]。その理由についてイディット自身はとくに言及していないが、国際組織による領域管理の考察における要諦は、単に国際組織が領域に対して一定の権限・権能を行使しているだけでなく、その領域に居住している住民への権限・権能行使を取り上げ、そのような現象を法的にどのように考えるかということなのである。

また、ワイルドは、国連難民高等弁務官事務所（UNHCR）が領域国の統治から離れて、独自の教育制度や衛生上の措置を実施するような難民キャンプをも、「限定的な国際的領域管理」に含めている[10]。これも確かに、国際組織（の補助機関）が直接的に住民に対する「管理」を行っているといえるが、これは、国外から流入してきた難民に対し、領域国に代わって、領域国の同意に基づきキャンプを運営している事例（具体的にはケニア国内にいるウガンダ難民）である。この場合、ＵＮＨＣＲが実施している活動の本質は、領域国が提供するべき難民保護を代行しているに留まり、統治の肩代わりといえるほどのものではない。そのように考えると、領域管理概念の中に、このようなＵＮＨＣＲの活動を含めるのは不適当であろう。

同様に、国際組織の本部領域における、国際組織自身による管理も、本書での考察の対象外とする。その理由の第一として、そのような管理が特定の住民に向けられたものではないことが挙げられる。第二に、ここでの管理は、国際組織が本部所在地国およびその国内法からの干渉を排除し、あらゆる加盟国から独立して任務を実施するという機能的要請に基づき、国際組織の本部領域が不可侵とされたり、財産や資産に対する捜索、徴発、没収、収容などから免除されたりしていることの結果として国際組織自身が管理しているのであり、法的には国際組織に認められた特権および免除の延長線上に位置付けられる。[11] これに対して、本書が扱う領域管理は、国際組織が何らかの理由・事情に基づき、特定領域とその住民に対して、当該国際組織の目的達成のための活動の一環として実施されるものだからである。

ところで、このような領域管理の定義においては、領域管理機関がPKOであるかどうかを問うていない。一九九一年の国連カンボジア暫定統治機構（UNTAC）以降の事例では、いずれの領域管理機関もPKOであり、冷戦期に遡れば一九六二年の国連暫定行政機関（UNTEA）もPKOである。しかし、国際組織による国家領域の管理という行為（活動）とPKOという組織形態の間に本質的な結びつきはないと考えられるし、また、過去の事例も含めて検討することを可能にするためにも、PKOによって実施されているということを殊更に強調して、他と区別する積極的な理由はないと考えられる。

なお、フォックス（Gregory H. Fox）は、ボスニア、コソヴォおよび東ティモールにおける領域管理を題材として、『人道的占領（*Humanitarian Occupation*）』を公刊している。[12] 同書では、この人道的占領を先述のITA、国際化された領域あるいは新信託統治と同義として扱っているが、[13] 本書は次の二で検討するように、占領という用語を用いることに伴う占領法規の適用問題、あるいは概念上の混乱を回避するために、領域管理と占領法規に基づく占領を区別している。

二　軍事占領との異同

領域管理の概念規定との関係で避けて通ることができない問題は、国際人道法上の（軍事）占領との関係である。チェスタマン（Simon Chesterman）のように、国際組織による平和構築を目的とした領域管理の源流に占領を掲げる者もいる[14]。

現象面に限っていえば、国際組織による領域管理も、交戦国による相手国（被占領国）の占領も、紛争（戦争）の再発を防止するために行われるのであれば、極めて近似した活動だといえなくもない。占領は、軍事行動（敵対行為）の結果という事実[15]から生じ、国際人道法の規制に服するという点で、一般に和平合意に基づいて実施される領域管理とは開始の契機を全く異にする。しかし、本来の領域国（被占領国）による主権行使が一定の制限を受けたり、対象領域に適用される法の内容が停止・変更されたり、占領国側に一定の立法権限が生じるといった点で類似しているということは、領域管理を検討する上でも念頭に置く必要がある。

このような区別を行うなら、二〇〇三年のアメリカおよびイギリスによるイラク攻撃の後に、アメリカおよびイギリスがイラク国内に設置した「連合暫定統治当局（CPA）」は、国際人道法上の「占領当局」であって、CPAの活動は、本書における領域管理の概念には当てはまらない。アメリカとイギリスは二〇〇三年五月八日付安保理議長宛書簡[16]において、CPAを通じてイラクを占領下に置く旨を明示し、それを受けて採択された安保理決議一四八三（二〇〇三）も、英米が「統一された指揮権の下での占領当局として、適用可能な国際法に基づく特別な権限、責任および義務を認識」（前文第一三項）し、さらに、「すべての関係当事者に対し、国際法、とりわけ一九四九年のジュネーヴ条約および一九〇七年のハーグ規則に基づく義務に従うことを要請」（本文第五項）している。ここからも明らかなように、戦闘終結後のイラクは、国際人道法上の占領状態になったと考えられる。

ただし、領域管理が実施されるまでの過程や領域管理に関与する主体によっては、領域管理においても国際人道法が適用される余地がある。そのような問題を抱えているのが、コソヴォにおけるUNMIKとコソヴォ保護軍（KFOR）の関係である。UNMIKおよびKFOR、さらにユーゴスラヴィア政府との関係を詳細に検討した新井京によれば、KFORが北大西洋理事会の指揮下にあるという点でNATOとの連続性を持っていること、そのKFORとUNMIKはコソヴォにおける実質的自治の確立という「共通の目標に向かって相互に支援しあって行動できるよう[17]」に両者間の緊密な連絡を指示していること、などからUNMIKとKFORを一体のものとし、両者について占領法規が適用されると結論付ける[18]。一方で、スターン（Carsten Stahn）は、KFORの展開根拠となった「軍事技術協定（MTA）」（一九九九年六月九日締結）により、NATOとユーゴスラヴィアとの間では「戦時における文民の保護に関するジュネーヴ条約（ジュネーブ第四条約）」第六条にいう、「軍事行動の全般的終了（general close of military operation）」がもたらされており、その後のコソヴォにおけるセルビア系住民とアルバニア系住民の間の武力衝突は、NATOとユーゴスラヴィア軍との武力衝突ではないことから、仮にコソヴォをジュネーヴ第四条約にいう占領地域と見るにせよ、その地位は同条約第六条が規定するように「軍事行動の全般的終了の後一年」にあたる、二〇〇〇年六月には終了していたとする[19]。

国連のPKOを通じた領域管理の場合、当事国の受入れ同意に基づいて現地に派遣されることから、国連自身と当事国の間での交戦状態が存在しない限り、一般的には占領法規の適用が問題となることはないものと考えられる[20]。他方で、コソヴォの事例のように、NATOなどの軍事組織と国連PKOとの関係をどのように捉えるかによっては占領法規が適用される余地が生じることはあろう。このことは、領域管理を通じた平和構築と国際人道法の下での占領とにおける、領域管理機関と占領当局に許された現地での立法権限の差という問題につながる。この点について、本書では第五章で前者の問題を中心に検討する。

三　本章の構成――諸事例の分類とその意義

領域管理を本節冒頭に記したように定義したのは、近年の事例を過去の事例の延長線上に位置付けて考察するためであり、その意味では極めて主観的なものである。同様に、複数の事例を検討するにあたり、一定の基準を設けて分類を試みることも主観的な作業とならざるを得ない。しかし、領域管理機関がどのような法的根拠で設置されたか（条約なのか、安保理の「決定」なのか、総会の「勧告」なのか等）、領域管理機関が具体的にいかなる権限を有しているか（間接的なものに留まるのか、直接的なものを含むか等）といった、ある程度、客観的と思われる基準を設けて分類することは可能であろう。また、そのような基準にしたがって分類を行い、それを基に複数の領域管理の事例を比較・検討するという分析も不可能ではない。しかし、そのような一見客観的と思われる基準に従った整理に基づく考察が、国連をはじめとする国際組織の正統性を前提視したり、さらには神聖視したものになりかねないことには注意が必要である。

イディットの先行研究は、領域管理の諸事例を時系列的に紹介しているだけで、それ以外の分類・整理は基本的に排除されているように見える。しかし、この時系列による整理自身、イディットにとっては、対象領域の主権が特定の国家群の下から国連の下へ移っていったという、領域の国際化の歴史的発展なり進化を結論として呈示するための手法であった[21]。領域管理の担い手が国連を中心とした国際組織に移っていったことは歴史的な事実ではあるが、時を追うごとに領域管理の方法が改善され洗練されていったというような意味で、単線的に発展したわけでもないし、国連による領域管理が「正しい」ことを意味しない。同様のことは、PKOを「世代」という区切り方を用いて議論することの問題性にも当てはまる。「世代」や任務の変容・多様化を切り口としたPKO、さらにはその一類型としての領域管理という捉え方が進歩主義史観的であるとするワイルドの批判は、先にも若干触れた。そのようなアプロー

チは、領域管理やそれを実施する国連の役割の正統性を暗示する結果を招く危険性があろう。(22)

複数の事例を分類し、整理すること自身が主観的な作業であり、その後の議論を方向付けてしまうものであることを念頭に置きつつ、本章の以下の三節では、領域管理を、それを実施するに至った契機あるいは歴史的文脈にしたがって分類した上で、諸事例の概要・特徴を整理することにしたい。第二節では、戦後処理の一環として実施されたものを扱う。その中心となるのは、第一次および第二次世界大戦の諸平和条約に基づくものである。一方、国際連盟レティシア委員会は、後述するようにPKOとみなすことも可能である。しかし、国際連盟の活動に対してPKOという名称を用いるのは通常の用語法に反するし、活動主体が国際連盟であったという、別の意味での形式的考慮により、第二節で取り上げている。第三節は、非植民地化の文脈で行われた事例を扱う。第二次世界大戦後における「非植民地化」の多くは、住民投票を通じて行われたのであり、非植民地化過程における領域管理は、成功・不成功にかかわらず、特殊な態様であったといえる。続く第四節では、カンボジア以降の四事例を取り上げる。これらについても、紛争の形態や国連の関与の態様や程度はさまざまであり、PKOという形態で実施されたという共通点に着目した整理に過ぎない。またこれに加え、国連が直接に領域管理を実施したわけではないがボスニア＝ヘルツェゴヴィナについても取り上げる。PKOによる諸事例との同時代性や領域管理に対する批判的検討の文脈ではPKOによるものもデイトン合意に基づく「上級代表」を通じた領域管理も同列に扱われることがあるからである。

なお、既に述べたように、諸事例を整理する切り口は複数存在するのであり、本章での分類も、第三章以降での検討に向けた目的志向的なものである。すなわち、領域管理の究極の目的が、外部の主体が関与しつつ、現地に一定の政治（統治）体制を樹立することだとすれば、その正統性を問い、さらに、それを国際法なり国際組織法の問題に還元するという本書の目的から考えると、形式的な基準で取り敢えずの整理を行うことで、本章以下における、各事例に共通する問題点の析出とそれらへの詳細な検討のための予備的な作業になるだろう。

第二節　大戦後の秩序構築

一　国際連盟期の事例

(1) ダンチッヒ自由市[23]

第一次世界大戦後にダンチッヒがドイツから分離されたのは、アメリカ大統領ウィルソンの『一四ヵ条』の第一三項が、ポーランド人国家の創設と「海への自由かつ安全なアクセス」を認めるべきだと指摘したことに由来する。そのためにはヴィスチュラ川の河口に位置するダンチッヒをポーランド領にする必要があるが、他方で、人口の大半がドイツ系住民であったため、ヴェルサイユ条約第一〇〇条に従い、ダンチッヒとその周辺地域をダンチッヒ自由市として国際連盟の「保護 (protection)」の下に置いたのである（同条約第一〇二条）。

国際組織による領域管理の最初の事例[24]として取り上げられるダンチッヒ自由市については、同地の保護を目的とした委員会が組織され、三名の委員が「主たる同盟および連合国」によって指名され（同条約第一〇一条）、うち一名がさらに国際連盟によって任命される高等弁務官となった（同第一〇三条一項）。高等弁務官の第一の任務は、第一〇三条一項にある通り、ダンチッヒ自由市が正式に任命した代表者によって起草された憲法に同意を与えることであった。しかし、田岡良一が指摘するように、ダンチッヒはヴェルサイユ条約を通じて自由市の地位を得たのであるから、「憲法制定以前には代表者を自由市が正式に任命することは理論上不可能」である。そこで結局は、高等弁務官が選挙法を制定して代表者を選出し、彼らが作成した憲法草案に高等弁務官が同意を与えた上で、さらに国際連盟理事会が修正を加え、正式の「ダンチッヒ自由市憲法案」となった。ただし、この憲法案に対して自由市の代表者側が難色を示したため、高等弁務官は国際連盟理事会の特別の授権に基づき、この憲法案をもって正式の憲法とする旨を宣言

した。(25)

また、この憲法は第一〇三条一項による「国際連盟の保障（guarantee）の下に置かれる」こととされた。この「保障」の意味について、ヴェルサイユ条約に規定はない。この点について田岡は、ダンチッヒ自由市憲法第四九条三項が国際連盟（理事会）の同意がなければ憲法を改正できないと規定していることとの関連で、「従来の国家学説が主権国の最も重要なる表徴とする憲法上の自主権」(26)にあたるものが国際連盟に移転したものと理解している。さらに高等弁務官は、第一〇三条二項に従い、ポーランドとダンチッヒ自由市の間での意見対立について裁定を行うこととされ、仮にその裁定に不満がある場合には、国際連盟理事会に抗告することも可能とされた。しかし、ルイス（Malcolm M. Lewis）によれば、ほとんどの場合、高等弁務官の判断が尊重されたという。(27)

ダンチッヒ自由市が国際法主体と呼べるか、あるいは、（主権）国家であるか、という問題もあるが、領域管理の源流としてダンチッヒ自由市を位置付けることの意義について、次の点を指摘しておきたい。

ワイルドが指摘するように、ダンチッヒ自由市は、第一次世界大戦の戦後処理の結果としての領域変動に対して、国際組織による一定の権限行使が認められた事例であった。(28)歴史を遡れば、一八一五年のウィーン会議の「最終議定書（Final Act）」の結果として誕生したクラコウ自由市においても、現地の行政機関および立法機関に対してオーストリア、プロシアおよびロシアから派遣された常駐使節が拒否権を行使できるものとされていた。これは、ダンチッヒ自由市における高等弁務官の権限に類似してはいるものの、常駐使節が考慮したのは彼ら自身の出身国政府の利益であって、クラコウ自由市のそれではなかった、とルイスは指摘する。(29)これに比して、ダンチッヒ自由市における高等弁務官は、ダンチッヒの内政面について権限を有するものではなく、ポーランドとの関係を含めた対外的な側面でのダンチッヒの保護に役割が限られ、それも国際連盟理事会に対して責任を負うこととされていた。(30)すなわち、ダンチッヒ自由市の事例は、個別国家の利害によってではない、手続き的にも制度的にも国際化され、組織化された特定領域の保護・保障の嚆矢だったのである。[31]

(2) ザール地域

一八七一年五月のフランクフルト条約によってドイツに割譲されたアルザス＝ロレーヌ地方の北方に位置するザール(ザール盆地)は、一八一五年の第二次パリ条約以来、プロシアが領有していた(後に、バーバリアがその四分の一を獲得)。炭鉱の開発に伴い、同地に多数のプロシア系住民が流入し、田岡によれば、第一次世界大戦発生時には、約七〇万の人口があったという。[32] 第一次世界大戦後、ザールの帰属を巡る問題とドイツの対仏賠償問題が、ヴェルサイユ講和会議での焦点の一つになった。

ウィルソンは『一四カ条』第八項において、「アルザス＝ロレーヌ問題において、一八七一年にプロシアがフランスに対して行った不正は正されなければならない」とする一方、ザール地域そのものをフランスに割譲することは民族自決原則に抵触するとして難色を示していた。交渉の結果、ヴェルサイユ平和条約第三編四部に規定されたザール地域の取り扱いは、フランスの経済的要求と、ウィルソンの主張の妥協の産物である。[33] 同条約第四五条は、賠償金支払いの目的のために、フランスによるザール炭田の開発を認めた。その一方で、「仏国をして炭田の自由開発を遂行せしむるためには、この地域をドイツの統治より切り離すことを必要とするのは、すべての専門家の一致せる意見である。然るに一方民族自決主義の要請は人民の意思にしたがってこの地方の運命を決することを要求する。しかもし直ちに人民投票を行なわばドイツに帰属することはほとんど確実である。ゆえに人民投票を将来に置き、一定の期間ドイツの関与から切り離して仏国に炭田開発の自由を与えることが必要となる。しからばその期間何人が統治の任にあたるか[34]」と田岡が指摘するように、プロシア系が多数を占めるザール地域を誰が統治するかが問題となり、同条約の附属書において国際連盟を代表する「施政委員会(Governing Commission)」による管理という方法が採られることとなった。[35]

この施政委員会を通じたザール地域の領域管理の特徴として、次の二点を取り敢えず指摘できる。第一に、ダンチッヒ自由市と異なり、ザール地域における国際連盟の領域管理には一五年という期限が設けられており（ヴェルサイユ条約第四九条二項）、期限到来時には、「いずれの主権に服することを望むか」について住民に意思表明の機会が与えられていた。また実際に、一九三五年には住民（人民）投票が実施され、ドイツと再統合した。[36]ザール地域の施政の詳細について規定したヴェルサイユ条約附属書の第三章（三四項～三九項）が住民投票について規定しており、そこでは住民投票に際しての選択肢として、①条約および附属書によって制定された制度の維持（すなわち国際連盟による管理の継続）、②フランスとの統合、③ドイツとの統合、の三つが掲げられている。住民の民族構成から考えて、当初から③による決着が予想されていたと考えられるが、「独仏いずれか」に加え、①の選択肢が用意されていたことは興味深い。仮に住民投票の結果、①が多数を占めた場合、一五年という期間を区切って起草された附属書の改正が必要であったと思われ、その関連で附属書第三五項二文も「領域の恒久的福祉と一般利益」のために必要な措置をとる旨の規定を予め置いていた。

第二に、第一の点とも関連するが、意思表明の方法として住民投票が採用され、その詳細が規定されたことである。桐山が指摘するように、[37]第一次世界大戦後、限定的な範囲ながら、民族自決原則の具体的実施手段として、住民投票を通じた主権の選択が認められたことは、その後の非植民地化過程、また、今日の平和構築の原点として、ザール地域における領域管理の意義を見出すことができる。また、チェスタマンが指摘するように両大戦間における民族自決原則の適用がヨーロッパに限定され、それ以外での植民地支配が認められていたという制約はあるものの、国家主権の所在の最終決定権を民族自決原則に従って住民の意思に委ねる一方で、実際の決定までの間、現地での施政を国際組織に委ねた事例の嚆矢とみることができよう。[38]

(3)　国際連盟レティシア委員会

上述の二事例はいずれも、第一次世界大戦そのものの処理に関わるものであるが、これに対して、国際連盟レティシア委員会は、一九三二年から三四年にかけてコロンビアとペルーの間で発生した、レティシア地域の帰属を巡る紛争の処理にあたって、国際連盟が同地域を一年間、管理した事例である。大国間の戦争ではなく、ヨーロッパ以外の、しかもモンロー主義時代のアメリカ大陸における中小国間の紛争を国際連盟が処理したという意味では、国際連盟による数少ない紛争解決事例(39)であるとともに、国連のPKOの「起源(40)」にも挙げられるものである。

事例の概要は以下の通りである。一九二二年に調印され、一九二八年に批准されたコロンビア・ペルー間の国境画定条約により、レティシアはコロンビア領であることが確定していた。しかし、一九三二年九月一日、ペルー人民兵(不正規兵)がレティシアに侵攻した。チェスタマンが指摘するように、この紛争は法的には単純で、ペルー政府がペルー人民兵を撤退させる義務を負っていたことは明らかである(41)。しかし、ペルー政府は一九二八年の条約そのものの見直しを本件と絡める作戦を取り、アメリカやイギリスなどによる調停を経て、問題は国際連盟理事会に付託されたのである(42)。

結局、一九三四年五月二四日、コロンビアとペルーは平和友好協力議定書とその付属文書に署名し、紛争は最終的に解決した(43)。この最終解決にあたっては、その一年前(一九三三年五月二五日)から、国際連盟諮問委員会の勧告とコロンビアおよびペルーの同意に基づき、国際連盟レティシア委員会がアメリカ、ブラジルおよびスペインからの代表者によって組織され、ペルー側の撤退を監視するとともに、レティシアに対する領域管理を行った。同委員会の下には国際連盟軍が組織されており、軍事的な意味での治安維持にあたったほか、地域行政、公衆衛生、ペルー人民兵の侵攻に伴って失われた私有財産の補償などの任務を負った(44)。国際連盟レティシア委員会の特徴は、そもそもコロンビア領であるレティシアにおいて、「コロンビア政府の名の下に」領域管理を行い、しかも、その費用もコロンビア側が負担した、という点である。(45) この点についてワイルドは、「紛争当事者が包括的な交渉を行っている間、更なる紛争が発生しないよう［問題となっている］領域を切り離しておく(46)」という意味があったと指摘する。紛争解決過程において、国際組織が比較的、中立的な立場にあるとみなされることの反映である。

この国際連盟レティシア委員会の活動は、その後の東スラヴォニアでの領域管理方式に似ていると考えられる。すなわち、本来の領域主権国の主権が脅かされるという型の紛争において、紛争終結後、現状復帰までの一定期間において国際組織による領域管理が実施された事例といえるからである。この種の領域管理を成功に導くための条件として、チェスタマンは、政治的目標が明確であること、財源・資源が十分であること、アメリカの支持があることを挙げる。(47) 国際連盟レティシア委員会は、まさにそのような条件が整っていた事例なのである。

二　国連設立直後の事例——トリエステ自由地域(48)

一八一五年のウィーン会議から第一次世界大戦勃発の時点までオーストリア＝ハンガリー帝国領であったトリエステは、イタリア住民が多数を占める、アドリア海に面した港湾都市である。一九一五年、イタリアは英、仏およびロシアとの間で秘密裏にロンドン条約を締結し、イタリアの戦争協力を条件にトリエステおよびその周辺地域をイタリアに割譲することについて合意していた。また、ウィルソンも『一四カ条』第九項において、民族分布に従ったイタリア国境の見直しについて言及していたこともあり、一九一九年の対オーストリア＝ハンガリー帝国平和条約であるサン・ジェルマン条約によりトリエステ等はイタリア領となった。

第二次世界大戦末期、トリエステ地域の一部がユーゴスラヴィア軍によって占領されたこともあって、再び同地の帰属が問題となった。結局、一九四七年二月の対イタリア講和条約第二部三編二一条は、「トリエステは、その一体性と独立が国連安保理によって保障されるべきことに合意して、同盟および連合国並びにイタリアによって承認される」との規定を置き、さらに同条約附属書VIに「トリエステ自由地域恒久憲章」が盛り込まれることになった。この恒久憲章については、平和条約の調印前の段階で安保理が決議一六（一九四七年一月一〇日）で承認しており、残るは、同憲章に基づく総督の任命を待つばかりであった。しかし、安保理における総督の選任は、冷戦の影響もあって暗礁に乗り上げて実現せず、一九五四年、トリエステ自由地域の設定は断念された。

トリエステ自由地域は、ダンチッヒ自由市同様、港湾という軍事的経済的要衝の帰属と民族分布上の配慮の間の妥協的産物として領域管理が計画されたものである。同時に、チェスタマンが指摘するように、総督に与えることが予定されていた権限は、ダンチッヒ自由市高等弁務官のそれに比して広範かつ直接的なものであり、近年の事例における国連事務総長特別代表の権限や役割に近似している。(49) また、恒久憲章には人権尊重に関する規定が置かれていたという点で、「要衝地に対する管理」であったと同時に、そのガバナンスの問題にも関心が向けられていたことが窺える。

第三節　植民地の国際的管理と非植民地化

一　植民地の国際的管理制度

国際連盟における委任統治制度によって導入された植民地の国際管理は、第二次世界大戦後、国連における国際信託統治制度に受け継がれる。国際連盟規約第二二条が委任統治の対象を敗戦国の植民地だけに限定したのに対し、国際信託統治制度は、「現に委任統治下にある地域」（国連憲章第七七条a）と「第二次世界戦争の結果として敵国から分離される地域」（同b）に加え、「施政について責任を負う国によって自発的にこの制度の下におかれる地域」（同

c）も対象となる道を開いた。しかし、家正治によれば、「信託統治制度の運用が成功すれば、この自発的適用がなされるであろうという希望」に基づくものであり、ヤルタ会談の段階では「連合国が自発的に信託統治制度の下に置かない地域については……考慮がまったく払われていなかった[50]」という。

これに対し、その後のサンフランシスコ会議においては、「非自治地域に関する宣言」が国連憲章第一一章として挿入された。しかし、憲章第七三条の文言からも明らかであるが、非自治地域制度の目標は「自治の発達」であって「独立」ではない。同条柱書の文言[51]は、国際連盟規約第二二条に近似しており、「現地住民の保護」に主眼を置いている。また同条eに基づく施政国から国連への資料提供もあくまで「情報用」であって、国連側に監督権は認められていなかった。すなわち、国連憲章起草段階における非自治地域制度は、「『未開人』または『自治に達しない』人民に対する先進国又は『文明国』の保護あるいは『施し』といった考え[52]」に基づく植民地支配を継続できるはずだった。

しかし、その後、国際信託統治地域のみならず非自治地域についても国連の権限が強化されていき、それが植民地人民の自決権行使を通じた独立へと結実した過程については深く立ち入らない。一点だけ確認しておくべきことは、非自治地域についても、施政国から送付された情報について「情報に関するアド・ホック委員会[53]」が早くも一九四六年の段階で設置されていたことである[54]。

第二次世界大戦後の非植民地化過程における国連の役割は、国際信託統治領であれ非自治地域であれ、施政国からの報告・情報提供とそれに対する審査・勧告が中心であって、領域管理と呼べるほど実質的・直接的なものではない。むしろ、今日のＰＫＯや平和構築との関係で重要なことは、人民自決権に基づく住民の意思表明の手段としての人民投票の実施を促したり、場合によれば実施を監督したり、さらには投票結果に対して異議を唱えるといった、手続き面での実行を積み重ねたことであろう[55]。

そのような中、非植民地化の文脈で国連に直接的な領域管理の実施が期待された例が、二例存在する。西イリアンとナミビア（南西アフリカ）[56]である。前者は実際に「国連暫定行政機構（UNTEA）」が組織され、所期の目的を達成したが、後者は「ナミビア理事会」が組織されたものの、実質的な活動は行えなかった。まずはこの二例について概要を二で記す。さらにもう一例、非植民地化にも戦後処理にも分類し得る境界的な事例ではあるが、エルサレムの「国際化」計画を三で取り上げておきたい。

二　非植民地化における領域管理

(1)　西イリアン

西イリアン（現在のイリアン・ジャヤ州）の帰属を巡る問題は、一九四九年にオランダからインドネシアが独立した当初から両国の間で燻っていた[57]。一九六一年になってオランダ・インドネシア間の武力衝突が西イリアンで発生したため、ウ・タント（U Thant）国連事務総長代行は、アメリカの元外交官バンカー（E. Bunker）を事務総長代行代理に指名し、和平案の起草にあたらせた。彼の示した和平案は、①西イリアンの施政権はインドネシアに移譲する、②ただし最初の半年間は国連が施政し、その後インドネシアに移譲する、③さらにその数年後、現地住民に最終的な帰属の希望先について意思表明の機会を与える、というものである。両国はこの和平案を受け入れ、一九六二年八月一五日に「西ニューギニア（西イリアン）に関するインドネシアとオランダの協定[58]」を締結した。

同協定第二条に規定された、オランダの施政権の移譲先がUNTEAである。その長たる「国連行政官」は、「事務総長の指示の下で領域を管理するための全ての権限を持つ」（同協定第五条）ものとされた。さらに第八条では、現地の高級オランダ人官吏を「非オランダ・非インドネシア人官吏」に置き換えることを規定している。対象となっている官職は、内務、財務、法務、公衆衛生、文化・教育、経済、運輸などおよそ植民地行政全般に亘っており、これをパプア人に置き換える、「現地化」が図られたのであった[59]。

ＵＮＴＥＡの特徴は、非植民地化の結果として西イリアンをインドネシアに（再）統合することではなく、国連の領域管理を経て一旦インドネシアの施政権を認めたうえで、改めてパプア人に自決権の行使を認める、というものである。[60]

一九六三年五月一日にインドネシアに施政権が移譲されるまでのＵＮＴＥＡの活動は成功だったとされる。[61] その一方で、人民自決権の行使態様として適切であったかどうかについては、評価が分かれる。同協定第一八条に基づき、インドネシアは西イリアン住民の「自由に表明された意思の確認のための手続きと方法」（ａ項）を定め、一九六九年末までに実施することとなっていた（同第二〇条）。この協定には「手続きと方法」について、これ以上詳細な規定はなく、インドネシアが「国連の代表者およびその職員の援助と参加の下に」定める（第一八条柱書）となっているのみであった。そのためインドネシアは、一九六九年になって、投票ではなく、インドネシアが選んだ一〇二六人の「協議会」の意思を以て「住民の意思」とし、西イリアンのインドネシア残留を決定したのである。家は、この「談合方式」について「人民投票ではなくインドネシアの慣行である談合形式による住民の願望の確認がとられたことは、地域の特殊事情に基づくもの」であり、「かつて人民投票が、拡張主義政策正当化のために、また権力者の正統性を獲得するために人民投票が乱用されたことがあったように、人民投票が万能なのではなく、住民の意思が最も良く反映される方式が重要[62]」と評価している。しかし、チェスタマンが指摘するように、国連からインドネシアに施政権が移譲されてから五年の後に実施された談合こそ、インドネシアの従来の政策を正当化する不正なものであったともいえよう。[63]

（2）　ナミビア

ドイツの保護領であったナミビアは、第一次世界大戦後、南アフリカを受任国とする委任統治領（Ｃ式）となった。

第二次世界大戦後、他の委任統治領が独立するか、国際信託統治領となる中、南アフリカはナミビアを国際信託統治制度の下に置くことを拒否し続けたため、国連の場においては、繰り返し南アフリカに対して、ナミビアの独立へ向けた働きかけが行われた。この間、国連総会は三回にわたって国際司法裁判所（ICJ）に対して勧告的意見[64]を求め、さらにエチオピアとリベリアが南アフリカを相手取ってICJに提訴[65]するなど、国連を通じた非植民地化の事例の中でも際立った事例であり、先行研究も豊富に存在する。[66]

領域管理の文脈で重要なのは、一九六七年五月一九日の国連ナミビア問題特別総会決議二二四八（S-V）で設立された「国連ナミビア理事会」の存在である。同理事会は、一九六六年一〇月二七日の総会決議二一四五（XXI）がナミビアに関する委任状を終了させ、ナミビアの施政について国連が責任を負うことを決定したことに伴う措置である。決議二二四八（S-V）は、ナミビア人民の自決権に基づく独立の権利を再確認し（第I部）、独立を達成するまでの間、ナミビア理事会が施政を行うことを決定している（第II部一項（a））。また、制憲議会と立法議会が普通選挙を通じて設置されるまでの間、理事会に立法権限を含むあらゆる措置をとる権限が認められている（同項（b）、（c）および（d））。ナミビア理事会は、同決議第IV部二項を根拠にナミビアでの現地調査を実施しようとしたが、南アフリカが入国を拒否し、それ以降も、非協力的態度に終始した。そのため、領域管理機関としてのナミビア理事会の活動は必ずしも成功とはいえず、立法権の行使としては「ナミビアの天然資源の保護に関する布告第一号」[67]を制定したに留まる。他方、対外的には、ナミビア理事会がナミビア[68]またはナミビア人民[69]を代表する形で各種の国際会議に出席したり、国連海洋法条約への署名が認められたりしていた（同条約第三〇五条（b））[70]。

その後ナミビアにおいては、一九七八年九月二九日の安保理決議四三五で「国連ナミビア移行支援グループ（UNTAG）」がPKOとして設置され、UNTAGを通じた、軍事面での治安維持、文民警察活動、選挙が実施されることとなった。しかし、当時の国際環境の下でUNTAGは活動を開始することができず、冷戦の最末期の一九八八年になって、アンゴラからのキューバ軍の撤退と共に、一九八九年四月一日にようやくUNTAGの活動を決定し、同年一一月に選挙を実施、一九九〇年三月二一日にナミビアは遂に独立を達成した。

実質的活動が行えなかったという意味でナミビア理事会は失敗であり、せいぜいのところ非植民地化プロセスの絶頂期における国連の直接的関与の象徴的な事例だったとしかいいようがない。チェスタマンの分析も、ナミビア理事会よりもUNTAGに重点が置かれている(71)。とはいえ、ナミビア理事会は、総会が一方的に委任状を終了させたことの結果として空白となるナミビアの独立へ向けた暫定的な領域管理のため、総会決議によって設立され、全面的な立法権限の行使が認められていたことなどは、近年のUNTAETやUNMIKに類似した存在であったといえる。

三　国連における特殊事例――エルサレムの国際化

第二次世界大戦直後の時代にあって、国連による領域管理が計画されながら実現に至らなかった事例として、トリエステ自由地域と並んで、エルサレムがある。エルサレムを中心とするパレスチナの文化的宗教的民族的多様性は、今日に至るまで諸々の紛争を生んできた。国際連盟期、A式委任統治領としてイギリスの施政下にあったパレスチナは、第二次世界大戦後のユダヤ系難民の大量流入に伴い、アラブ系住民との衝突が激化したため、一九四七年四月、イギリスは事態の収拾を国連に委ねた。これを受けて国連は、同年一一月二九日、いわゆる「パレスチナ分割決議」と呼ばれる総会決議一八一（II）を採択し、パレスチナをユダヤ系およびアラブ系の国家に分割すると共に、エルサレムについては、これら二国とは別個の政体（*corpus separatum*）として信託統治理事会を通じた国際的な領域管理の下に置くことが企図されたのである。

同決議第三部Cには、追って信託統治理事会によって制定されるべき「エルサレム市憲章（Statute of the City）」に盛り込まれる項目が列挙されている。それによれば、エルサレムにおける領域管理の目的は、同地が持つ「独特な精神的宗教的権益を保護・保持すること」（一項（a））と同地の「住民の安全、福祉および発展のためのあらゆる建設的諸措置の促進」（同（b））であるとされた。この目的達成のため、信託統治理事会によって任命され、それに対して責任を負う「総督」がユダヤ系およびアラブ系以外の人物から選任されることとなった。

この総会決議を受けて信託統治理事会も、「エルサレム市規約草案」を同理事会の決議三二（II）（一九四八年三月一〇日）において採択したが、同年五月の第一次中東戦争によりイスラエルがエルサレムを占領したため、作業が中断した。その後、一九五〇年までエルサレムの国際化に向けた交渉が行われたが、実現に至ることなく、計画は頓挫したのである。

本件の特徴は、トリエステ自由地域の問題が安保理の管轄であったのに対し、信託統治理事会が総督の任免も含めた実質的権限を負うとされていたことであり、国連憲章第八一条に基づき国連自身が施政権者となる信託統治領になることが予定されていたと考えられる。[72] ただし、エルサレムが抱える特殊事情を考えれば、信託統治の目的としては「自治または独立に向かっての住民の漸進的発達」（憲章第七六条b）というよりも、「国際の平和および安全を増進すること」（同条a）、すなわちユダヤ系とアラブ系の対立・衝突を回避することに主眼があったことに疑いはない。また、エルサレムで計画された領域管理は、トリエステ自由地域計画と時期的には重なるものの、第二次世界大戦の直接の結果を処理することを目的としたものではない。むしろ、イギリスによる委任統治の失敗を国連、それも信託統治理事会の下で処理しようとしたという意味で、本書では「非植民地化」の過程での事例として扱っている。ただ、パレスチナへのユダヤ系難民の大量流入という事態が第二次世界大戦終結に伴うものであったことを考えると、エルサレムの国際化計画と第二次世界大戦の戦後処理は歴史的に一連のものであったと捉えることも十分可能である。

仮にエルサレムでの領域管理が実現していれば、恐らく長期にわたるものとなったであろうし、領域主権の所在を含めたエルサレムの法的地位や国家性について、国際法上の論点を多く含むものになっていたであろう。

第四節　冷戦後の事例──ＰＫＯを中心に

一九九〇年代に入ってアフリカを中心とした各地で国内紛争が多発し、国連はさまざまな対応を迫られることになった。単純にＰＫＯの展開数を見ても、一九九〇年以降、国内紛争に対して派遣されたＰＫＯの数はおよそ四〇に上る（同一国・紛争に派遣されたものを含む延べ数）。これに対し、ＰＫＯを通じた領域管理の事例はその中の三例に過ぎず、ここに紛争そのものは既に冷戦期間中から発生していたカンボジアと、国連が直接に領域管理を行っているわけではないボスニア＝ヘルツェゴヴィナを加えても、五事例に留まる。とはいえ、本書は冷戦後の紛争について全般的に検討するものでもなく、また、限られた領域管理の諸事例から国内紛争への国際社会の対応のあり方についての一般的な教訓や法原則を導こうとするものでもない。本節では、あくまでも次章以降での検討に向けて、領域管理が実施された各紛争の事実関係を略述することにしたい。なお、ここで取り上げる各紛争については既に数多くの文献や資料が公刊されているが、本節においては引用を最小限に留めている。

一　カンボジア

一九五三年にフランスから独立したカンボジアでは、一九七〇年のクーデターでシアヌーク政権を倒し実権を握ったロン・ノル将軍率いるクメール共和国政権は、クメール・ルージュとの間で内戦状態になった。一九七五年になると、クメール・ルージュによるポル・ポト政権が樹立されるが、ヴェトナムの武力介入もあって、一九七九年には親ヴェトナム勢力ヘン・サムリン政権に変わる。以来、ヘン・サムリン政権と三派連合（シアヌーク派、ソン・サン派、クメール・ルージュ）との間での内戦状態となった。一九八七年末からカンボジア国内各派と近隣諸国による和平交渉が開始されたが、UNTAC[73]が派遣されることになった直接の契機は、一九九一年一〇月二三日に調印された「カンボジア紛争の包括的政治的解決に関する協定（パリ協定）」に至る「パリ会議」と呼ばれる一連のプロセスである。このプロセスにはカンボジア国内各派、近隣諸国のほか、安保理の五常任理事国や日本、オーストラリア、インド、カナダといった諸国も加わっていた。

このパリ会議にアメリカ代表団の一員として参加していたラトナー（Steven R. Ratner）は、パリ協定の特徴として「最高国民評議会（SNC）」の結成とUNTACの設置を挙げる。[74] 一九八九年頃の段階で既にパリ会議では、和平協定締結後のカンボジアでの国連による領域管理という案が出されていた。しかし、当時のカンボジアには唯一の正統政府と呼び得るものがなかったため、国内四派を和平協定の実施という目的のためにSNCとして合同させたのである。SNCの結成は、UNTACをPKOとして設置するにあたって決定的に重要な意味を持っている。ラトナーによれば、国連による領域管理を実施する場合、国際信託統治制度を国連加盟国に適用することができないという憲章第七八条の規定がある以上、国際信託統治制度下に置くという選択肢は取り得ず、受入国の同意に基づいたPKOを派遣するか、憲章第七章に基づく強制措置として何らかの機関を派遣することになる。しかし、湾岸危機よりも前という時代状況にあって五大国が憲章第七章の援用に消極的だったため、SNCを「暫定政府」としてPKOの受入れ同意の表明を含むパリ協定の実施主体としたのである。[75]

一九九二年二月二八日付の安保理決議七四五で正式に設置されたUNTACの職務権限の中心は、パリ協定附属書一および二にあるように、選挙の実施、人権状況の監視、停戦の監視、文民行政、文民警察、難民・国内避難民の帰還、復興支援と多岐に及ぶ。また、SNCとの関係では、「外交、国防、財政、公安および情報の分野で活動するすべての行政機関、団体および事務所」を「UNTACの直接的管理下」（附属書一B節一項）に置くとともに、「選挙の結果に直接の影響を与える」「他の行政機関、団体および事務所」を「UNTACの直接の監督または管理下」（同二項）に置くとした。

一九九二年三月に任務を開始したUNTACは、翌一九九三年五月二三日から二八日にかけて制憲議会選挙を実施し、六月二四日にカンボジア暫定国民政府が発足、九月二四日にはカンボジア王国憲法が発効した。制憲議会選挙に至る過程でポル・ポト派が離脱したことや人権状況、難民帰還、復興といった分野での成果が乏しいという批判もあるものの、UNTACは安保理決議八八〇（一九九三年一一月四日）に従い、一九九三年末までに撤退を完了した。(76)

二　旧ユーゴスラヴィア

一九九一年六月にスロヴェニアとクロアチア両共和国がユーゴスラヴィア社会主義連邦共和国（旧ユーゴスラヴィア）(77)からの独立を宣言したことに端を発する「旧ユーゴ内戦」の経緯は複雑であり、国連PKOも当初クロアチアに派遣されたUNPROFORの任務・派遣先が拡大され、さらに一九九五年以降は任務・派遣先によって名称も変更されていく。この旧ユーゴ内戦の全体像をここで記すことはおよそ不可能であるので、東スラヴォニアとコソヴォにおけるPKOを通じた領域管理のみをここで取り上げておく。なお、同じ旧ユーゴ内戦の一部であるものの、国連以外の実施機関を通じた領域管理が行われているボスニア＝ヘルツェゴヴィナについては**四**で扱う。

(1)　東スラヴォニア

「国連東スラヴォニア・バラニャ及び西スレム暫定統治機構（UNTAES）」は、一九九六年一月一五日付の安保理決議一〇三七によって設立された。その任務は、軍事部門による①武装解除の監督・促進、②難民・国内避難民の自発的かつ安全な帰還の監視、③現地の平和および安全の維持、文民部門による①警察の設置と犯罪者の処遇（刑務所制度の監視を含む）、②文民行政、③公共事業、④難民の帰還、⑤選挙の準備と実施、さらに人権および基本的自由の尊重、地雷除去の監視および促進を中心とする（同決議第一〇―一二項）。クロアチアの東部、セルビアとの境界線付近である、これら三地域に領域管理を任務としたPKOが派遣された背景には、クロアチアの旧ユーゴからの独立問題が直接に関わっている。

一九九〇年五月の総選挙により政権を握ったツゥジマン（Franjo Tudman）がクロアチア民族主義を推進したことで、セルビア系住民との対立が激化した。同年一二月のクロアチア憲法採択の前後には、セルビア系住民が東スラヴォニアとその周辺に「セルビア人自治区」を設置した。このセルビア人自治区はその後、クライナ地方のセルビア人自治区とともに「クライナ・セルビア人共和国」となる。クロアチアの全領土の約三分の一[78]にあたる「共和国」が、一九九二年二月二一日付安保理決議七四三で設置された国連保護軍（UNPROFOR）の下で国連安全地区（United Nations Protected Area：UNPA）となった。同年六月三〇日の安保理決議七六二はクロアチアに対しUNPAおよびその周囲での敵対的軍事活動を停止するよう要請したものの、その後もクロアチア政府とセルビア人共和国との間で停戦合意の締結と違反とが繰り返される始末であった。

やがて一九九五年になると、クロアチア側はPKOの役割に不満を抱くようになり、UNPROFORの同年四月以降のクロアチアでの駐留を拒んだため、UNPROFORに代わり国連クロアチア信頼回復活動（UNCRO）がクロアチアとセルビア系住民側との停戦合意の監視等の任務についた[79]。UNCROの展開から間もなく、クロアチアは西スラヴォニアとクライナを武力によって奪還し、東スラヴォニア地区を除いたクライナ・セルビア人共和国は消滅した。その後、同年一一月には東スラヴォニア地区についても、これをクロアチアに返還することがデイトン合意で達成され[80]、翌年一月のUNTAES設置にこぎつけたのである。UNTAESは、一九九八年一月一五日に任務を終了し、UNTAESの任務のうち文民警察の監視のための支援グループ（国連文民警察サポートグループ）の活動だけが引き続き実施された[81]。

UNTAESは、既に「国際連盟レティシア委員会」のところでも触れたように、紛争の期間中にセルビア人が実効支配した地域を平和的に再統合するという、「比較的単純な任務[82]」を与えられていた。しかし、久保慶一によれば、そもそも東スラヴォニア地方も含め、セルビア人自治区（共和国）が形成された地方におけるセルビア系住民の比率は低く、クロアチア系住民を追放した上で達成された「自治」であった[83]。また、逆に自治区（共和国）の消滅とクロアチアへの再統合問題は「セルビア人住民の国外への退出によって解決された[84]」とされ、民族間の和解を達成しつつ、警察の再建を果たすという困難な任務をUNTAESは帯びていたのである。

(2) コソヴォ

現在のコソヴォは、住民の圧倒的多数をアルバニア系が占めている。しかし、歴史を遡ればセルビア正教会の大主教座が置かれていた時期があったり、また逆に、一三八九年には「コソヴォの戦い」でオスマン帝国に敗れ、セルビア帝国崩壊のきっかけになったりするなど、コソヴォはセルビアの民族史の中に深く根ざした土地である[85]。一九七四年憲法下で自治州の権限が高められたが、その後、一九九〇年にミロシェビッチ（Slobodan Milošević）・セルビア共和国大統領（当時）が自治州の権限をほぼ無効にする憲法を採択したことで、コソヴォ自治州のアルバニア系住民とセルビア系住民、さらにはセルビア共和国との関係は決定的に悪化した。当初、コソヴォ民主同盟を率いるルゴヴァ（Ibrahim Rugova）の非暴力路線が奏功し、アルバニア系とセルビア系の間での武力紛争は見られなかったが、コソヴォ解放軍（KLA）の登場と共に、次第にコソヴォ問題は武力化していった。

国連コソヴォ暫定統治機構（UNMIK）の設置にとって、決定的に重要であったのは、一九九九年三月のNATO軍による新ユーゴ空爆である。この空爆の国際法上の合法性の問題はここでは措くとして、空爆に至る経緯を簡潔にまとめるなら、「コソヴォ自治州の内戦が激化し、ユーゴ連邦軍とコソヴォのセルビア治安部隊が、アルバニア系住民の武装組織、ＫＬＡと戦うだけでなく、アルバニア系住民全般に対して虐殺をおこなっている」ということである。このＮＡＴＯによる空爆を受けて、ようやくミロシェビッチ大統領も主要八カ国首脳会議（Ｇ８）の和平案を受け入れることとし、六月一〇日の安保理決議一二四四（一九九九）によってＵＮＭＩＫの設置・展開が決定された。これに加えて、軍事面においてはＮＡＴＯとロシア軍による国際治安部隊（KFOR）が治安維持の任務に当たることとなった。[86]

ＵＮＭＩＫの最も重要な任務は、コソヴォの国際的・国内的な地位の「最終的な決着に至るまでの間、コソヴォにおける実質的な自治と自己統治を創設することの促進」（安保理決議一二四四第一一項（ａ））であり、そのための「基本的な行政機能の実施」（同（ｂ））である。同項は他にも文民部門が実施すべき事項を規定しているが、そのすべてをＵＮＭＩＫが実施するのではなく、人道問題についてはＵＮＨＣＲが、機構構築については欧州安全保障協力機構（OSCE）が、復興支援についてはＥＵが分担し、それぞれの部門について、事務総長特別代表を補佐する事務総長副特別代表を置くこととされていた。[87]

ＵＮＭＩＫは、次項で取り上げる東ティモール同様、その任務の広範さと暫定行政官である事務総長特別代表の権限の強大さにおいて、領域管理の他の事例とは大きく異なる。また、コソヴォの最終的な地位を確定させないままでの和平合意であり、最終的な地位確定はその後の交渉に委ねられることになった。この点については、国連事務総長特使であるアハティサーリ（Martti Ahtisaari）元フィンランド大統領が二〇〇七年三月に提出した「コソヴォの将来の地位に関する事務総長特使報告書」[88]において、「セルビアとの再統合は実行可能な選択肢ではなく」、「国際的管理の継続も困難である」として「国際的な監視下での独立が唯一の現実的な選択肢である」との結論を提示した。この報告書に対しては、セルビアは勿論のこと、セルビアと歴史的に関係の深いロシアも反発を示して協議は難航し、ついに二〇〇八年二月一七日にコソヴォが一方的に独立を宣言するに至った。この一方的独立宣言の国際法上の合法性については、国連総会がＩＣＪに勧告的意見を要請する事態となっている。[89] アハティサーリによる報告書提出から今日に至るまでの経緯やそこに含まれる法的論点は本書の主題ではないので立ち入らないが、国連による領域管理を通じた新国家の形成が決して容易な事業でないことは、コソヴォの事例からも、また次に見る東ティモールの事例からも明確に窺えよう。[90]

三　東ティモール[91]

一六世紀以降、ポルトガルの植民地だった東ティモールは、一九六〇年の国連総会決議一五四一（XV）により、非自治地域に指定された。しかし、ポルトガルは、一九七四年のいわゆる「カーネーション革命」が起きるまで、東ティモールを含む植民地の独立には消極的であり、度々、国連総会による非難決議が採択されていた。他方、カーネーション革命によって成立した左派政権が東ティモールなどの植民地について独立を容認する方向を打ち出すや、東ティモールは騒擾状態となり、ポルトガルは事実上、東ティモールの施政を放棄した。一九七四年一二月、この機に乗じてインドネシアが東ティモールに武力侵攻し、翌年には東ティモールをインドネシアの「県」として併合する、憲法改正を実施した。

一九八八年のアジア通貨危機後の経済再建策を巡って、国際通貨基金（IMF）と対立して退陣したスハルトの後を襲ったハビビ大統領（当時）は、インドネシア国内における一連の民主化要求を応える一環として、東ティモールについても「特別の地位」、すなわち高度の自治権を与えることを約束した。しかし、あくまでも独立を求める住民の容れるところとはならず、一九九九年一月、改めてハビビは、「特別の地位」を受け入れるか否かについて東ティモール住民の投票を実施し、否決された場合には東ティモールを独立させるべく、国民協議会（国会）に諮る旨の譲歩を迫られた。

これを受けてインドネシア、ポルトガルおよび国連は、一九九九年五月に合意文書[92]を作成し、選挙の実施方法、治安対策、住民投票（合意文書上の表現は「民衆協議（popular consultation）」である）後の移行措置等について規定した。これを受けて採択された安保理決議一二三六（一九九九年六月一一日）は国連東ティモール・ミッション（UNAMET）を派遣し、住民投票の準備にあたることとなった。しかし、UNAMET派遣後、東ティモールでは独立に反対する住民がインドネシア国軍・警察と共謀して独立派住民や国連に対する妨害を行い、治安状況が悪化した。結局、住民投票は八月三〇日に実施され、圧倒的多数の住民が東ティモールの独立を支持した。このため独立反対派勢力による独立派住民への襲撃や破壊活動が激化し、九月一五日、安保理決議一二六四（一九九九）でオーストラリア軍を主力とする東ティモール多国籍軍（INTERFET）を派遣することを決定し、治安回復に努めた。

その後、一〇月二五日の安保理決議一二七二（一九九九）で設置されたのが、国連東ティモール暫定統治機構（UNTAET）である。UNTAETにおいても、UNMIK同様、事務総長特別代表が暫定行政官として全権を掌握し、法秩序の維持、実効的な統治機構の創設、人道・復興援助などに責任を負うこととされた。また、当初はINTERFETが担っていた治安維持任務も二〇〇〇年二月にはUNTAETが引き継いだ。その後、制憲議会選挙（二〇〇一年八月）、大統領選挙（二〇〇二年四月）を実施し、二〇〇二年五月二〇日の東ティモール正式独立と共にUNTAETは任務を終えた。

東ティモールは非自治地域であり、UNAMETが実施した住民投票を通じて住民の独立への意思が確認され、それを受けて一九九九年五月の合意文書に基づく、正式独立までの移行期間中の措置としてUNTAETが派遣されたものである。その意味では、「非植民地化」を目的とした領域管理であったといえる。したがって、東ティモールを独立に導いたという点でUNTAETは「成功」したといえる。しかし、その後の情勢の不安定化に伴い、二〇〇六年八月二五日、安保理は決議一七〇四（二〇〇六）を採択し、「国連東ティモール統合ミッション（UNMIT）」の派遣を決定した。これは、国内の安定化や二〇〇七年の議会および大統領選挙の支援を目的としたPKOである。UNMITの派遣をもってUNTAETの活動が遡って失敗であったとするのは極論だが、他方で、領域管理を通じて新たな独立国家の形成を目指すという意味での平和構築が困難な事業であることを物語っている。

四　ボスニア＝ヘルツェゴヴィナ

ボスニア＝ヘルツェゴヴィナ情勢が不安定となり、セルビア系・クロアチア系・ムスリム系の暴力による衝突が頻発するようになるのは、クロアチア内戦よりやや遅れて一九九二年三月頃からである。その後、さまざまな和平案（一九九二年三月の「クティリェロ案」からはじまり、一九九三年一月の「ヴァンス＝オーウェン案」、同年六月の「オーウェン＝シュトルテンベルク案」）が作られるものの、内戦の最終決着には至らなかった。その後、アメリカ主導による和平が実現するかに見えたが、一九九五年五月以降、再び戦闘が激化した。その後改めてアメリカ主導による和平交渉が行われ、一九九五年一二月一四日、「ユーゴ和平協定（デイトン合意）」がパリで調印された（仮調印は一一月二三日）。

和平協定の概要は、ボスニア＝ヘルツェゴヴィナをクロアチア系とムスリム系を中心とする「ボスニア連邦」とセルビア系を中心とする「セルビア人共和国」の二つに分け、国家としての実質的な権限をこれらの「国家内国家」に与える、ということを中心としている。「内容的にはほとんど国家連合と言ってもよいほどに分権的な政治体制」で「二つの構成体が独自の軍隊や財源を持っており、ボスニア国家レベルで統一的な軍隊や財源は存在しない(93)」ほどの徹底した分割である。ボスニア＝ヘルツェゴヴィナ（中央）レベルには閣僚評議会が置かれているが、ここには各民族が一名の代表を送り込むことになっている。

さて、和平協定では、「和平協定の民生部門に関する諸組織の活動を調整する」（第一条二項）ことを目的とした

「上級代表」（High Representative）が置かれることが規定されている。ボスニアの和平プロセスに対する「国際社会の現地代表[94]」という位置付けである。上級代表の職務権限は、デイトン合意附属書一〇第二条が規定する通り、監視・監督・調整・助言を中心としているが、同時に「民生部門の履行の監視［権限］、デイトン合意を解釈する上での現地における最終的な権限」（同附属書第五条）が与えられており、橋本敬市によれば、第二代上級代表だったウェステンドルプ（Carlos Westendorp）以来、この規定が柔軟に解釈され、「法の強制発効・削除、大統領・閣僚を含む公職者の追放および任命、メディアに対する規制、教育カリキュラムの策定、難民・避難民への住居返還などに至る広範な分野に直接介入[95]」するようになった、という。このような実行は、一九九七年一二月の和平履行評議会ボン会合において追認され、①民族合同機関の会合・場所・議長について、②当事者が合意に達しない場合の暫定措置の発効、③和平合意履行に違反した公職者への措置、について上級代表が最終解釈権を行使することを「歓迎」するとしている[96]。

ここではこれ以上立ち入らないが、上級代表に与えられた、あるいは、上級代表が事実上行使している広範な権限が、果たしてボスニア＝ヘルツェゴヴィナの「平和構築」に役立っているのか、という疑問が投げかけられている。一例を挙げれば、ヨーロッパの政治的経済的安定に関して調査・政策提言を行っているEuropean Stability InitiativeというＮＧＯの報告書[97]は、このような上級代表の権限行使によってボスニアが「国際的な保護領」の地位に置かれ、真の安定から遠ざけていると批判している。現在のボスニアを「保護領」と見るかどうかは別にして、平和構築を目的とした領域管理において、外部（国際社会）の関与の度合い（権限の強さ）に対する問題提起としては重要なものを含んでいる。

先に取り上げた、コソヴォの最終的地位確定に関するアハティサーリの提案では、コソヴォの地位が確定し、ＵＮＭＩＫが任務を終えた後も、一定期間はＥＵの特別代表が「国際的文民代表」となることが提案されている[98]。その役割は、「最終的な監督権限」であり、「行政に対する直接の役割は持たない」ものの、「強力な矯正（corrective）権限を持つべき」としており、これらの文言から判断する限り、ボスニア＝ヘルツェゴヴィナにおける上級代表に似たものが想定されているようにも見え、本書における領域管理の検討にあたっても、ボスニア＝ヘルツェゴヴィナの事例は一種の先例として参照する価値があるように思われる。

第五節　小　括

本章では、本書における「領域管理」の定義、すなわち、「人間が居住可能な領域に対して、国際組織が直接または間接に一定の支配権限を及ぼす活動」について検討・説明を加えると共に、その背景にある事例を取り上げて概観した。

そこからも明らかなように、それぞれの事例は、背景も関係国の利害も異なるし、各事例が目指す方向性や目標も異なる。例えば、第一次世界大戦後のダンチッヒ自由市とザール地域や、冷戦後にＰＫＯを通じて実施された四つの事例のように、それぞれの時代は同じであっても、国際連盟なり国連の関与の度合いや現地に展開する領域管理機関の権限には相違が見られる。したがって、領域管理は、個々の事例が持つ歴史的政治的文脈に応じて実施される活動であって、国家間の戦争や一国内での武力紛争、さらには非植民地化に対する単なる「法的な制度」というより、極めて政治性の強い活動だということである。(99)

そのような観点から、第二節と第三節を簡単に振り返っておきたい。

「戦後処理の一環」として実施された諸事例（第二節）の場合、ラテンアメリカの一角における局地的な紛争であったレティシアを除けば、大国（イギリス、フランス、アメリカ、ロシア（後にはソ連））の意図や戦略が領域管理の実施に際して重要な役割を果たしていた。その限りで、これらの戦後処理方法も、基本的には「ヨーロッパ協調」的な系譜に属するといえる。ただし、ダンチッヒ自由市にせよ、ザール地域にせよ、領域管理の実施に際してウィルソンが掲げた民族自決原則が一定の役割を果たしていたことを見逃すことはできない。ダンチッヒをポーランド領にしたり、ザール地域を永続的にフランス領にしたりすることが民族自決原則に反するとの考慮が、国際連盟を通じた領域管理の実施につながったのである。

次に「非植民地化」（第三節）については、第一次中東戦争とイスラエル建国により頓挫したエルサレムと南アフリカの協力が得られなかったナミビアについては、完全な失敗といわざるを得ない。しかしこのことは、非植民地化において領域管理という手段が無力だということを意味しない。西イリアンについては、住民の意思の確認方法に問題はあるが、インドネシアへの移譲が実現したし、便宜上、第四節で検討した東ティモールも独立の達成という意味では初期の目標を達成しているからである。他方、一般的な意味での植民地の国際的管理制度についてはどうか。これについても、国連の国際信託統治制度や非自治地域制度を通じて非植民地化が達成され、旧来の国際秩序構造の正統性を否定したという意味で、一応成功したと評価できる。ただし、国際信託統治制度にせよ、非自治地域制度にせよ、直接の施政はイギリスやフランス、ポルトガルといった宗主国が担ったのであり、国連の役割は施政国に対する監督や総会決議を中心とした規範設定や選挙の監視などの間接的なものに留まっていたのであって、国連の役割を過度に強調することは適当ではなかろう。

さて、冷戦後の諸事例についてはどうであろうか。カンボジア、東スラヴォニアおよび東ティモールについては一応の成功を見たといえるが、コソヴォと（国連の枠組みの外ではあるが）ボスニア＝ヘルツェゴヴィナについては、未だに最終的解決には至っていない。イディットは、領域管理の担い手が国連の手に移ったことを「歴史的発展」と評価した[100]が、制度的な「発展」が成功へ向けた改善や進歩にはつながっていないといえる。

先にも述べたように、領域管理は政治性の強い活動であるが、それは「法が関与していない」ということではなく、国連憲章を中心とした法によって規定された活動でもある。では、領域管理に法がどのように関わっているか。次章以降、領域管理の法的側面を分析し、さらに国際組織法全体の問題に引き付けて検討を加えることにしたい。

第四章　領域管理の実施権限と法的性質

領域管理の法的分析を試みるにあたっては、法が二つの側面で機能していることを予め区別して認識する必要がある。

第一は、国際組織による領域管理が実施されるにあたっての法的根拠を巡る問題であり、第二が、領域管理機関の任務に対する法的規制（統制）の問題である。前者を領域管理の設置と組織形態を巡る問題、後者を領域管理機関の活動と権限を巡る問題と整理することもできる。第一の問題との関連では、第三章で概観した諸事例について、国際組織が領域管理を実施する際の権限の根拠と、その結果として対象領域の法的地位がどうなるか、ということが共通の論点となる。委任統治制度と国際信託統治制度については、各々国際連盟規約と国連憲章に明文の根拠を置くものであって、国際連盟と国連が権限を有していたことは明白ではあるものの、歴史的には、それでも対象領域の主権の所在は論争の的となった。他方で、それ以外の事例については、国際組織の設立基本文書に明文の根拠を置くものではないため、領域管理権限そのものの法的根拠を問う作業が必要になる。本章では、この領域管理の実施にあたっての法的問題を検討することにし、具体的な活動に伴う問題を続く第五章で扱うことにする。

第一節　国際組織の権限を巡って

一　設立基本文書と国際組織の権限

国際組織は、一般に、「一定の目的を達成するために、条約を通じて設立された、常設的な組織体である」と定義される。[1] それぞれの国際組織の活動にあたって、いかなる権限を持つかは、究極的には、国際組織を設立するために作成された条約（設立基本文書）に示された、国家の意思に求められることになる。国際組織が主権国家とは異なる二次的あるいは派生的な国際法主体と捉えられる以上、スヘルメルスとブロッカー（Henry G. Schermers and Niels M. Blokker）が述べるように、国際組織の権限は、設立基本文書に基礎付けられた機能を果たす際に必要となる範囲内で認められる、「付与された権限（attributed power, competence d'attribution）」を持つに留まる。[2] しかし、目的達成に必要なすべての権限を設立基本文書に盛り込むことは現実的に可能ではなく、また、社会情勢の変化により、設立時点では予見し得なかったような事態への対応を迫られることもある。従って、国際組織の権限が主権国家によって付与された権限に限られるといっても、設立基本文書で明示的に規定されたものに留まらず、国際組織の目的達成のために必要不可欠な権限にまで拡張されることが必要となる。[3]

既に指摘したように、国際組織はさまざまな方法による領域管理を実施してきており、それらは国際組織法の問題として認識され得る。[4] しかし、委任統治地域、非自治地域および国際信託統治制度を除いた、国際連盟規約や国連憲章に明文の根拠規定を持たない領域管理を実施することの合法性そのものが、まず問題となる。また、国連憲章第八一条において、国連自身が信託統治領に対する施政権者になることを規定していることとの関連で、信託統治制度以外の方法・形態で国連が特定の領域に対して権限を行使することが許されるか、ということを別個の問題として問うことも可能である。これに関連して、国連憲章起草時の議論を振り返ると、サンフランシスコ会議において、ノルウェーは、憲章第七章の下での強制行動としての領域管理を行う権限を安保理に認めるべきであるとの修正案[5]を提案した。これは、占領統治を行う国自身が平和に対する脅威となっている場合に国連が占領統治を肩代わりすることを目的としたものであった。しかし、この修正案が採択されると、国連によるそれ以外の領域統治が認められなくなるという解釈につながることから、結局、否決された[6]。

他方、トリエステ自由地域構想においては、トリエステ自由地域の「一体性と独立の保障」という、対イタリア講和条約第二部三編二一条以下に規定する安保理の権限を、国連憲章上、どのように位置付けるかが改めて安保理において問題となった。すなわち、国連憲章に明文規定のない、「特定領域の一体性と独立の保障」が、憲章第二四条一項の「国際の平和及び安全の維持に関する［安保理の］主要な責任」に含まれ得るか、という問題である。結局、国連事務局の意見も容れて、安保理の保障権限を憲章第二四条一項に含むとの解釈で理事国間の見解が統一され、「トリエステ自由地域恒久憲章」などを承認する安保理決議一六（一九四七）が採択されたのであった[7]。

国連憲章起草時の議論や初期の実行に対し、ケルゼン（Hans Kelsen）は、国連憲章へのコメンタリーにおいて、国際信託統治地域以外への国連の「主権の行使」は認められず、トリエステ自由地域に関する安保理の権限を国連憲章第二四条から正当化することはできないという主張を展開していた[8]。しかし、国連憲章起草時、あるいは、国連設立直後の段階で既に、憲章上の根拠をどのように説明するかはともかく、国連が非自治地域や国際信託統治制度以外の形態での領域管理を実施し、さらに安保理のような内部機関が一定の権限を行使可能であることが、加盟国（の一部）や事務局の共通認識となっていたということができる[9]。

二　黙示的権限論と領域管理

国際組織の権限の拡大・拡張を正当化する、設立基本文書の拡大解釈については、黙示的権限論が、ICJの「損害賠償事件」勧告的意見や「ある種の経費事件」勧告的意見を通じて広く認められ、既に多くの研究も蓄積されている。黙示的権限は、設立基本文書に明示されてはいないものの、そこに内在するとされる権限を解釈として導出し、設立時には予見されなかった事態への対応を合法化・正当化させるという機能を営む。[10]「損害賠償事件」勧告的意見において、ICJは、一九二三年の常設国際司法裁判所（PCIJ）の「国際労働機関の権限事件」勧告的意見[11]を踏襲しつつ、「国際法上、機構は、憲章中に明示的に規定されていなくても、必然的推論により、その任務の遂行にあたって不可欠であるとして付与される権限を有するものとみなされなければならない[12]」と指摘した。ここで一般論として認められた黙示的権限を基礎に、「ある種の経費事件」勧告的意見においては、第一次国連緊急軍（UNEF I）について「事態の平和的解決の促進と維持という、国連の主要な目的を果たすために執られた措置であることは明らか[13]」と判断し、国連コンゴ活動（ONUC）についても「国際の平和と安全の維持という見地から行われたことは明らか[14]」と述べ、国連憲章に規定のないPKOの合憲性を認めた。

近年の領域管理がPKOの一環として実施されていることから、これら二つの勧告的意見が示した枠組みを引用しつつ、領域管理という活動そのものを黙示的権限で説明することも可能であろうし、PKOの合憲性を前提として、領域管理を「拡大したPKO」と位置付けて合法性を認めることは可能であろう。例えば、スターンは、先に記したケルゼンの説を批判して、国際の平和と安全の維持という権限を安保理は有しており、さらに黙示的権限が認められる以上、信託統治制度以外の領域管理が国連憲章違反となると考えるのは説得力を欠く、という[15]。また、ラファート（Matthias Ruffert）も、国連（あるいは安保理）の任務が国内紛争の解決を含むなら、一定領域の管理という方法を予め排除することは困難であり、黙示的権限論を根拠とすることに説得力はある、とする(16)。

もっとも、黙示的権限論とそれに基づくPKOの合憲性を無制限に拡大して、「いかなる領域管理あるいはPKOも許される」と考えてよいかどうかは、別の問題として設定可能である。一般に、黙示的権限論は、時代の要請に応える形での国際組織の活動を可能にする一方で、それに依拠することで、意思決定を行う内部機関の暴走に手を貸す可能性もあるからである。領域管理が黙示的権限論によって正当化されるのかどうか、という点については、第六章以下でも触れるが、まずは領域管理がいかなる手続きで実施され、それが設立基本文書の実体規定とどのような関係にあるのか、ということに限定して、検討を加えておきたい。

第二節　領域管理機関の設置手続き

前節で検討したように、国際組織は、明文の根拠規定がなくとも、設立基本文書の目的論的拡大解釈を通じて領域管理を実施することができ、加盟国も特段の異議申し立てを行っていない。そこで、実際の設置手続きはどのようになっているかを本節で検討したい。

一　当事国・関係国の「同意」とその意義

これまでのところ領域管理は、当事国の何らかの「同意」に基づいて実施されている。後に詳しく触れるように、UNTAES、UNMIKおよびUNTAETでは、憲章第三九条に基づいて、それぞれの事態が「国際の平和に対する脅威」を構成するとされており、国連憲章の構造上は安保理が一方的に、強制措置として領域管理を実施することも可能である。にもかかわらず、当事国の事前の同意が確保されている。この「同意」と国際組織の設立基本文書や内部機関の決議との関係については、本節二で検討することにし、まず「同意」の取り付け方について概観しておきたい。

(1)　平和条約の締結

戦後処理の文脈で領域管理が実施された諸事例においては、平和条約（講和条約）が領域管理の究極的な根拠として機能してきた。ダンチッヒ自由市やザール地域におけるヴェルサイユ条約、トリエステ自由地域における「対イタリア講和条約」などが、これにあたる。敗戦国にとっては、特定領域を領域管理下に置くことに抵抗を感じたとしても、平和条約（講和条約）の性質上、最終的には受諾せざるを得ない。実際、ダンチッヒ自由市構想についてドイツは、ヴェルサイユ講和会議において反対意見を述べたとされる。[17] 他方、ザール地域を国際連盟の施政下に置くことについてドイツが異論を述べたとの記述には接しない。これは、ヴェルサイユ条約第一〇〇条によって、ダンチッヒについてはドイツが「すべての権利と権原」を失うこととされた一方で、ザール地域については、フランスへの賠償金の確保のために一五年間という期限を設けて設定される暫定的な領域管理に留まったからであると推察できる。

平和条約は、単に戦争状態の法的終結のみならず、永続的な平和の達成を目指す国際制度の根本的再構築の契機を提供するという機能も営む。[18] 一定の地域を暫定的（ザール地域）または永続的（ダンチッヒ自由市、トリエステ自由地域）に国際組織の関与の下に置くという、領域管理という制度の本質的な重要性は、対象領域そのものに対する国際的管理であるとともに、戦争後の新たな国際秩序の一部として国家間関係の安定を図る制度なのでもある。

(2)　和平協定の締結

国内紛争の終結時における和平協定（和平合意）も、国家間の戦争の場合における平和条約と類似した機能を持つ。

とりわけ、冷戦後の国内紛争における和平協定は、平和構築の基礎を提供し、基本的人権の尊重や民主的統治制度の導入といった、紛争後の国家（社会）秩序のあり方も含めた、包括的な内容となることが多い[19]。カンボジア以降の諸事例においても、この和平協定の段階で、領域管理の実施についての紛争当事者の同意が確保されている。

カンボジアについては、一九九一年一〇月二三日のパリ協定において、UNTACの設置と職務権限について詳細な規定が置かれている。東スラヴォニアの場合は、クロアチア政府とセルビア人勢力の間で一九九五年一一月一二日に締結された「東スラヴォニアに関する基本合意[20]」第二項において、安保理が設置する領域管理機関による領域管理について合意されている。コソヴォについて、単独の和平合意が存在するわけではないが、一九九九年二月二三日の「コソヴォにおける平和と自治に関する暫定合意（ランブイエ合意）」第七章一条二項は、同合意の実施にあたって、国連憲章第七章の下での措置が執られることが規定されている。この合意は結局、ミロシェビッチ大統領の受け入れるところとはならず、同年三月のNATOによる空爆という事態を迎えた。しかし、その後、五月六日に主要八カ国外相会議で採択された「議長声明[21]」や、六月三日にミロシェビッチ大統領が受諾した、和平へ向けた「諸原則[22]」において、国連によって承認・採択された国際的文民部門の関与が規定されている。東ティモールについては、一九九九年五月五日付の「東ティモール問題に関するインドネシア共和国とポルトガル共和国の合意[23]」第六条において、民衆協議の結果、特別の自治に関する憲法枠組み提案が否決された場合は、「インドネシア及びポルトガル両政府並びに［国連］事務総長は、東ティモールの施政を平和的かつ秩序立って国連に移譲する方策について合意するものとする」と規定していた。

(3) その他の国際協定

委任統治や国際信託統治制度は国際連盟規約なり国連憲章に根拠を持つが、その実施にあたっては、受任国・施政国と国際連盟・国連との間で協定が締結される。委任統治の場合、国際連盟規約第二二条八項が「受任国ノ行フ権限、監理又ハ施政ノ程度ニ関シ、予メ聯盟国間ニ合意ナキトキハ、聯盟理事会ハ、各場合ニ付之ヲ明定スヘシ」と規定し、委任統治地域に対する受任国の権利・義務を明記した文書（委任状）が作成されることとされていた。また、国際信託統治制度においても、国連憲章第七五条や第七九条に従い、信託統治協定を結ぶこととなっている。これらの協定は、いずれも国際法上の条約であると理解される。[24]

これに対し、非自治地域制度については、国連憲章第一一章自身が「宣言」という曖昧な位置付けであり、施政国は、「［非自治］地域の住民の福祉をこの憲章の確立する国際の平和及び安全の制度内で最高度まで増進する義務」（憲章第七三条柱書）、より具体的には、「各地域及びその人民の特殊事情並びに人民の進歩の異なる段階に応じて、自治を発達させ、人民の政治的願望に妥当な考慮を払い、且つ、人民の自由な政治制度の漸進的発達について人民を援助する」（同条b項）という義務を負うに留まる。すなわち、非自治地域を独立させる義務を施政国は負ってはおらず、加えて、施政国から国連に提出される報告書も、「情報用として」（同条e項）扱われるに過ぎず、信託統治理事会に「施政権者の提出する報告を審議すること」（憲章第八七条a項）を認めた国際信託統治制度に比べると後退している。その限りにおいて、非自治地域制度は、国連と施政国の合意に基づいて国連に一定の権限が付与された制度とはいえない。

むしろ、非自治地域を保有する加盟国は、内政不干渉原則を盾に、情報用としての報告についてさえ消極的であった。[25] しかし、国連は実行を通じて、非自治地域の施政問題に対する権限を強めていった。すでに一九四六年には、国連総会第四委員会の下に「情報に関するアド・ホック委員会」が設置され、事実上、報告書に対する「審査」が行われた。[26]「植民地独立付与宣言」（国連総会決議一五一四（XV））と同時に採択された、「国連憲章第七三条e項に基づいて情報を提供する義務の有無の決定にあたっての指針となる原則」決議[27]において、「憲章の起草者は、憲章第一一章が植民地的（colonial type）なものとして知られる領域について適用されることを意図していた。住民が完全な自治を行うに至っていない領域について、憲章第七三条e項に基づき情報を送付する義務が存在する」（原則Ⅰ）と宣言し、国連憲章上、非自治地域の施政国には情報提供の義務が存在することを明確にした。さらに、一九六一年には「一七ヵ国委員会」[28]が設立され、同委員会が、植民地独立付与宣言の履行監視を通じて、非自治地域に対しても監督的な機能を果たすようになったのである[29]。従って、非自治地域制度における国連の権限は、国連憲章の規定上は緩やかなものに留まるものの、その後の非植民地化に対する国連加盟国の関心の高まりに応じ、国連総会決議の蓄積を通じて徐々に強化された「慣習的権限（customary power）」[30]と考えることができよう。

二　国際組織の内部手続き

（1）設立基本文書の規定

委任統治制度・国際信託統治制度といった、設立基本文書に基づいて実施される領域管理については、実際に年報の受理・審査を行う内部機関についても設立基本文書中に規定が置かれる。国際連盟規約第二二条九項は「受任国ノ年報ヲ受理審査セシメ、且委任ノ実行ニ関スル一切ノ事項ニ付聯盟理事会ニ意見ヲ具申セシムル為、常設委員会ヲ設置」する旨を規定し、一九二一年二月に「常設委任統治委員会（Permanent Mandates Commission）」が設置された。同様に、国際信託統治制度についても、国連憲章第一三章において信託統治理事会の構成と権限が規定されている。したがって、これらの地域については、委任状や信託統治協定の締結に伴い、国際連盟・国連の側も設立基本文書に定めた権限を行使することが可能になる。

(2) 補助機関設置権限

① 国際連盟における実行

一方、設立基本文書に直接の根拠を持たない領域管理であっても、当事国・関係国の合意に基礎を置くことで実施可能になると考えられるが、領域管理の実施機関の設置については、国際組織内部の権限配分の問題として、その法的根拠をどのように理解すればよいかということが問題となる。一般に、国際組織（の主要機関）がその任務遂行のために、自らの決定に基づいて設置する下部機関は補助機関（subsidiary organ）と呼ばれる。その設置権限の法的根拠は、通常、設立基本文書に明示された補助機関設置権限に求められる[31]。

国際連盟期におけるダンチッヒ自由市とザール地域の施政に関する直接の根拠はヴェルサイユ条約であった。その実施についてもヴェルサイユ条約が、第一〇三条においてダンチッヒ自由市の高等弁務官が国際連盟によって任命されること、また、ヴェルサイユ条約附属書第一八項において、五名からなるザール地域の施政委員会が国際連盟理事会によって選出されることを規定している。他方で、国際連盟規約自身には、領域管理の任にあたる高等弁務官や施政委員会の任命に関する規定はない。国際連盟規約自身がヴェルサイユ条約の一部であることから、ダンチッヒ自由市やザール地域に関する規定から国際連盟（理事会）による補助機関の設置権限が認められると考えるか、あるいは、国際連盟規約第四条四項の規定、すなわち「聯盟ノ行動範囲ニ属シ又ハ世界ノ平和ニ影響スル一切ノ事項」の一環として高等弁務官や施政委員会が任命されたと考えることになろう。

② 国連における実行

先に触れたように、トリエステ自由地域への国連（安保理）の権限は、国連憲章第二四条一項に基づくものとして理解された。これに対し、国連のPKOとして実施された領域管理の諸事例については、どうであろうか。たとえば、UNTEAの場合、総会の一般的任務に関する国連憲章第一〇条および補助機関設置権限に関する第二二条によって設置され、その実施が第九八条に基づいて国連事務総長に委託されたという説明が行われる(32)。あるいは、UNTEAの設置が「西ニューギニア（西イリアン）に関するインドネシアとオランダの協定」（一九六二年八月一五日）によって決定され、同協定中に国連事務総長の任務について詳細な規定を置いていたことから、憲章上の根拠についても事務総長の権限に関する憲章第九八条および第九九条に求める見解もある(33)。一九六二年九月二一日に採択された総会決議一七五二（XVII）が、第二項で「［インドネシアとオランダの］協定の中で事務総長に与えられた役割を承認する」と規定し、さらに第三項が「事務総長に対し、同協定の中で彼に委託された任務を遂行する権限を与える」と規定していることに拠るものである。この解釈によれば、インドネシアとオランダから事務総長に対して行われた要請を、総会が追認したと考えることになり、UNTEAは厳密な意味では総会の補助機関ではないこととなる(34)。

これに対し、UNTAC以降の、安保理が関与して実施した領域管理については、紛争当事者・関係国による「和平合意」を通じて国連の役割が明確にされた上で、事務総長が任務の履行などに関する報告書を安保理に提出し、それを安保理が決議として採択し、さらに事務総長に対して事務総長特別代表の任命権限を与える、という一種の定式化が見られる。カンボジアについては、国連カンボジア先遣隊（UNAMIC）派遣中に安保理決議七一八（一九九一年一〇月三一日）第二項において、事務総長による「カンボジア特別代表」の指名を承認し、翌一九九二年二月二八日の安保理決議七四五で、UNTACの設置が承認された（第一および二項）。また、同決議第一〇項は、UNTACの活動について、定期的な報告を安保理に対して行うよう事務総長に要請している。UNMIKやUNTAETの場合もほぼ同様であり、安保理決議において、各領域管理機関の設置と職務権限が決定され、事務総長特別代表（暫定行政官）の任命に関する事務総長の権限の承認、定期的な安保理への報告の要請が行われている。これらのことから、領域管理機関の設置に限定して考えれば、安保理の補助機関設置権限（国連憲章第二九条）に基づいて設置され、その実際の任務遂行については、憲章第九八条によって委託された任務として、事務総長が事務総長特別代表を通じて実施しているという論理構造を取っていると見ることができる。

三　国連憲章第七章との関係

（1）領域管理と憲章第四一条

本節においては、これまでに、領域管理の実施にあたっては、平和条約や和平協定において当事国、さらには関係国の同意を事前に取り付けた上で、国際組織の権限ある内部機関が領域管理機関を設置する、という一連の流れがあることを明らかにしてきた。また、国連の場合、領域管理権限そのものは、憲章第二四条一項に基づく安保理の一般的な権限に含まれ得るという解釈が国連設立直後から了解されてきたことを指摘した。その一方で、UNTAES以降の事例について、国連憲章第七章、あるいは、非軍事的措置に関する第四一条の規定を領域管理の法的根拠とする見解も見られることに注意を払う必要がある。

たとえば、マティソン（Michael J. Matheson）が、憲章第四一条を領域管理の法的根拠に挙げる代表的な論者である。彼によれば、「憲章第四一条は、選択する手段に限界を設けず、安保理の決定を実効的なものにするために執られるべき諸手段について安保理が決定できる旨を規定する。そこには、執り得る手段が列挙されており、統治機能についての言及はないが、そのリストは明らかに例示列挙であって、限定列挙ではない[35]」と指摘し、紛争後の平和構築の一手段としての領域管理が、憲章第四一条の下で認められるとする。その根拠として、マティソンは、旧ユーゴスラヴィア国際刑事法廷（ICTY）の設置が憲章第四一条の下で認められるとした、タジッチ（Tadić）事件における、一九九五年一〇月二日のICTY上訴裁判部中間判決の判断[36]を引用している。

同判断においてICTYは、憲章第四一条の下で安保理は「兵力の使用を伴わないいかなる措置を使用すべきかを決定すること」（第三五項）ができる、と指摘する。さらに、安保理自身は司法機関ではないものの、平和と安全の維持に関する主要な責任を実施する手段として、すなわち、旧ユーゴスラヴィアにおける平和の回復と維持に貢献する手段としてＩＣＴＹを設置した（第三七および三八項）、というのである。このような判断を正当化するため、さらにＩＣＴＹは、総会による第一次国連緊急軍（UNEF I）や国連行政裁判所の設置といった前例にも言及している（第三八項）。これらを根拠にマティソンは、領域管理もＩＣＴＹ同様、「平和を回復し維持する」措置と位置付けるのである。デ・ウェット（Erika de Wet）も、やや控えめな表現を用いながら、憲章第四一条を領域管理の根拠とすることに「一定の説得力はある[37]」という。

確かに論理的には、領域管理の法的根拠を憲章第四一条に基づく黙示的権限に求めることで、領域管理機関による立法・行政・司法機構の設置や、後に検討する領域管理機関が制定する規則（regulation）の拘束力を説明することは可能である。その一方で、ＩＣＴＹのような戦争犯罪人の「処罰」と、平和構築を目的とした領域管理とを「強制措置」ないし「制裁」として同列に扱うことには、やや無理があるというべきであろう。またそもそも、領域管理機関を設置する安保理決議の採択以前に、紛争当事国や関係国の間で和平協定が締結され、その中で国連による領域管理について言及されている、ということとも矛盾する。そのように考えると、憲章第四一条を領域管理の唯一の根拠と考える説は、やや説得力に欠けるように思われる。

(2)　憲章第七章に言及することの法的意味

一方、憲章第四一条を法的根拠と考えるかどうかという問題とは別に、領域管理機関の設置根拠決議において憲章第七章が言及されている点について、検討する必要があろう。領域管理を任務とするＰＫＯの設置と憲章第七章の関係について詳細な研究を行った酒井は、「受入国の国内事情にコミットする可能性が高いために憲章第七章と結合する可能性が高くなるという面があることも否定はできない」としながらも、「国連憲章第七章に言及した決議で設立されたという事実は、そうした暫定統治機構一般の性格から必然的に引き出されるものではなく、受入国の同意除外といった個別の事情や、暫定統治機構設置に至る交渉過程の内実を含めた紛争管理形態に応じて現れたもの」であると述べている。(38) 確かに、UNTAESを設置した安保理決議一〇三七（一九九六）は「クロアチア共和国内での国連平和維持活動要員の移動の自由と安全を確保することを決意し、これらの目的のために国連憲章第七章の下で行動し」として、また、UNMIKを設置した安保理決議一二四四（一九九九）も「国際的要員の安全と、この決議の下で責任を負うすべての者による実施の確保を決意し、これらの目的のために国連憲章第七章の下で行動し」として、いずれも憲章第七章への言及は限定的なものに留まっている。UNTAETを設置した安保理決議一二七二（一九九九）における憲章第七章への言及にはこのような限定はないものの、酒井は「一方で第七章に基づき設置されたINTERFETからの移行という形式性が考慮に入れられたと同時に、他方でその授権範囲も引き継ぐために自衛を超えた武力行使が認められるための法的手当てが必要とされた」という意味で憲章第七章への言及を理解する。(39)

すでに見たカンボジアの例からも明らかなように、領域管理機関設置の憲章上の根拠が憲章第七章に限られるものではないこと、また、憲章第七章に言及されていても、UNTAETの例を除けば、その目的が限定されていることを考えると、領域管理は、憲章第四一条に基づく「非軍事的措置」ではなく、伝統的PKOと同様の「当事国の同意原則」に依拠した活動であるということになる。この点についてラファートもUNMIKとUNTAETについて、「憲章第六章半のPKOであるだけでなく、国際社会の意思が憲章第七章に基づく拘束力ある決議を通じて強制（enforced）されている」(40) 事例と捉えている。また同様に、デ・フー（André J.J. de Hoogh）も、当事者の合意と安保理の権限の双方に領域管理を基礎付ける見解を示している。(41)

すると問題になるのは、第七章に基づくという「強制的性格」の及ぶ範囲はどこまでか、ということになる。

（3）「当事国の合意」と「憲章第七章に基づく強制性」の関係

冷戦後のＰＫＯの中には、設立根拠決議において憲章第七章に基づいていることが明記される場合がある。憲章第七章が「強制措置」として、いわば国連の集団的安全保障システムの根幹を成す規定であることは改めて繰り返すまでもない。このため、冷戦期間中においては、ＰＫＯと憲章上の強制措置とは「理念上は明確に区別可能なものであった」[42]とされるのである。一方、冷戦後のＰＫＯが設置にあたって憲章第七章に言及することに、いかなる意義が認められるのだろうか。

まず、憲章第七章に基づくことで、受け入れ当事国の同意原則を部分的または全面的に排除し、当該ＰＫＯによる武力行使が認められるという効果が存在する。そのようなＰＫＯの代表例がＵＮＯＳＯＭ IIである。ただし、ＵＮＯＳＯＭ IIはＰＫＯと呼ぶよりむしろ「平和強制（peace enforcement）」なのであって、第七章に基づくＰＫＯに常に無制限の武力行使が認められるということではない。むしろ、ＵＮＯＳＯＭ IIの活動が結果的に失敗に終わったことを受けて、安保理はＰＫＯ設置に際しての第七章への言及を限定的なものにしようとしているとみることもできる。

他方で、憲章第七章への言及の法的意義について「安保理理事国の間に共通の理解があるわけではない」として、複数の論理的可能性を併記する見解も見られる[43]。それによれば、憲章第七章に言及することの意義として、①国連決議への遵守の要請、②紛争地域に対する暫定的統治等で、任務の正統性や権威付けをはかるため、③活動終了を、国連自体が決定することを明確にするための「法的よりは心理的ないし政治的効果をねらったもの」、武力行使が明示に授権されている場合、多国籍軍から任務を引き継いでいる場合、が考えられるという。また酒井は、近年のＰＫＯが和平協定の履行確保という性質を帯びていることとの関連で、「領域性に依拠した同意」と「任務遂行に伴う一定の目的のため憲章第七章に基づく行動により、限定的ながらも当事者の意思に反する措置がとられうる」という「二元的構造」を指摘している[44]。

この理解を前提とすれば、各設立根拠決議のうち、いずれの部分が「当事国の合意」によるものであり、いずれが「当事者の意思に反してとり得る措置」なのかを区別する必要が生じる。すでに見たように、UNTAESおよびUNMIKの設立根拠決議における第七章への言及は「要員の安全確保」に留まっている。したがって、それ以外の任務については憲章第七章にではなく、「領域性に依拠した同意」に根拠を求めざるを得ないことになる。また、UNTAETについては、第七章が一般的に言及されており、INTERFETから引き継ぐこととされていた武力行使権限以外についても第七章を根拠とすると考える余地はあろう。

仮に第七章への言及の効果が、一定目的における自衛を超える武力の行使や任期の延長（ただし、決議の文言からは必ずしも明らかではない）に留まるとすると、領域管理機関設置と権限の根拠は和平合意を通じた国連への権限の付与と考える必要が生じよう。この場合も和平合意を通じた領域管理機関の受け入れに関する合意は、伝統的PKOにおける「受け入れ合意」とは性質を異にする。すなわち、伝統的PKOにおいては、あくまでもPKOの「駐留」に対する同意であったのに対し、領域管理機関については、領域国の施政権を各領域管理機関に移転することへの同意と考える必要があるからである。いずれにせよ、国連は関係当事国の合意を通じた領域管理をこれまでにも実施し、あるいは、計画してきた。その意味で、国連の領域管理権限そのものが問題視されることはない。他方で、近年の特徴である国連第七章への言及については、その法的意義は必ずしも明確ではない。これを「紛争の性格と強制措置という対応手段との不整合[45]」という、冷戦後の傾向の中で一般化しえるのか否かという点については、さらなる検討が必要であろう。

以上からも明らかなように、UNTAES以降の事例においても、引き続き領域国の主権の下で、各領域国の合意を得て、国連が領域管理を行ったものであり、カンボジアにおける領域管理を「国家が自らの主権行使の結果として主権的権能の一部を国際機関に委譲できることの応用」[46]と捉えるのと同様の法的構造が、これら三領域にもあてはまることになる。すなわち、（イ）紛争当事国（者）・関係国が和平合意（またはそれに類する文書）を通じて国連による領域管理に同意して、かかる権限を国連に与え、（ロ）国連は所要の安保理決議を通じて領域管理を目的とする補助機関たるPKOを設置するものの、（ハ）憲章第七章に言及することの効果は部分的なものであって、同章自身が今日の事例と過去の事例とを区別するような法的根拠として援用されているわけではない、ということである。ここで国連に与えられた権限は、領域国の統治権（imperium）を大幅に制限した上で、それを国連が代わって行使するというものであり、領域管理機関は領域国との合意および安保理決議によって付与された任務・権限を超えて、たとえば領域の処分を行えないことは明らかであり、逆に領域国も、領域管理下にある領域に関連した国境線の変更などは行えないことになる[47]。

第三節　領域管理機関と対象領域の法的地位

委任統治・国際信託統治における国際連盟・国連の権限が受任国・施政国からの年次報告書の受理とそれに対する審査といった間接的なものに留まるのに対し、それ以外の事例では、何らかの領域管理機関が国際連盟や国連の内部機関として設置され、現地で実際に領域管理を実施することになる。本節では、このような領域管理機関と領域管理の対象となっている領域およびその住民の法的地位について整理・検討する。

一　領域管理機関の二重的性格

前節までに検討した通り、領域管理の実施にあたっては、対象領域に法的なあるいは事実上の支配を及ぼしている国家の意思（合意）に基づいて施政権が国際組織側に移譲され、それに基づいて国際組織内部の手続きを通じて領域管理機関が設置される。そのような領域管理機関は、一方では、それを設置した国際組織の補助機関としての地位（国際的性格）と、領域国から移譲された権限の範囲内で対象領域の実質的な統治機構としての地位（国内的性格）を併せ持つことになると考えられる。[48]

(1)　国際組織の補助機関としての地位

歴史上も、領域管理機関およびその責任者は、国際組織の主要機関の意思決定を通じて、設置・任命されてきた。その帰結として、領域管理機関と責任者を含む領域管理機関の要員は、国際組織内部の設置者・任命者たる主要機関の組織上の統制を受けることになる。[49] 例えば、ダンチッヒ自由市の高等弁務官は、ヴェルサイユ条約第一〇三条に基づき国際連盟によって任命されることとされ、具体的には、それは「国際連盟理事会の権限に属し、その任期は三年であるが更新を許される[50]」ものであった。同様にザール地域の場合、ヴェルサイユ条約附属書第一六項から第一八項に従って、五名の委員から成る「施政委員会」とその長が国際連盟理事会によって任命されることになっていた。

近年のUNMIKやUNTAETも同様であり、安保理決議によって設立されたこれらの機関は安保理の補助機関であり、現地での責任者として「特別代表（Special Representative）」が事務総長によって任命される。ただし、領域管理機関の設置と特別代表の任命を巡っての手続についての時間的先後については、必ずしも定式化されていない。すなわち、UNMIKの場合、一九九九年六月一〇日に採択されたUNMIK設置決議（安保理決議一二四四）が、第六項で「事務総長に対し、安全保障理事会と協議の上、国際的な文民支援の実施を管理するための特別代表を任命するよう要請」したことを受けて、事務総長と安保理の間での書簡のやり取り[51]を通じて特別代表が任命されている。これに対し、UNTAETの場合、そのような書簡のやり取りはなく、UNTAET設置決議（安保理決議一二七二）

第六項が「暫定行政官として東ティモールにおける国際連合の活動のすべての分野に責任を有［する］、特別代表を任命するという事務総長の意図を歓迎する」と規定しているのみである。

領域管理機関が国際的性格を持つことの論理的帰結として、次の二点が確認できる。第一に、領域管理機関はそれを設置した機関に対して責任を負うということである。具体的には、領域管理の具体的実施状況について報告義務を負うことが、その代表例である。[52] また逆に、領域管理機関は、それを設置した機関によって、任務の拡大・縮小、任期の延長・短縮、さらには撤退といった領域管理の実施そのものについて統制されるということになる。第二に、少なくとも理念的には各国際組織の全加盟国が、領域管理機関を設置した機関の意思決定を通じて、領域管理機関に対して統制を及ぼすことになる。

(2) 領域国の統治機構としての地位

領域管理機関は国際組織（の主要機関）の意思に基づいて設置されるものの、具体的な任務・活動は、領域国から移譲された統治権限を領域国政府に代わって行使することである。このとき領域管理機関は、国際組織の補助機関でありながら、現地では、法的な意味での統治機構としての地位に置かれる。それに伴って、領域管理機関は、一定の範囲で立法権（規則制定権）を行使することになる。ここでいう立法は、国際組織による、あるいは国際組織を通じた国際法の定立とは異なる、領域管理の対象領域の「国内法の制定」を意味する。

UNTAETの場合を見ると、安保理決議一二七二（一九九九）第一項にある通り、「司法を含む、すべての立法および行政上の権限を行使することを認める」とされ、これに基づいて制定されたUNTAET規則一九九九／一[53]で、暫定行政官による規則制定権が確認されている。国連事務総長特別代表たる暫定行政官という、国際組織の機関の地位にある者が一方的に制定するという点においては、そのような規則について国連憲章を頂点とする、「国連に固有の法」と考えることも、形式的には可能である。しかし、UNTAET規則一九九九／一の第三項1やUNMIK規則一九九九／一の第三項の規定から考えると、これらの規則は東ティモールやコソヴォという領域とその住民に対して、従来のインドネシア法やユーゴスラヴィア連邦法などと共に各領域の国内法を構成すると考えることが適切であると思われる。たとえば、UNTAET規則一九九九／一第三項一は次のように規定する。

「UNTAET規則または民主的に設立された東ティモールの諸機構の将来の立法によって置き換えられるまでの間、一九九九年一〇月二五日以前に東ティモールで適用されていた法は、第二項に掲げた諸基準、国連安保理決議一二七二（一九九九）の下でUNTAETに与えられた任務の実現、また暫定行政官によって公布される本規則もしくは他の規則または指令に抵触しない限り、適用されるものとする。」

ここからも明らかなように、暫定行政官が規則を制定する目的は、従来の国内法を改廃することを通じて対象領域に支配を及ぼし、東ティモールの場合は「独立」、コソヴォの場合は「実質的自治の確立」を達成することにある。「主権的権限の移譲」の核心は、まさに、立法権を規則制定権として領域管理機関側に移譲することであり、それを受けて制定される規則は、各領域の国内法として機能することになる。この規則の法的性質をどのように考えるかについては、国際組織法体系全体の問題として、改めて第六章および第七章において検討したい。

UNTAETやUNMIKが、立法権限を中心としてそれぞれの対象領域内で統治機構として機能することが明白であるのに対し、UNTACは安保理決議六六八（一九九〇）において「移行期間中、カンボジアの独立、主権および統一を体現する、唯一の正統機関であり権威の源泉[55]」とされたSNCの存在もあって、UNTAC自身が統治機構であったとはいい難い。ただし、SNC（具体的には議長であったシアヌーク）が決定を下すことができない場合、事務総長特別代表に最終決定権が移譲されることとなっており[56]、加えて、文民行政については拘束力のある指令を下す権限が事務総長特別代表に与えられていた[57]ことを考えれば、SNCによるカンボジア統治が原則であり、UNTAC

の役割はSNCを補完するに留まる。

国際組織の補助機関が、現地の統治機構を介さずに直接的かつ全面的に領域管理を実施した歴史的な前例としてはザール地域における施政委員会を挙げることができる。すなわち、ヴェルサイユ条約第四九条によってドイツは同地域に対する施政権を国際連盟に移譲し、これを受けて、施政委員会はザール地域の施政に関する全権（all-the powers）を行使したのである（同条約附属書第一九項）。附属書第二三項は、戦時立法を除いた既存のドイツ国内法が引き続き効力を持つことを規定しつつ、住民代表との協議を踏まえた施政委員会による修正を認めている。このような施政委員会による立法権は、先に触れたUNTAETやUNMIKよる規則制定権に近似したものである。(58)

二 対象領域の法的地位

カンボジアのように、SNCが正統・合法政府の地位を占め、国連の議席など対外的な代表性をも認められていた場合を除けば、領域管理の対象領域は、従前の領域主権国の統治・支配からは切り離されていた。領域管理の法的性質を検討するにあたっては、国際組織（領域管理機関）の権限の根拠やその具体的内容に加え、領域管理の対象領域やその住民と領域管理機関との法的関係も問題となる。本項では、対象領域の法的地位を巡る主権の存在の問題と、対象領域の国際法上の地位を巡る問題（国家性を巡る問題）について検討することにしたい。

(1) 委任統治地域・国際信託統治地域

田岡良一『委任統治の本質』では、委任統治地域の主権の所在に関して五種に大別できる学説（国際連盟主権説、委任地域主権説、主要強国主権説、ドイツ主権説、受任国主権説）について、国際連盟の成立史の分析を通じ、「受任国主権説」を結論として採用している。(59) この説は、国際連盟脱退後の日本による南洋群島への委任統治継続を正当化し得るが、等松春夫によれば、当時の日本政府部内での見解は、ヴェルサイユ条約第一一九条が「ドイツは主たる同盟及び連合国（以下、PAAP）に対して、その海外領土への権利を放棄する」と規定したことを根拠に、「PAAP主権説」（田岡の分類における、主要強国主権説[60]）を採っていたと指摘する。また、その一方で日本は、日独伊三国同盟の締結に際して、附属秘密交換公文をドイツとの間で交わし、旧ドイツ領南洋諸島の「割譲」を受けた。これは、委任統治領に依然としてドイツの主権が及ぶとする「ドイツ主権説」（当然のことながら、ドイツ国内で支持を集めた説）への政治的配慮であると同時に、南洋諸島を委任統治領から日本の領土とすることで、同諸島に軍事基地を設置できるという、戦略上の目的もあった[61]。

加えて、委任統治地域を巡っては、第二次世界大戦後になって、ナミビアの法的地位が問題となっている。第三章第三節二（2）で概観したとおり、南アフリカは、第二次世界大戦後、国際連盟が消滅したことを受けてナミビアの併合を試みた。そこで、国連総会は一九四九年一二月六日、総会決議三三八（IV）を通じて、ICJに対し、ナミビアの地位について勧告的意見を求めた。これに対しICJは、ナミビアが引き続き、C式委任統治領であること、国際連盟に代わって国連が監督機能を果たすべきこと、南アフリカがナミビアの法的地位を変更するには国連の同意が必要であること等を内容とする勧告的意見を出した[62]。その後、すでに触れたとおり、国連総会は総会決議二一四五（XXI）を通じて、委任状の一方的な終了を決定し、それをICJも追認した[63]。この一連の流れを見ると、ナミビアに対する主権が国際連盟（後には国連）にあったかにも見える。しかし、C式委任統治領が「受任国領土ノ構成部分トシテ其ノ国法ノ下ニ施政ヲ行フ」（国際連盟規約第二二条六項）ものとされたこと、ナミビア理事会の活動が南アフリカの非協力的態度を理由として実質的な活動を行えなかったことを考えると、受任国である南アフリカの主権が及んでいたと考えることが適当であろう。

B式およびC式委任統治領を引き継いだ国際信託統治地域の場合も同様に、当該地域への主権は施政国が有していたと考えられる。

（2）ダンチッヒ自由市・トリエステ自由地域

①ダンチッヒ自由市

先にも触れたように、ダンチッヒ自由市は、ヴェルサイユ条約第一〇〇条により、ドイツのすべての権利と権原から切り離された領域であり、同自由市の国際法上の地位そのものが問題となる。ヴェルサイユ条約第一〇二条および第一〇三条一項に基づき、同自由市とその憲法が国際連盟の保護・保障の下に置かれると共に、ポーランドと関税同盟を構成し、港湾・鉄道・電話・電信などの利用・整備についてのポーランドの広範な権利を認め、さらに、同自由市の外交関係の処理や自由市の市民に対する外交的保護権の行使もポーランドに委ねられていた（第一〇四条）。これらの事実に基づき、田岡はダンチッヒ自由市を「主権国（独立国のシノニムとしての）とみなす説は否定されねばならぬ」[64]として、自由市の国家性を否定していた。これに対し、ルイスは、ダンチッヒ自由市の国際的地位を「特殊なもの（*sui generis*）」であるとし、外交関係の処理について権限を持たないといっても、自由市にとって死活的な問題については、高等弁務官を通じて保護されており、その限りで一定の国際的地位を有していた、という[65]。また、クロフォードも、ヴェルサイユ条約第一〇五条が、同条約の発効に伴い、ダンチッヒのドイツ系住民が「当然に（*ipso facto*）」ドイツ国籍を失い、ダンチッヒ自由市の「国民（nationals）」になると規定したこと、ダンチッヒ自由市とポーランドの関係を巡る、PCIJの一連の勧告的意見が、いずれも自由市の国家性に好意的な判断を下していたことを論拠に、ダンチッヒ自由市が国家であったと結論している[66]。

ダンチッヒ自由市が、通常の意味での国際法上の国家といえるかどうかはともかく、本書の主題との関連で指摘すべきことは、ダンチッヒ自由市が少なくともポーランドや国際連盟とは別個の国際法主体であった、ということである。すなわち、ヴェルサイユ条約の関連規定を補完・変更する目的で一九二〇年一一月九日に、ダンチッヒ自由市とポーランドの間で「パリ条約」が締結されたこと、さらに、同条約第二二条に基づき一九二一年一〇月二二日に署名された、鉄道職員の取り扱いを巡る「職員に関する確定協定」の適用について、ＰＣＩＪは、この協定が国際協定(international agreement)であることについてポーランドもダンチッヒ自由市も争っていないことを前提に勧告的意見を立論しているからである。[67]

② トリエステ自由地域

実現には至らなかったものの、トリエステ自由地域も、ダンチッヒ自由市と同様に、法的には元々の領域主権国(イタリア)から完全に切り離された、別個の国際法主体となることが予定されていたと考えられる。すなわち、対イタリア講和条約第二一条二項は、同条約の発効とともに、イタリアのトリエステとその周辺地域に対する主権が「終了される(shall be terminated)」ものとされ、将来採択される「トリエステ恒久憲章」とそれに基づいて作成される憲法の下での施政が予定されていた。結局、総督の指名に失敗し、憲法も作成されなかったことから、総督が「安保理によって任命された国際的官吏」に留まり、ダンチッヒ自由市の高等弁務官同様、対内的な権限を有しない存在となったか否かについては判断がつかない。

他方で、トリエステ恒久憲章第二条が、同自由地帯の「一体性と独立」を安保理が保障する、と規定したこと、同地帯に居住するイタリア国籍保持者がトリエステ自由地域の「市民(citizen)」となり、イタリア国籍を失う、と規定したこと(同第六条一項)、さらに、同自由地域が独自の外交権[68]を有する、と規定したこと(同第二四条一項)などを考えれば、同自由地域が、ダンチッヒ自由市同様、完全な国家性を有するかどうかはともかく、国際法上、一定の範囲で独自の存在となることが予定されていたと考えられる。

(3) ザール地域

ダンチッヒ自由市(やその後のトリエステ自由地域)が本来の領域主権国から完全に切り離された実体として設立され、その施政・運営にあたって国際組織に一定の権限が認められたのに対し、ザール地域については、国際連盟とその監督下に置かれた施政委員会が権限を有していたものの、領域主権そのものは依然としてドイツにあった。ヴェルサイユ条約第四九条一項において、ドイツが国際連盟に向けて放棄したのはザール地域における「統治」[69]とのみされているからである。すなわち、同地に対するドイツの残存主権は認められるものの、施政権一般はすべて国際連盟(具体的には施政委員会)に移転したのである。

宮崎繁樹が指摘するように、ザール地域は、ドイツやフランスと協定を締結したほか、万国郵便連合などの国際行政連合にも加盟しており、その限りで「極めて『国家』に類似した地位[70]」にあったといえる。その一方で、「施政委員会は、国際連盟の任命に係り、ザール住民が自治的に選出するものではなかったから、自治地域ではなく、したがって、国家ということはできない[71]」という見解も説得力を持つ。ザール地域に対する国際連盟の施政は、同時期の、ダンチッヒ自由市や委任統治領と異なり、とりあえず一五年という期限を区切って過渡的に設定された制度であって、ザール地域が何らかの国際的地位あるいは国際法主体性を持っていたとしても、それは、極めて特殊な存在であったと考えられる。

(4) PKOを通じた領域管理の対象地域

では、PKOを通じて、国連が領域管理を実施した五事例(西イリアン、カンボジア、東スラヴォニア、コソヴォ、東ティモール)については、どうであろうか。このうち、カンボジアについては、既に見たように、内戦の性質が一国内で四派が相争うものに留まり、和平の過程においても国家の分裂を伴うものでもなかったから、国家としてのカンボジアの国際法上の地位に関する問題は生じなかった。UNTAC展開中も、主権はSNCの掌中にあり、それがパリ協定に従ってUNTACに委譲されていたに留まるからである。そこで、ここでは、カンボジア以外の四事例についてのみ扱うことにする。

① 西イリアン

西イリアンの帰属を巡っては、一九四九年のオランダ＝インドネシア間の「主権の移譲に関する条約案」第二条において、両国の見解に依然として隔たりがあること、そのため主権の委譲後の一年間は西イリアンの「現状維持(*status quo*)」を図り、最終解決のための交渉を継続することが合意されていた（a項及びf項）[72]。その後、一九六一年になって、オランダは国連総会議長に対し、西イリアンの国際化を提案した[73]。そこには、「オランダの目的は、国連憲章に従って西イリアンの住民に完全な民族自決の機会を与えることであり」、「国連総会決議一五一四（XV）に従い、速やかに西イリアンへの主権を終了する」ことなどが想定されていた。これに対し、西イリアンがインドネシア領土であることを理由に、インドネシアはこのオランダの提案を「民族自決を口実に、インドネシア領土の分断を図るもの」であるとして強く反発した[74]。

その後の、UNTEA派遣に関する「西ニューギニア（西イリアン）に関するインドネシアとオランダの協定」（一九六二年八月一五日）などでは、主権ではなく、専ら「施政権（administration）」の委譲・移転という表現が用いられている。しかし、政治的な主張としてはともかく、一九六三年五月一日に、UNTEAが施政権をインドネシアに委譲するまで、オランダが法的には主権を維持していたと考えられよう。というのも、一九四九年の段階では、西イリアンについては「現状維持」とされており、西イリアンへの主権が他の領域と共に、一旦、インドネシアに移った、とは考えにくいからである。

② 東スラヴォニア

一九九一年一二月に、「クライナ・セルビア人共和国」の樹立が宣言され、その翌年五月、クロアチアは国連に加盟した。[75] その後、現地が膠着状態にあったことは、すでに触れたが、一九九五年五月には西スラヴォニア地区（クロアチア中部）が、また、八月にはクライナ地区（同西部）が陥落し、残るは東スラヴォニア地区のみとなった。同地についても、一一月一二日にはクロアチア政府とセルビア系住民との間で「東スラヴォニア、バラニャ及び西スレムに関する基本合意」[76] が締結された。

この基本合意に基づいて採択された安保理決議一〇二三（一九九五年一一月二二日）は、東スラヴォニア地区の法的地位に関連して、「クロアチア共和国の独立、主権及び領土保全に対する誓約を改めて確認し、かつ、これに関連して、東部地区（Sector East）として知られる、東スラヴォニア、バラニャ、西スリムがクロアチア共和国の不可分の一部であることを強調」（安保理決議一〇二三前文第三項）する、と記している（同様の表現は、UNTAES設立根拠決議である安保理決議一〇三七（一九九六年一月一五日）前文第二項にも見られる）。ここからも明らかなように、UNTAESの展開地域となる東スラヴォニアはクロアチアの一部であり、クロアチアから権限を委譲されて領域管理を行ったことが明らかである。クロアチア内戦の過程において、セルビア系住民が「クライナ・セルビア人共和国」を樹立したことは事実であるが、[77] これらの行動がクロアチアの領土保全を侵害する違法な占領であって、領域取得の権原とはみなされなかったのである。[78]

③ コソヴォ

セルビア共和国内で一定の自治権を認められたコソヴォが、新ユーゴ（ユーゴスラヴィア連邦共和国）の一部を構成してきたことは疑いがない。他方で、一九九〇年一〇月には、アルバニア系住民がコソヴォの独立を宣言するなど、コソヴォ独立に対するアルバニア系住民の意志は強い。[79] このような背景を持つコソヴォ問題について、一連の安保理決議は、ユーゴスラヴィア連邦共和国の「主権と領土保全への誓約」を謳っており[80]、また、安保理決議一一六〇（一九九八年三月三一日）本文第五項にある通り、「実質的に拡大された自治と自主的な統治」がコソヴォ問題の解決に向けた基本的な姿勢とされている。そのような背景の下で、UNMIK自身はコソヴォ問題の最終的解決よりも、「コソヴォの将来の地位を決定するための政治過程の促進」（安保理決議一二四四（一九九九）本文第一一項（e））といった、いわば過渡的・暫定的な役割を担って、コソヴォの領域管理にあたっている。

また、すでに触れたように、アハティサーリ国連事務総長特使も「国際的な監視下での独立[81]」を最終解決案として呈示していることからも、法的には、二〇〇八年二月一七日の独立宣言までは、依然として疑いなくセルビア共和国の主権が及んでいると考えるのが妥当であろう[82]。

④ 東ティモール

コソヴォに遅れること約四カ月でUNTAETが展開した東ティモールの場合は、やや複雑である。そもそも東ティモールは、他のポルトガル領植民地と共に、一九六〇年一二月一五日の国連総会決議一五四二（XV）第一項によって、非自治地域に指定されていた。これによって、ポルトガルは国連憲章第一一章に基づき、国連事務総長に対する情報送付義務を負うことになったが、ポルトガルはこれを無視したため、総会は非難決議を採択していた[83]。その後ポルトガルは、一九七五年になって、一九七八年一〇月の第三日曜日に東ティモールに対する主権および施政権を放棄することを決定した[84]が、一九七五年一二月にインドネシアが東ティモールに侵攻し、翌年、インドネシアに併合された。

安保理は、侵攻直後の一九七五年一二月二二日に決議三八四（一九七五）を採択し、インドネシアの東ティモールからの即時撤退を要求すると共に、施政国であるポルトガルに対して東ティモール人民による民族自決権の自由な行使のための協力を要請した。同旨の安保理決議三八九（一九七六）が四月二二日に採択され、総会も一九八二年まで、東ティモールにおける民族自決権の行使に関する決議を採択していた[85]。しかし、その後、安保理においても総会においてもインドネシアの撤退を要請する、具体的な行動は取られなかった。

その後、一九九九年五月五日には、インドネシア、ポルトガルおよび国連の間で合意文書が交わされ[86]、そこで東ティモール住民の民族自決権が言及されているように、インドネシアへの併合は、東ティモール住民の民族自決権の行使としてみなされていなかったことは明らかである。さらに、二〇〇二年五月八日付けの国連総会決議二八二第四項は、「独立と共に、東ティモールを非自治地域リストから外すことを決定する」としており、東ティモールは、インドネシアの併合時代も含めて、一貫してポルトガルを施政国とする非自治地域であったのであり、UNTAETは、法的な主権を引き続き保有していたポルトガルと、事実上の支配を及ぼしていたインドネシアの双方に代わって領域管理を実施していたことになる。ただし、先に触れたUNTAET規則一九九九／一が、原則としてインドネシア法の効力を認めていたことは、インドネシアによる併合を遡及的に認めたものではなく、領域管理にあたっての無用な混乱を回避するために、便宜的にインドネシア法をそのまま継受したものと考えるべきであろう。

三　第三国との関係

委任統治領・国際信託統治地域を除き、領域管理下にある地域の法的地位に関連して、第三国（国際組織も含まれ得る）との法的関係が問題となる。ここでは、条約締結権と使節権について、過去の事例を簡潔に紹介した上で、コソヴォと東ティモールを中心に整理しておく。

(1)　条約締結権

①　過去の事例

ヴェルサイユ条約第一〇四条六項は、ダンチッヒ自由市の外交関係の処理をポーランドの権限としていた。さらに一九二〇年一一月にダンチッヒ自由市とポーランドの間で結ばれたパリ条約の第六条には、ダンチッヒ自由市に関連する条約をポーランドが締結する際にはダンチッヒ自由市と事前に協議を行うこと、また、条約締結がダンチッヒ自由市の法的地位に矛盾をきたす場合には、国際連盟理事会または高等弁務官が拒否権を持つことが規定されている[87]。従って、ダンチッヒ自由市自身には条約締結権がない（あるいは放棄した）と考えられる。これに対し、ザール地域には国際行政連合への加盟も含めた、一定の条約締結権が認められていた[88]。トリエステ自由地域の場合も、条約締結権が認められていたほか、経済・社会分野の国際機構への加盟も予定されていた（「トリエステ自由地域恒久憲章」第二四条二および三項）。

② 最近の事例

ＵＮＭＩＫとＵＮＴＡＥＴは、それぞれを設立した安保理決議に明文の根拠規定はない[89]ものの、暫定行政官の職務遂行の範囲内で一定の国際的合意を締結することが認められている。ＵＮＭＩＫの場合、マケドニアとの間で二〇〇〇年三月に経済面での協力関係についての合意を締結したり[90]、二〇〇四年八月には、欧州審議会との間で「民族的少数者保護枠組み条約」と「欧州拷問禁止条約」の実施に関する「技術協定（technical agreement）」を締結したりして[91]いる。これらの合意文書が国際法上の条約であるかどうかは不明である。

他方で、ＵＮＴＡＥＴとオーストラリアの「ティモール・ギャップ条約に関する交換公文[92]」は、条約と見なされ得ると思われるので、以下、詳細を記しておく。この、二〇〇〇年二月一〇日に締結され、一九九九年一〇月二五日遡及して発効した、ティモール・ギャップ（海溝）に関するオーストラリアとの交換公文（Exchange of Notes）およびそれに基づく了解覚書（Memorandum of Understanding）は、インドネシア・オーストラリア間のいわゆる「ティモール・ギャップ条約[93]」に基づくインドネシア・オーストラリア間の協力関係を、東ティモール正式独立までの間、ＵＮＴＡＥＴ・オーストラリア間の協力関係に改めることを目的としたものである。

ＵＮＴＡＥＴ側往簡では、交換公文の締結が独立後の東ティモール政府の立場に影響を与えるものではないとし、さらに、過去の東ティモールのインドネシア「併合」に関する国連による「承認」を意味するものでもないことを指摘している。その上で、了解覚書では、ティモール・ギャップ条約によって設置されたインドネシア・オーストラリア間の「閣僚級理事会（Ministerial Council）」などの共同開発機関の出席者をＵＮＴＡＥＴに引き継ぐこと、条約の実施にあたってあわせて作成された各種の合意が引き続き有効であり、本件に関する旧インドネシア国内法が引き続き東ティモールにおいて効力を有することが確認された。ティモール海溝にあるとされる石油・天然ガス資源は、正式独立後の東ティモールの主要外貨獲得手段として期待されていたことから、同地域の法的地位を速やかに確定される必要があって、これらの合意文書が作成されたものと考えられる。

ここでは、二つの問題が指摘できよう。まず、交換公文および了解覚書の法的性質である。交換公文も了解覚書も国際法上の条約としても、それ以外の合意文書（政治的合意、紳士協定）でも用いられる名称である。[94] 次に、これらの合意の一方当事者であるＵＮＴＡＥＴの地位である。具合的には、ＵＮＴＡＥＴはこれらの合意に際し、「東ティモールのために活動するＵＮＴＡＥＴ（UNTAET, acting on behalf of East Timor）」という資格で署名しているのであり、権利義務の帰属先の問題が生じ得る。

法的性質については、さまざまな説明が可能であろうが、オースト（Anthony Aust）は、条約としての交換公文では「両国政府間の合意を形成する（shall constitute an agreement between our two Governments）」という文言が、また、それ以外では「両国政府間の了解を記録する（records the understanding of our two Governments）」という文言が慣習的に用いられていると説明する。[95] このオーストラリア・ＵＮＴＡＥＴ間の交換公文でも「東ティモールのために活動するＵＮＴＡＥＴとオーストラリア政府間の合意を形成する（shall constitute an agreement between UNTAET, acting on behalf of East Timor, and Australia）」との文言が含まれていることから考えれば、この交換公文も条約として作成された可能性が高いといえる。

「東ティモールのために活動するUNTAET」と同種の表現としては、国連海洋法条約第三〇五条一項（b）で、「国連ナミビア理事会によって代表されるナミビア」が同条約に署名することを認められていた事例が挙げられる。国連は独立した国際法主体として、条約締結権があると考えられる。しかし、オーストラリアとの交換公文やナミビアの事例は、国連自身が権利義務の主体となるのではなく、（国連の補助機関である）領域管理機関を通じて、「形成途上の国家」である東ティモールなりナミビアが権利義務の主体となりつつ、具体的な意思表示を領域管理機関が行ったものと見ることができよう(96)。交換公文の締結が独立後の東ティモール政府の立場に影響を与えるものではない、という文言があるのも、正式独立後の東ティモールに意思変更の機会を与えたとみることができるのであり、それまでの間は交換公文の締結を通じて、国連ではなく東ティモール自身に権利義務を帰属させ、移行期間中はUNTAETを通じて権利義務を行使させる意図があったと考えることができる。

（2）使節権

① 過去の事例

ダンチッヒ自由市とポーランドの間のパリ条約第四条によれば、ダンチッヒ自由市に派遣される外国領事機関への認可状（exequatur）は、ダンチッヒ自由市当局の合意に基づき、ポーランドが発行していた(97)。また、同条約第一条によれば、ダンチッヒ自由市には、ポーランドからの外交団が駐在していたものの、それ以外の国との間での外交使節の派遣・接受は認められていなかった(98)。ザール地域の場合、施政委員会には外国政府との交渉権限があったとされるが、フランスにその権限が委託されていたという(99)。また、ザール地域に外交使節団や領事機関を置いた国はなく、ザールに近い地域を管轄する領事機関が施政委員会の認可状に基づき、兼轄することとなっていた(100)。トリエステ自由地域の場合、外交権全般は総督の権限とされていた（「トリエステ自由地域恒久憲章」第二四条一項）が、領事機関への認可状の発行にあたっては、総督と現地住民によって組織される「統治理事会（Council of Government）」の双方が署名することが予定されていた（同二項）。

② 最近の事例

上述の事例において共通することは、領域管理下にある領域には独自の外交権はなく、せいぜい領事機関の接受が行われていたに過ぎないということである。他方で、コソヴォや東ティモールでは、少なくとも名称の上では、領事という一般国際法上の制度は採用されていない。

そこで、東ティモールの例を中心に整理しておきたい。UNTAETは二〇〇〇年九月二七日に規則二〇〇〇／三一「東ティモールにおける外国政府の代表事務所の設置（以下、代表事務所規則）[(101)]」を公布した。

代表事務所規則は、東ティモールに駐在する外国政府の代表事務所およびその職員に与えられる特権と免除を定めたものである。同規則の根底にあるのは「外交使節団の任務・接受」の考え方であるといえる。たとえば、代表事務所の機能（function）については、第三・一項において「（a）外国政府と暫定行政機構との関係を代表し、かつ遂行すること、（b）東ティモールにおける外国政府及びその国民（自然人及び法人）の権益の保護、（c）暫定行政機構と交渉すること、（d）すべての合法な手段により東ティモールの状況とその展開を確認し、外国政府に報告すること、（e）経済、文化及び科学を含む分野での外国政府と東ティモールの友好関係を促進すること、（f）東ティモールにおける適用法規が禁止していない、その他の活動」と定めている。

また、代表事務所の設置については、第二項で、外国政府とUNTAETの「相互の同意（mutual consent）」が必要とされている。他方、代表事務所長の任命にあたっては、派遣国はUNTAETへの氏名の通報だけで足りるとされており（同第四・一項）、通常の外交関係におけるアグレマンに相当する、接受にあたっての同意付与の手続きや権限はUNTAETには認められていない。同第八・一項から八・三項においては、UNTAETには代表事務所要員の「召還（recall）」を派遣国政府に要請することができる旨規定されている。ただし、召還を求めるのは、代表事務所要員が目的外の活動を行った場合に限定されており、一般の外交関係におけるペルソナ・ノン・グラータ（好ましからざる人物）のように「理由を示さないで」（ウィーン外交関係条約第九条一項）行えるものとは異なる。

この規則は、慣習国際法ないしウィーン外交関係条約によって規律される「二国間の」外交関係に関する法規則を、国内法のレベルで形成途上の国家たる東ティモールに適した形で修正したものと考えられる。この規則によって規律される外国政府とUNTAETの関係は、通常の加盟国と国際組織の間に見られる関係よりも国家間関係に類似し、UNTAETは（形成途上とはいえ）「東ティモール国家」の政府として位置付けられる。なぜなら、同規則では、代表事務所に「現地職員（local staff）」が雇用されることを想定しており、かかる現地職員は「別に定められるUNTAET規則により、東ティモールの国民（nationals）または永住者の地位を持つ者」と定義され、完全独立達成前とはいえ、「国民」が存在し、その認定をUNTAETが行うとしているからである。また、この規則を受け入れ、代表事務所を設置するか否かは、各外国政府の主権的意思に依り、さらに各外国政府とUNTAETとの合意に基づくものとなっている。UNTAETの設置・組織・任務・権限は国連憲章第七章下での安保理決議によるものであり、かかる決議に基づいて暫定行政官に与えられた権限の一環として制定される、各種の「規則」も憲章第二五条により全加盟国を一般的に拘束すると考えることも不可能ではないが、そのような可能性は排除されており、ここでもUNTAETが「現地の統治機構」として位置付けられていたことがわかる。

また、UNMIKについても、二〇〇〇年七月一〇日に規則二〇〇〇／四二「コソヴォにおける連絡事務所の設立と機能（以下、連絡事務所規則）」[102]が公布されている。同規則第二・二項によれば、コソヴォにおける連絡事務所の任務は、「(a) 国際的な文民部門及び軍事部門のプレゼンスの任務遂行に資するような、これらのプレゼンスと各国政府の関係の処理、(b) コソヴォにおける外国政府及びその国民（自然人及び法人）の権益の保護、(c) コソヴォの現行法令に反せず、コソヴォの関係当局から反対されない、その他の活動」となっている。また、連絡事務所およびその職員に対しては、東ティモールの代表事務所の場合とほぼ同様の特権免除が認められている。UNTAETの代表事務所規則とUNMIKの連絡事務所規則を比較すると、前者のほうが詳細且つ広範にわたる。また、東ティモールの将来的な独立は確実であり、やがては大使館となることが予定される機関として設置されることを想定してか、代表という名称が用いられているのに対し、将来の地位が確定していないコソヴォについては、あくまでも連絡事務所であるという相違が見られることが興味深い。

第四節　小括——領域管理の法的性質

本章では、領域管理がどのように実施されるか、また、その結果として対象領域がどのような法的地位に置かれるかという点について検討した。

トリエステ自由地帯構想を巡る安保理内部での議論やケルゼンの所説のように、国際組織の設立基本文書に直接の根拠を持たない領域管理について疑問を示す見解も見られるが、近年の事例も含め、一般的に領域管理は、国際組織の設立目的の実現に資する、合法的な活動として取り扱われてきた。その合法性の根拠として、国際組織法学上は黙示的権限論から説明されるのが一般的である。他方で、国際連盟期も含め、実際には、国際組織の内部機関による領域管理機関設置決議よりも前の段階で、平和条約や和平協定を通じて領域管理の実施が当事国・関係国によって同意されている。そこで、この当事国・関係国の「同意」が持つ法的意義が問題となる。

平和条約にせよ、和平協定にせよ、それらは戦争・紛争後の新たな秩序のあり方を規定する。平和条約あるいは和平協定の内容が十分に実施されることが、戦争・紛争後の秩序構築に重要であることはいうまでもない。何らかの領域管理が実施される場合に、予め当事国・関係国の同意を取り付けることは、単に平和条約や和平協定を締結するというだけでなく、その履行確保にあたって、施政権（の一部）を国際組織に移転することに同意するということをも意味する。国連憲章の場合、第七章の構造から考えれば、当事国の同意に拠らない、文字通りの「強制措置」として領域管理を実施することが理論的に可能であるにせよ、新たな秩序の構築という目的を達成するためにも当事国の同意は不可欠なのである。そのように考えると、国際組織の設立基本文書に明文規定を持たない領域管理は、関係当事国（者）の合意に基づいて新たな権限が国際組織に付与され、それを具体的に実施するにあたっては、内部機関（国際連盟においては理事会、国連においては状況に応じて安保理・総会・事務総長）に対して予め付与されている補助機関設置権限を通じて、黙示的な権限として領域管理機関が設置されるという構造になっていると考えることができよう。

従って、領域管理機関は国際組織の補助機関であると同時に、領域国（政府）から権限の委譲を受けた実質的な統治機構という二重の性格を有する。しかし、権限の委譲は、領域国の dominium（空間的支配権）という意味での主権を含むものではないから、対象領域は引き続き領域国の領土の一部である。その中で例外といえるのが、ドイツの主権の完全な放棄によって成立したダンチッヒ自由市の場合である。ダンチッヒ自由市の場合、それ自身が独立国家なのであって、国際連盟の「保護」下にあるといっても、ダンチッヒの領域に対して国際連盟自身が dominium を及ぼしていたわけではない。UNMIKやUNTAETのように各領域において全面的な統治権限を行使する場合においては、条約締結権や使節権までもが認められる場合がある。そのような場合、UNMIKやUNTAETは国際組織と国家との関係に見られるものとは異なり、本来の領域国（政府）が行使する権限を肩代わりしていると考えることができる。これも領域管理機関が各領域の実質的な統治機構であることの帰結なのである。

第五章　領域管理機関の任務

前章では、領域管理機関の設置手続と法的地位を概観した。本章では、そのような領域管理機関が具体的にいかなる権限を持ち、活動を実施しているかを整理する。すなわち、領域管理機関によって行使する施政権（imperium）の内容を明らかにすることが、本章の目的である。

その作業を行うにあたり、次の二点を予め明らかにしておきたい。

第一に、領域管理機関の任務の中でも技術的・行政的な内容を専らとすると思われる活動について、逐一、取り上げることはしない。その理由は、領域管理が戦争・紛争後の新たな秩序構築を目指して実施されるものであるということに関わる。今日の領域管理は、ＰＫＯの一環として、国際の平和と安全の維持・回復という文脈で実施される。他方で、ＵＮＭＩＫやＵＮＴＡＥＴが「実質的自治の確立」や「最終的な独立」を目的としていることもあって、必ずしも国際の平和と安全の維持・回復とは直結しない活動も行われている。[1] その一例として、ＵＮＭＩＫが規則一九九九／一五で実施した「自動車登録制度」がある。[2] 自動車の登録制度を設け、その所有者を明らかにすることを通じて、現地の治安を脅かすような犯罪の防止や捜査に資する、ということも考えられよう。その一方で、同規則四項では、「自動車を登録するには、申請者は第三者損害賠償責任保険に加入していることを書面で示さなければならない」と規定しており、規則制定の趣旨としては、純粋に行政上の目的であったとも理解できる。そのような活動については、本章の検討から除外したい。

第二は、本章の構成に関わる。上述の専ら技術的・行政的な活動を除外したとしても、領域管理機関の任務は多岐に亘る。その多岐に亘る活動の分類・整理にあたっても、さまざまな視角があり得よう。そこで本章では、領域管理機関の任務を、秩序・治安の維持・回復に関わる問題、現地の政治制度構築、人権・人道問題を含む住民の保護に関わる問題および経済・社会開発のための条件整備の四つに分け、それぞれに一節を充てるという構成にした。近年の平和構築を巡っては、例えば、兵士の武装解除・動員解除・社会復帰（DDR）、安全保障部門の改革（SSR）、軍と民間部門の協力といったことが現場の活動では重要となっている[3]。しかし、本章ではこれらを独立の問題として取り上げることはせず、第一節の中で必要な範囲で触れるに留めている。また、現地の文民警察の能力構築のように「治安の維持」と「警察制度の現地化」という二つの側面を同時に有するものもある。これも第一節で取り上げる。同様に、選挙の実施についても、第二節で「統治機関の現地化」の一手段として取り上げることにする。その理由は、現地で行われているさまざまな活動を仔細に検討するのではなく、ある程度巨視的な視点を設定したほうが、領域管理を支える規範の把握を容易にするように思えるからである。

第一節　秩序と治安の維持・回復

領域管理の対象地域が、当該地域の内外からの、秩序の攪乱行為に晒されることのない体制・制度を維持することが、領域管理の円滑な実施の最低条件となる。ここでいう脅威は多様であり、領域外からの外国軍隊からの攻撃に留まらず、領域外に逃れた武装組織からの攻撃も含まれる。また、領域内においても、内戦の再発から犯罪行為に至るまで、さまざまな形で秩序は脅かされ得る。そこで、本節では、そのような秩序攪乱行為を、「外部からの脅威への対応」と「内部における秩序・治安の維持」に便宜的に分け、それぞれについて各領域管理機関の対応を整理しておく。

一 外部からの脅威への対応

(1) 過去の事例における状況

① 第二次世界大戦前の状況

ヴェルサイユ条約第一〇〇条は、ダンチッヒ自由市としてドイツから分離される地域を画定している。また、既にみたように、ダンチッヒ自由市とその憲法が国際連盟の保護・保障の下に置かれることを規定している（同条約第一〇二条および第一〇三条）が、誰が具体的に国境を管理するのか、いいかえれば、誰が物理的にダンチッヒ自由市の領土を保全するのかについて規定はない。また、ダンチッヒ自由市の外交権は、ポーランドに委ねられていたが（同条約第一〇四条）、一九三一年のPCIJの勧告的意見[4]が、ダンチッヒの港湾・水路へのポーランド軍艦の入港・碇泊権を認めなかったことからしても、ポーランドもダンチッヒ自由市の国防に関する権限は有していなかったものと思われる。

これに対しザール地域については、ヴェルサイユ条約附属書第三〇項により、徴兵によると志願によるとを問わず、兵役制度の導入を禁止するとともに、ザール地域での防御施設の建設（construction of fortification therein）が禁止された。その一方、第一次世界大戦末期より同地に占領軍として駐留していたフランス軍が、そのまま守備隊として残留したため、一九二七年の協定により、イギリス軍・ベルギー軍が加わる形で鉄道守備隊として駐留した。[5]

また、国際連盟レティシア委員会（一九三三―三四年）では、一五〇名のコロンビア軍歩兵部隊がSDN（フランス語での国際連盟の略称）と記された腕章を着け、「国際連盟レティシア委員会」の旗を使用して、ペルー軍の撤退監視とレティシアの治安維持にあたっている。[6] 臼杵英一がＰＫＯの「起源」と記すように[7]、既にこの時期から、国際的な性格を帯びた軍事組織を通じた、軍事的衝突の再発防止策が取られていたのである。

② 第二次世界大戦後の状況

トリエステ自由地域恒久憲章第二条は、同地域の「公共の秩序と安全の維持を確保すること」を安保理の任務としていた。その一方で、同憲章第三条は、同地域を非武装・中立の地位に置き（一項）、安保理の指示によるもののほかは軍事組織の存在を認めず（二項）、準軍事組織の結成、訓練および活動も許されないこととなった（三項）。また、同条四項は、トリエステ自由地域が他国との軍事的取決めについて議論することさえ禁止したので、実際に同地域の秩序維持をいかに確保する予定であったかが問題になるが、恒久憲章にそれ以上の規定はない。

エルサレムの国際化案においては、国連総会決議一八一（II）第三部Cに盛り込まれた「エルサレム市憲章」第四項は、エルサレムの非武装・中立を定め、それを脅かすような行動がユダヤ系あるいはアラブ系の住民によって起された場合には、総督は「必要な措置を取ることができる」と規定した（同項aおよびb）。

トリエステもエルサレムも領域管理の計画段階で頓挫した事例であるため、なぜそれぞれの「憲章」が外部からの脅威への対応について詳細な規定を置かなかったかは不明である。国連によって設定された領域管理制度下にある領域に軍事的な攻撃を仕掛ければ、当然それは国連憲章第三九条の下で「平和の破壊」なり「侵略行為」の認定が行われ、第四一条や第四二条の下での強制措置を発動することで事態に対応できるはずであるから、敢えて当初から現地に何らかの軍事的なプレゼンスを置くまでもない、と考えたのではないかという推論は成立するだろう。

（2） ＰＫＯを通じた領域管理における対応

ＰＫＯとして実施された領域管理の場合、一定の軍事的な任務を帯びてきた。ただし、それはＰＫＯという組織形態から必然的に導かれるものではなく、派遣先の治安状況に依存するものである。ＰＫＯ設置の前提にある紛争の形態や設置時点での治安状況によって、対応すべき外部からの脅威の性質や程度が異なることはいうまでもない。また、事例によっては、領域管理機関そのものには軍事的な部門を持たず、組織上は区別される軍事部門を持つ場合や、多国籍軍との連携を図る場合もある。ここではまず、何らかの形で対外的な脅威への対処も予定された事例について概観する。

① カンボジア

カンボジア和平に際して派遣されたＵＮＴＡＣの任務の一つに、「あらゆる種類の外国軍、軍事顧問、軍人及びその武器・弾薬・装備のカンボジアからの撤退と再侵入しないことの検証」があった(8)。ベトナム軍の撤退を念頭に置いた任務であったが、撤退は必ずしも順調ではなく、またポル・ポト派によるベトナム系住民への攻撃に際して、ＵＮＴＡＣ要員も巻き込まれるといった問題も生じ、結局は、ポル・ポト派の和平プロセスからの離脱を招くことになった。ＵＮＴＡＣの純粋に軍事的な側面での役割は限定的であったにせよ、ポル・ポト派が主張するベトナム軍の存在・影響に関する情報をＵＮＴＡＣが検証する役割を負ったことについては、一定の評価が下されている(9)。

② 東スラヴォニア

ＵＮＴＡＥＳは、クロアチアにおける旧「セルビア人共和国」がクロアチアに再統合されるに際して派遣されたＰＫＯである。ＵＮＴＡＥＳを設置した安保理決議一〇三七（一九九六）は、前文第二項において、クロアチアの領土保全について言及しているが、ＵＮＴＡＥＳそのものは、クロアチアとセルビアの国境監視を直接の任務とはしていない。ただし、同決議の本文第一〇項ｂが「現地での関与を通じて、地域の平和および安全の維持に貢献すること」を任務にしていたことを考えれば、間接的には国境の監視任務を負っていたと見ることもできる。

③ コソヴォ

コソヴォにおけるアルバニア系住民とセルビア系住民の対立には、セルビアから越境してきたユーゴスラヴィアの軍、警察および準軍事要員も加わっていた。一九九九年三月のNATOによる空爆後に採択された、「主要八カ国外相会議（G8）の結論に関する議長声明[10]」においても、「コソヴォからの軍隊、警察、準軍事組織の撤退」が盛り込まれた。安保理決議一二四四（一九九九）は、この任務を「国際的な安全保障部門」、すなわちKFORに負わせた（第九項a）。また、同項gにより、国境の監視もKFORの任務とされた。

④ 東ティモール

東ティモールにおいては、住民投票前後の騒乱により、多くの住民が西ティモール側に避難した。さらに、INTERFET展開後は、独立反対派民兵も西ティモール側に逃走したといわれる。そのため、UNTAETにとっては、東西ティモール間の境界の安全確保という任務は、避難した住民の安全な帰還の確保という観点からも、独立反対派民兵の再流入による治安悪化の防止という観点からも、極めて重要な意味を帯びることになった。

安保理決議一二七二（一九九九）前文第一三項では、境界の安全確保は、INTERFETとUNTAETの双方に対して、インドネシア政府も協力するという体制が確認された。INTERFETの任務は二〇〇〇年二月にUNTAETに引き継がれたが、それまでの間、西ティモールとの境界付近では度々、衝突があったことが事務総長報告書にも記されている[11]。それによれば、二〇〇〇年一〇月には、境界付近で五件の衝突があり、これを受けてUNTAETの軍事監視要員が西ティモール側に連絡要員として派遣され、一一月にはINTERFETとインドネシア国防軍（TNI）との間で「共同境界委員会（joint border commission）」の設置に関する覚書が交わされた。しかし、それによっても必ずしも状況は改善せず、二〇〇〇年一月にはTNI、INTERFETおよびUNTAETの三者間で改めて覚書が交わされ、国連による境界監視チームが西ティモールに派遣された。なお、UNTAET撤退後、すなわち東ティモール独立後に派遣された「国連東ティモール支援ミッション（UNMISET）」の任務の一つに、東西ティモール間での国境画定への協力や同地帯での治安維持に向けた協力が盛り込まれており、[12] 東ティモールにおける、陸続きの西ティモールから受ける脅威の深刻さが窺える。

二　対内的秩序維持

領域管理の対象領域内部における治安の維持には、武力衝突の再発防止のための措置という意味と、日常的な犯罪の防止・捜査という二つの意味がある。脆弱な治安状況の下では、何らかの犯罪行為（窃盗や放火など）が過激化して騒乱状態になることも考えられるし、場合によれば政治的な示威行動が大規模な衝突へと拡大することもあり得る。従って、治安の維持が二つの側面を持つにせよ、その境界は曖昧だといわざるを得ない。ここでは、治安の悪化に対応する組織――軍と文民警察――に分けて整理する。また、近年、国内紛争の結果、これらの治安維持組織が機能不全を起こしたり、国内で複数の武装勢力が相争ったりするような状況も生じている。その場合、紛争後の平和構築の段階で、国際社会の協力を得て現地の治安維持組織の（再）構築が必要となる。これについても、必要な範囲で触れる。

（1）　軍を通じた秩序維持

①　西イリアン

一九六二年八月一五日付の「西ニューギニア（西イリアン）に関するインドネシアとオランダの協定[13]」第七条は、領域管理機関であるＵＮＴＥＡの国連行政官の判断により、「保安隊（Security Force）」を派遣することができるとされた。この保安隊は、対外的な脅威への対処というより、「法と秩序の維持」（同条）を目的としたものであり、アメリカやカナダの空軍部隊のほか、インドネシア軍や現地の警察隊もＵＮＴＥＡの権限下に入ることが予定されていた[14]。

② カンボジア

UNTACは、UNAMICによる停戦監視の任務を引き継いでいる[15]。これに加え、UNTACは、カンボジア国内各派に対する外国からの軍事援助の停止の監視、国内各派の結集と再配置と全体の七割相当分の武装解除、地雷の除去の援助などの任務を与えられた[16]。これらの任務は、直接的にカンボジア国内の治安維持に資するものではないが、国内各派の軍事力を削ぎ、また、国外からの支援を断つことで、内戦の再発を防止するという意義を持つものであったといえる。

③ コソヴォ

コソヴォ域内におけるKFORの任務として、敵対行為の再発防止・停戦維持、KLAおよびその他のアルバニア系武装勢力の武装解除が与えられている[17]。その具体的手順については、一九九九年六月二〇日にKFOR司令官とKLAの間で文書が交わされている[18]。

また、通常の法と秩序の維持はUNMIKが担うことが予定されていたが、国際的警察要員の展開が完了するまでは、KFORが暫定的に公共の安全と秩序の維持を行うこととされていた[19]。

④ 東ティモール

安保理決議一二六四（一九九九）によって授権されたINTERFETは、「東ティモールの安全の回復」（同決議第三項）を任務とする一方、「可能な限り早い段階で国連PKOによって置き換えられるもの」（同第一〇項）とされていた。このため、UNTAETを設立した安保理決議一二七二（一九九九）においては、UNTAETの任務の一つに「東ティモール全域における治安の確保、および、法と秩序の維持」（第2項（a））を加えるとともに、INTERFETとの協力が要請された（第9項）。

また、住民投票前後の騒乱に際しては、国連東ティモール・ミッション（UNAMET）も独立反対派からの攻撃対象となったことから、ＩＮＴＥＲＦＥＴの任務には「ＵＮＡＭＥＴの任務遂行の保護」（安保理決議一二六四（一九九九）第三項）も挙げられ、それを引き継ぐ形でＵＮＴＡＥＴの要員や財産についても、ＩＮＴＥＲＦＥＴが直接保護することが期待された[20]。

新生独立国となる東ティモールにとっては、「国軍」の創設も必要であった。これについては、二〇〇〇年九月一二日、東ティモール暫定政府が、「東ティモール国防軍（East Timor Defence Force : ETDF）」の創設を決定した[21]。このＥＴＤＦへの国際的支援については、二〇〇一年一月三一日の安保理決議一三三八（二〇〇一）第六項において、「ＥＴＤＦ創設への財政的および技術的支援の供与を国際社会に促す」ことが謳われている。なお、このＥＴＤＦは、「東ティモール独立革命戦線（フレテリン）」の軍事組織として一九七五年八月に創設された「東ティモール民族解放軍（ファリンティル）」を国軍として再編成したものである[22]。

（2）文民警察による秩序維持

国際組織を通じた領域管理においては、文民警察による秩序維持が、当初から予定されることが多い。トリエステ自由地域やエルサレムのように、期間を定めずに領域管理が実施され、しかも、領域を非武装・中立の地位に置こうとする場合、治安・秩序は警察権力によって維持される必要があるからである。トリエステ自由地域恒久憲章では、第二七条において、総督が任命する「公安局長（Director of Public Security）[23]」の下に警察隊（police force）と保安隊（security service）が置かれることが予定された。また、エルサレムについては、「国内の法と秩序の維持と、特に聖地、宗教的建築物と構築物の保護を支援するために、総督は適切な規模の特別警察隊を組織する」ことが「エルサレム市憲章」第四項ｃに規定されていた。

平和維持活動への文民警察官の派遣は、一九六〇年代の国連コンゴ活動（ONUC）や国連キプロス平和維持軍（UNFYCYP）にもみられるが、「平和維持活動が停戦監視のために展開する軍事部隊と同義であり、国連が行う平和活動が平和維持以外のものではありえなかった時代には、警察官の派遣が必要に応じて要請されたとしても、それは単に変則的な追加措置でしかなかった[24]」とされる。これに対し、「第二世代のPKO」あるいは平和構築と呼ばれる活動が実施されるようになると、国際的文民警察要員が紛争後の国（地域）の現地警察の監督・訓練という役割を負うとともに、近年では、国際的文民警察要員が直接、現地で法を執行する例も見られるようになっている[25]。ここでは、領域管理における文民警察の活動を整理しておく。

① カンボジア

UNTACの任務を規定した「カンボジア紛争の包括的政治解決に関する協定」（パリ協定）附属書1のB節第五項は、「カンボジアにおける法の施行を行うために」（a号）、また、「UNTACの監督・管理の下に、法および秩序が効果的かつ公平に維持され、人権および基本的自由が十分保護されることを確保するために」（b号）活動することが定められている。その一方で、現地警察の再編成についての規定はなく、さらに、現地警察は、国際文民警察との協力に消極的であり、かつ、法と秩序の維持において不偏的（impartial）であろうともしなかったことが、国際文民警察による業務執行の失敗の第一歩だったとされる[26]。

② 東スラヴォニア

UNTAESは、軍事部門の任務として武装解除、難民・避難民の帰還が規定された一方で、文民部門の任務には、現地警察の設置、研究計画の作成とその実施、犯罪者の処遇と矯正制度の監視が盛り込まれていた[27]。現地に派遣された国際的文民警察官の数は最大時（一九九六年一〇月末）で四五七名（上限は六〇〇名）であった[28]。UNTAESは一九九八年一月一五日に任務を終了したが、引き続きダニューブ地域のクロアチア警察を監視するために、小規模の

「国連文民警察サポートグループ（UNPSG）」が設置され[29]、九カ月間活動した。

③　コソヴォ

UNMIKの警察機能は、安保理決議一二四四（一九九九）第一一項（i）「現地の警察機能の設置を含め、同時にコソヴォにおいて活動する国際的な警察要員の展開を通しての、一般的な法と秩序の維持」を根拠としている。UNMIKの組織構造は、任務ごとに主要な役割を果たす機関が指定され、「制度構築（institution building）」は欧州安全保障協力機構（OSCE）が主導することになった[30]。OSCEも、一九九九年七月一日の常任理事会（Permanent Council）決定第三〇五号において、従来の「OSCEコソヴォ・タスクフォース」を改組して、「OSCEコソヴォ・ミッション」を設置し、そこで、コソヴォ警察機構（KPS）の訓練を自らの任務とすることを決めた[31]。ハンセン（Annika S. Hansen）によれば、当初はOSCEがコソヴォでの国際文民警察機能を果たすはずであったのが、安保理決議一二四四に対するロシアの拒否権行使を回避するために、急遽、国連の下に置くことになったという[32]。UNMIKが二〇〇七年四月に作成した資料によれば、二〇〇六年一一月現在、四四カ国から派遣された一三九一名の国際文民警察が現地で活動し、二〇〇七年一月段階でKPSには七二四二名の警察官が勤務していた[33]。

④　東ティモール

OSCEやEUなども加わったコソヴォの領域管理とは異なり、東ティモールでは国連が文民警察部門についても、全てを担うことになった。国連事務総長は、「暫定的な法執行の実施」と「信頼するに足る東ティモール警察機構の早期展開」を文民警察分野の二つの目標として掲げ、「ガバナンスおよび行政」担当の副事務総長特別代表の下に置かれる警察長官（Police Commissioner）以下の国際文民警察組織を設置することを提案した[34]。

二〇〇〇年三月には、東ティモール警察学校が設立され、五〇名が三カ月間の訓練を開始した[35]。その後、二〇〇一年八月一〇日、UNTAET規則二〇〇一／二二[36]により、正式に「東ティモール警察機構（ETPS）」が設置され、東ティモール警察学校もETPSに統合された。しかし、その後も国際的文民警察要員は現地で活動を続け、ETPSの育成の支援は、UNTAETの後継ミッションであるUNMISETに引き継がれた(37)。

第二節　現地統治制度の構築

国際組織によって創設された領域管理機関は、現地の施政に最終的な責任を負う。それとともに、国際的な合意に基づき、現地の人材によって構成される統治機構も創設される。そのような現地の統治機構が、将来、国際的な領域管理機関の下を離れ、独自で統治を行うことになるのか、それとも国際的な領域管理機関の下に留まり続けるのかは、それぞれの領域管理の目的によって異なる。前者の代表例はコソヴォや東ティモールの「暫定政府」であり、後者の代表例としては、ダンチッヒ自由市やトリエステ自由地域の現地政府がある。本節では、国際的な領域管理機関と現地の統治機構の関係と、国際的な領域管理機関から現地の統治機構への権限の移譲（現地化）の問題を扱う。また、後者については、現地化への過程（手続き）としての選挙の問題についても適宜、取り上げる。

一　国際的監督下に置かれた現地統治機構

領域管理機関の設置時点において、当該領域の将来の独立が予定されない場合、現地統治機構が創設されても、それは国際的な監督の下に置かれることになる。もっとも、そのように分類できるダンチッヒ自由市、トリエステ自由地域およびエルサレムについて、ダンチッヒ自由市はナチス・ドイツによる併合によって終了し、後二者については実現さえしなかったものである。従って、いずれの事例についても、歴史が異なっていれば、条約の改正などを通じた各領域の地位変更もあり得たのであり、ここでの分類はあくまでも「設置時点」を基準としたものである。

① ダンチッヒ自由市

ヴェルサイユ条約上、ダンチッヒ自由市独自の統治機構については、第一〇三条一項にある、高等弁務官によって任命され、憲法起草を任務とする「代表者（representatives）」しか存在しない[38]。その後、ダンチッヒ自由市憲法は、自由市の最高機関（highest authority）として元老院（Senat）を置いた[39]ほか、立法議会（Volkstag）と独自の裁判制度も設置された。憲法が国際連盟の保障の下に置かれた（ヴェルサイユ条約第一〇三条）ことの帰結として、憲法改正に際しては、国際連盟理事会の同意を必要とすることとされた（ダンチッヒ自由市憲法第四九条三項）。憲法に従って設置された現地統治機構は、高等弁務官を通じて、国際連盟理事会の監督を受けていたということになり、田岡がダンチッヒ自由市の独立を否定する根拠となっている[40]。

② ザール地域

ザール地域への国際連盟の施政は、当初から一五年の期限が設けられ、その後の地位については住民投票で決定することとされていた（ヴェルサイユ条約第四九条二項）。現地の領域管理は、ヴェルサイユ条約附属書によって設置された「施政委員会」が担った（第一七～一九項）。この施政委員会の活動が始まってから、約二年後の一九二二年三月、施政委員会の命令により「参事会（Landesrat）」が設置された。宮崎によれば、参事会は三〇名からなる住民代表機関であったが、立法権限を持つものではなく、施政委員会に対する諮問機関の役割を果たすものに過ぎなかった[41]。

③ トリエステ自由地域

トリエステ自由地域恒久憲章は、第一二条において「住民議会（popular assembly）」の設置が予定された。また第一三条では、住民議会によって構成され、それに責任を負う「統治理事会（Council of Governor）」について規定がある。また、独立の司法府の設置も予定された（同第一四および一五条）。総督には、立法に対する拒否権が認められ（同第一九条一項）、統治理事会の行政行為に対する差し止め権限もあった（同第二〇条一項）。

二　統治機構の「現地化」

領域管理が、紛争後の限定的な期間に留まり、さらに、内戦によって崩壊した統治機構の回復や、新国家としての独立や自治の確立を目的とする場合には、領域管理機関の下に現地の統治機構を創設し、さらに、その現地統治機構に対して徐々に権限を移譲する、ということが政策的に必要になってくる。これは、どのように権限を移譲し、どのようなタイミングで領域管理を終了するか、という問題、すなわち出口戦略（exit strategy）の問題とも密接に関連することになる。出口戦略そのものについては、次項で見る選挙のところで検討することにし、ここではより一般的な意味での統治機構の現地化を概観することにする。

（1）カンボジア

UNTAC展開時、カンボジアは無政府状態であったわけではなく、暫定中央政府としてのSNCが存在した。といっても、第三章四節一で見たように、SNCはUNTACを憲章第六章の下でのPKOとして派遣するためのカンボジアからの同意を確保するために、和平プロセスの過程で作り出された「暫定政府」に過ぎず、選挙を通じた正式の政府を樹立することが領域管理の目的として設定されていた。そのため、UNTACの任務期間も、「国連によって組織され、承認された、自由かつ公正な選挙によって選出された制憲議会が憲法を承認し、それ自身が立法議会に変わり、また、その後新政府が樹立される時[42]」までと限定されていたのである。

したがって、UNTACの任務の中核は、「選挙へ向けた中立的な政治環境の確保に限定されていた[43]」と見ることもできる。この点は、例えばUNTACによる文民行政について規定した、パリ協定附属書1B節にある「厳格な中立を確保するために必要とされる直接管理」を行うとの規定にも反映されている。この規定からも明らかなように、

UNTACによる直接管理は、必ずしもカンボジア側への「現地化」を目的としたものではなかった。さらに、カンボジア側の非協力的な態度やUNTAC側の準備不足や要員の能力の問題もあり、失敗であったという評価を受けている。[44]

また、ポル・ポト派が和平プロセスから離脱した後は、「パリ和平協定に選挙実施の前提条件として記されていた『中立的な政治環境』が存在しなくなったことを意味しており」、ポル・ポト派による選挙妨害をいかに防ぐか、すなわちいかに「ポル・ポト派の孤立化」を目指すかということに、UNTACの活動が変質したという評価もある。[45]

(2) 東ティモール

一九九九年八月三〇日に実施された住民投票の結果、東ティモールは独立へ向けた移行期間に入ることになった。UNTAETの最終目的も東ティモール人による「自己統治のための能力構築の支援」(安保理決議一二七二(一九九九)第二項(e))であり、そのために「独立した東ティモール人による、人権機関を含む現地の民主的機構の展開、行政および公的サービス機能を現地の機構に移行するとの観点から、UNTAETが東ティモール住民と緊密に協議すること」(同第八項)が要請されることになった。以下、「ティモール化(Timorization)」と呼ばれる、一連のプロセスについて整理しておきたい。

UNTAETは、一九九九年一二月二日には規則一九九九/二[46]の公布により、「国民諮問評議会(National Consultative Council: NCC)」が設置された。この評議会の目的は、暫定行政官が全ての行政・立法上の機能を果たす際に暫定行政官に助言を与えることとされ(同規則第一・一項)、移行期間中の東ティモール住民の代表が積極的に関与する「主要なメカニズム」と位置付けられた(同第一・二項)。評議会の構成員は、「ティモール民族抵抗評議会(CNRT)」から七名、それ以外の政治グループから三名、東ティモールのカトリック教会の代表一名に加え、三名の

UNTAET要員が加わることとされた（同第二項）。実際の規則制定にあたっても、二〇〇〇年一月二〇日の規則二〇〇〇／二〇「公共サービス委員会の創設」[47]以降、前文に「NCCにおける協議の後（After consultation in the National Consultative Council）」という文言が挿入されている。

二〇〇〇年七月一四日、規則二〇〇〇／二三によって東ティモール暫定政府に内閣部門が組織されるのに伴い、NCCを純粋に立法上の諮問機関とするため、NCCを「国民評議会（National Council: NC）」に改組する規則二〇〇〇／二四があわせて公布された。[48] NCCと異なり、NCにはUNTAET要員が委員として加わっておらず、各県代表を含めて、亡命者を含む、より幅広い層の東ティモール人が参加したことである。また、暫定政府内閣の閣僚ポストは、国内行政、社会基盤、経済および社会の四省が東ティモール人、財務、法務、警察緊急サービスおよび政務の四省がUNTAETに割り当てられた。[49] なお、NCの名称がUNTAET規則に登場するのは、一一月一六日付けの規則二〇〇〇／三四[50]以降である。

二〇〇一年八月三〇日の制憲議会選挙で「東ティモール独立革命戦線（フレテリン）」が勝利し、九月一〇日には、全ての閣僚ポストを東ティモール人で占めた「第二次暫定政府（ETPA）」が組織された。[51] この制憲議会で、憲法が制定され（二〇〇二年二月二二日。公布は三月二二日）、四月一四日の大統領選挙でシャナナ・グスマン（Kay Rala Xanana Gusmão）が選出され、五月二〇日に「東ティモール民主共和国」として独立を達成したのである。

この東ティモールにおける統治の「現地化」について、実際にUNTAETで勤務した東佳史は、「制憲議会選挙と憲法の公布、警察機能を含む治安の回復」をUNTAETの「主な業績」として、取り敢えず肯定的に評価している。[52] 他方で、統治の「現地化」が規範的には正当であるにせよ、実際に政権を担うことになった、かつての独立運動の指導家に国家の統治能力があるかどうかは別問題であり、結局はフレテリンによる寡頭支配をもたらしたに過ぎないという批判もある。[53]

(3) コソヴォ

「最終的な決着に至るまでの間のコソヴォでの実質的な自治と自己統治の設置」（安保理決議一二四四（一九九九）第一一項（a））を最大の目的とするＵＮＭＩＫにとっては、まずＵＮＭＩＫ自身が「基本的な行政機能を実施」（同決議（b））した上で、それを順次、現地に移行していくことが必要とされた。そのためには、コソヴォがセルビアからの独立運動を展開する過程で形成されていった「暫定政府機構」を解消し、一旦、全てをＵＮＭＩＫが掌握する必要があった。

その具体的な方策が、二〇〇〇年一月一四日の規則二〇〇〇／一で設立された「共同暫定行政機構（JIAS）」である。これは、ＵＮＭＩＫの暫定行政官の下にＪＩＡＳを置いて、現地の暫定的な政府機構（「コソヴォ暫定政府」や「コソヴォ共和国大統領」など）を組み込み、行政上の責任を共有するものであった[54]。さらに、同規則第二項では、ＪＩＡＳに対するコソヴォ住民代表の諮問機関として、「コソヴォ暫定評議会（KTC）」を設置した。また、ＪＩＡＳの内部に「暫定行政評議会（IAC）」を置き、適用法規の修正に関する問題や新たな規則制定について暫定行政官に勧告を行うものとされた（同規則第三項[55]）。

二〇〇一年五月一五日、暫定行政官は「『暫定自治のための憲法的枠組み』に関する規則」（ＵＮＭＩＫ規則二〇〇一／九）を公布した[56]。この規則は、ＵＮＭＩＫがコソヴォで活動を継続することを前提に、「ＵＮＭＩＫの下での」自治を行うための憲法的規則を定めたものであり、安保理決議一二四四（一九九九）によって与えられた暫定行政官の権限を損なうものではないことが確認されている（「暫定自治のための憲法的枠組み」前文第九項）。この「暫定自治のための憲法的枠組み」第九章一節に規定された「議会」については、同年一一月一五日に公布された「コソヴォ議会選挙」規則[57]に従って、議員が選出された。また、大統領の選出は、議会の秘密投票によって行われることになっており（「暫定自治のための憲法的枠組み」第九章二節八）、二〇〇二年三月にルゴバが選出され、その提案に基づきレジェピが首相に選出された（二〇〇四年一〇月には第二回議会選挙も実施された）。このように「暫定自治のための憲法的枠組み」に基づいて形成された、コソヴォ住民独自の統治機構は「暫定自治政府機構（Provisional Institutions of Self-Government：PISG）」である。

現地統治機構とUNMIKの関係を規則の制定という観点から見るなら、PISGとの協議等に基づいて公布するものと、コソヴォ議会が制定した法をUNMIK規則として公布するもの、の二種類に分類できそうである。前者の例としては、二〇〇二年六月一三日の「コソヴォ信託公社設立に関する規則」が挙げられる。[58] 同決議の前文第三項には、「経済・財政理事会および暫定自治政府機構と協議の上」という文言が見られる。後者の例としては、二〇〇一年一〇月三一日の「コソヴォにおける初等中等教育に関する議会制定法の公布に関する規則」がある。[59] 同規則の前文は、安保理決議一二四四（一九九九）で暫定行政官に与えられた権限（前文第一項）と、「暫定自治のための憲法的枠組み」第九章一節四四項（大統領から暫定行政官への送付）および四五項（暫定行政官による公布を経て効力を発生する旨の規定）とを確認した上で（同第二項）、規則を公布している。なお、PISG創設直後には、PISG側の準備が完了していないことを理由に、暫定行政官がPISGの権限内にある事項について、PISGとの協議等を行わずに公布した規則もある。[60]

このように、「実質的な自治と自己統治」に向けた制度は整いつつあるものの、独立宣言（二〇〇八年二月一七日）までは、いくつかの紆余曲折もあった。一九九九年に領域管理が開始された後も、なかなか最終的な地位が確定しないことで、コソヴォのアルバニア系住民の間には不満も鬱積し、二〇〇四年三月には、コソヴォ全土でアルバニア系住民による暴動も発生している。この暴動は、セルビア系住民とアルバニア系住民の対立という側面を持つと同時に、長期にわたってコソヴォに展開しているUNMIKも、結局はコソヴォの独立を阻害する存在なのではないかというアルバニア系住民からの不満表明という側面も持つとされる。[61] 早急な独立を求めるアルバニア系住民に対し、国連は、既に二〇〇二年四月の段階で、「地位の前に水準（Standards before status）」と呼ばれる、「最終的地位の確定には、一定の統治水準を達成することが必要」という姿勢を明確にしている。これは、同年四月二二日付のUNMIKに関する事務総長報告書[62]にある通り、法の支配、民主的機構、経済などの分野での前進が必要であるとの政策であり、この事務総長報告を受けて、当時の暫定行政官であるスタイナー（Michael Steiner）は、（イ）効率的に機能する統治機構の存在、（ロ）法の支配、（ハ）移動の自由、（ニ）全コソヴォ住民の残留・帰還の権利の尊重、（ホ）市場経済のための健全な基礎、（ヘ）財産権の明確化、（ト）セルビア政府との対話の正常化、（チ）コソヴォ防護隊（KPC）の人員削減、の八項目を、進展・改善を要する具体的分野として挙げた。[63]

その後、アハティサーリ事務総長特使による報告書[64]が二〇〇七年八月に公表されたものの、その実施に向けた交渉は暗礁に乗り上げた。[65] 結局、アメリカやEU加盟国のうちフランスやイギリスなどの後押しを受ける形で、コソヴォは一方的に独立を宣言することになったものの、独立後のコソヴォには依然としてEU理事会が任命する「EU特別代表（European Union Special Representative：EUSR）」が和平協定に対する最終的な解釈権限を有するなど、独立によって直ちに現地の統治機構による統治が実現したわけではない。[66]

第三節 領域管理による住民の保護

領域管理における、領域管理機関と住民の法的な関係を巡る問題としては、ダンチッヒ自由市以来、「国籍（市民権、citizenship）」の問題として、条約などの文書において言及されてきた。さらに、第二次世界大戦後の「トリエステ自由地域恒久憲章」以降になると、人権の尊重に関する規定が加わる。同憲章第四条は、「自由地域憲法は、自由地域の管轄下にある全ての者に対して、民族的出自、性、言語または宗教による差別なく、宗教的信仰、言語、言論および出版、教育、集会および結社を含む人権および基本的自由の享有を確保しなければならない。［以下略］」という、一般的な人権尊重規定を置いている。

本節ではまず、領域管理機関と住民の法的紐帯の基礎となる「国籍（および、それに類似の概念）」を巡る問題を取り上げる。その上で、領域管理機関を通じた「人権の保護および促進」に関わる問題、さらに、近年の領域管理が、紛争後の平和構築の一環として実施されていることとの関連で、難民・避難民の帰還・再定住への取り組みについて整理することにしたい。

一　領域管理と「国籍」——住民との法的紐帯

国籍については、ヴェルサイユ条約第一〇五条では、ダンチッヒに居住するドイツ住民について、条約発効に伴い「当然に（*ipso facto*）」ドイツ国籍を失い、「ダンチッヒ国民」となる旨の規定を置いている。一方、ザール地域については、当初、ヴェルサイユ条約附属書第二七項は、住民の国籍に影響を及ぼさないものと規定していたが、その後、施政委員会の命令に基づき、もともとの国籍とは別に「ザール住民（籍）」という地位を与え、住民投票終了後まで、同制度は維持された[(67)]。また、「トリエステ自由地域恒久憲章」第六条一項は、ダンチッヒ自由市同様、トリエステに居住しているイタリア籍住民がトリエステ籍に自動的に移行することを定めている。

西イリアンについては、UNTEAによる施政期間中、住民との間で特定の法的紐帯を設けることは行われず、わずかに「西ニューギニア（西イリアン）に関するインドネシアとオランダの協定」第二二条三項において、「インドネシアまたはオランダ国籍の住民の領域外への移動の自由[(68)]」が規定されているに過ぎない。なお、ヒギンズ（Rosalyn Higgins）によれば、住民が領域を離れ、第三国への移動を希望する場合には、UNTEAが「旅行証明書（travel documents)」を発給したとされる。[69] ナミビアについても、住民に対して旅行証明書が発給されていた。[70]

コソヴォにおいては、二〇〇〇年三月一七日の規則二〇〇〇／一三において、「中央市民登録事務所」が設置されている。[71] コソヴォの「定住者 (habitual resident)」は、この規則に従った登録が求められ、さらに、一六歳以上の者については、身分証明書が発行されることになっている（第五項）。また、同月二九日の規則二〇〇〇／一八は、定住者としての登録を行った者に対して、旅券に相当する「旅行証明書 (travel document)」を発給することとした。[72] 旅行証明書の発給によって、コソヴォ「国籍」が与えられるわけでも、他国の国籍に影響を及ぼすものではないとされているが（第一・二項）、登録に関する規則第九項も旅行証明書に関する規則第五項も、他の適用法規に優先して適用されることを定めている。

また、東ティモールにおいても、二〇〇一年三月一六日の規則二〇〇一／三によって「東ティモール中央市民登録事務所」が設置されている。[73] ここでの登録も、国籍を証明するものではなく、むしろ住民登録に近いものの、ここでの登録に基づいて身分証明書が発行されることになっている（同規則第二・一項）。なお、二〇〇〇年二月二五日の規則二〇〇〇／九「東ティモール境界管理制度」[74] は、いわば入国管理法にあたる規則であるが、ここでは「国籍に関する規則が制定されるまでの間」は、一九七五年一二月以前に東ティモールで生まれた者とその子または孫であって、東ティモール以外で生まれた者については、東ティモールへの入境に際して、UNTAETからの許可を必要としない旨規定している（第七・四項bおよびc）。また、根拠規則は明確ではないが、UNTAETも、住民に対して「旅行証明書」を発給していた。[75]

国連をはじめとする国際組織が、一定の場合に、「旅行証明書」を発行することは珍しいことではなく、例えば、難民条約第二五条は、国際機関が難民に対して何らかの文書・証明書を発行することを予定している。また、日本の出入国管理及び難民認定法も「旅券」の定義の中に「権限のある国際機関の発行した旅券又は難民旅行証明書その他当該旅券に代わる証明書」（第二条五イ）を含めており、領域管理機関が発給した「旅行証明書」をここに含めて考えることは可能である。いずれにせよ、領域管理機関による住民登録や旅行証明書の発給は、「国際の平和と安全の維持・回復」には直接関係しないものの、領域管理の目的そのものから導かれる権限として理解することができよう。

二　基本的人権の促進と人道状況の改善

停戦監視や兵力引き離しを任務としてきた国連のPKOに、人権・人道に関わる任務が加わるようになったのは、一九九一年に設置された国連エル・サルバドル監視団（ONUSAL）以降のことである。といっても、一九九一年五月二〇日付けの安保理決議六九三（一九九一）は、内戦の最終的な終結前に、「両当事者が、一九九〇年七月二六日にサン・ホセで署名された人権協定を遵守しているかどうかを検証」することを目的にONUSALを派遣したのであって、停戦監視と治安維持を任務とした軍事要員が展開するのは、一九九二年一月一四日付けの安保理決議七二九（一九九二）以降のことである。さらに、一九九三年五月二七日付けの安保理決議八三二（一九九三）を通じて、ONUSALの任務には、一九九四年三月の総選挙の監視が加わった。武力紛争、とりわけ、内戦の和平プロセスにおいて、従来の軍事的な側面に、人権・人道問題や選挙監視といった平和構築的要素が付加されていくのは、一九九〇年代以降のPKOにおいて特徴的な現象である。[76]

①　カンボジア

カンボジアにおいては、内戦中はもとより、クメール・ルージュによる統治時代に大量虐殺などが発生していたことは周知の事実である。そのため、パリ協定第一六条において、UNTACに対して人権の尊重が確保される環境を醸成することを求めた。この規定について、ラトナーは、「選挙の実施を阻害するような環境をもたらさないようにするという短期的な目的」と「カンボジア人が普遍的に承認された人権を理解するという長期的な目的」という二つ

の意味が込められていたと指摘する。(77)

これについては、一九九三年五月の総選挙が「自由かつ公正」に終わったという意味で、短期的な目的は達成されたと見ることができよう。その一方で、一九九七年にクーデターが発生し、ラナリット第一首相が失脚したことを捉えて、民主主義が根付かなかった、という批判もある。(78) しかし、UNTACを設置した安保理決議七四五（一九九二）は、全体としてUNTACの主たる目的を「一九九三年五月までの選挙実施」（第三項）に置き、人権の保障については前文で触れられているに留まり、しかも、「一八ヵ月を越えない」（第二項）と期間を限定した上で設置している。これらの事情を考えれば、そもそも短い期間の中で、果たして人権についての国民的理解を深めることが可能であったのか、という疑問を抱かざるを得ない。(79)

ラトナーは、UNTAC展開期間中にUNTACが試みた諸施策（世界人権宣言に関する啓蒙活動、特別検察官を通じた政治的意図に基づく政治犯のカンボジア裁判所への訴追など）について触れた上で、国連人権センター（現、国連人権高等弁務官事務所）が現地に特別代表を送り込むという案が東南アジア諸国連合（ASEAN）と中国の圧力によって頓挫したことを紹介している。(80) 紛争後の脆弱な平和の下で、現地の司法機関が非協力的であり、さらに周辺国からの協力も得られない場合、領域管理機関を通じた人権状況の改善が困難であることを窺わせるものである。(81)

② コソヴォ

NATO空爆以前のコソヴォにおいて、人権上の問題が起きていたことは繰り返すまでもない。といっても、アルバニア系が常に被害者であったというわけではなく、一九八一年以降、セルビア系住民も経済的理由や民族的差別などの理由からコソヴォを離れていったという経緯もある。(82) UNMIKの設置は、コソヴォ情勢が一九九七年頃から武力紛争化し、ついに一九九九年のNATO空爆を招いたという一連の流れの結果であったと同時に、セルビア悪玉論の定着とその裏返しとしての「アルバニア系＝弱者（被害者）」という、暗黙の了解に基づくものであったといえるだろう。ただし、最上敏樹も指摘するように、一九九八年三月三一日付の安保理決議一一六〇（一九九八）前文第三項が、「コソヴォにおけるセルビア警察による一般市民および平和的なデモ参加者に対する過剰な武力の使用ならびにコソヴォ解放軍（KLA）もしくはそれ以外の団体又は個人によるテロリズムの行為および資金、武器および訓練の提供を含む、外部からのテロリストの活動に対するすべての支援を非難」していることからも明らかであるが、コソヴォ情勢は、セルビア（系）とアルバニア系のいずれかが一方的に加害者（あるいは被害者）なのではない[83]。

ＵＮＭＩＫは、アルバニア系住民が圧倒的多数を占めるコソヴォに「実質的な自治権を享受」させ、「コソヴォのすべての居住者が平和で平穏な生活を営む」ことを確保することを目的としている[84]。当然のことながら、ここで求められているのは、セルビア系住民も含めたすべての住民の平和で平穏な生活を可能とするような自治であって、ＵＮＭＩＫの役割は、圧倒的少数者となるセルビア系住民の権利を保護しながら、アルバニア系住民の念願であるコソヴォの自治を達成するという、明らかに困難な目標を達成することである。そこで、安保理決議一二四四（一九九九）第一一項（ｊ）はＵＮＭＩＫの任務の一つとして「人権の擁護および促進」を盛り込み、具体的には、ＯＳＣＥの任務とした[85]のである。

ＵＮＭＩＫ規則のレベルにおける、コソヴォの人権状況の改善の具体的方策としては、コソヴォの自治権が縮小・剝奪されていく過程で制定された、セルビア系に対して優遇的でアルバニア系には差別的な法律の廃止が挙げられる。ＵＮＭＩＫ規則一九九九／一は、ＵＮＭＩＫの活動における人権の遵守（第二項）と安保理決議一二四四（一九九九）と矛盾しない範囲でのコソヴォにおける現行法の効力を認めていた（第三項）。これに基づき、一九九九年一〇月一三日の規則一九九九／一〇[86]は、一九九一年にセルビア共和国議会が制定した「不動産取引の制限に関する変更・補遺に関する法律」と「コソヴォおよびメトヒヤにおいて労働および生活することを希望する市民への農地付与の条件、方法および手続きに関する法律」が規則一九九九／一第二項に反するとして、これらの法律を廃止することを規定している。これらはいずれも、アルバニア系がセルビア系から土地を取得することを制限・禁止することを通じて、セルビア系の流出を防ぐことを目的とした法律であった[87]。

とはいえ、コソヴォの人権状況、とりわけセルビア系とアルバニア系の融和は、必ずしも進展していない。UNMIK展開直後の一九九九年一二月にOSCEが開催した、コソヴォ国際人権会議は、当面する問題として、少数者保護、拷問の防止、紛争後の司法、警察、土地・不動産を巡る紛争、児童の権利、助成の権利、人権保護機関、収監者・行方不明者問題を挙げていた[88]。その後は、人権問題の焦点は、セルビア系の保護の問題に移ってきており、とくに、UNMIKとPISGの枠組みの下ではセルビア系が十分な保護を受けられないという、いわゆる「(統治の)二重構造問題（parallel structure）」に関心が寄せられている[89]。このような状況下で、民族間の対立感情に根ざした犯罪や暴行も発生しており、二〇〇七年八月にもセルビア系居住区でUNMIKの文民警察官が殺害される事件が発生している[90]。

司法制度の構築については、一九九九年九月四日付の規則一九九九／五で、「アド・ホック最終審裁判所」と「アド・ホック検察局」が設置された[91]。前者は、コソヴォ域内において、刑事事件および拘禁について最高裁判所としての機能を果たすものである（同規則第一・一項）。判事および検察官は、法曹関係者の中から、暫定行政官が任命することとなっている（同規則第一・二、二および三項）。さらに、司法制度整備については、同年九月七日付の規則一九九九／六で、「司法・検察サービスの構成と運営に関する勧告」[92]が制定され、同規則に基づいて設置された「技術助言委員会」がコソヴォの司法・検察サービスのあり方について、暫定行政官に勧告を行うシステムが整えられた。この委員会は、コソヴォからの委員一〇名と国際的に任命される五名から構成された（同規則第二項）。さらに、同日付の規則一九九九／七[93]では、暫定行政官が司法勧告委員会の助言に基づき、判事および検察官の任免を行うことを認めたが、この規則の問題点については第六章で検討する。

③ 東ティモール

一九九九年一〇月四日付の事務総長報告書は、住民投票前後の騒乱に関連した人権侵害についての国際調査委員会設置については言及しているものの、UNTAETの任務について、人権に関する具体的な提案は行われていない[94]。また、事務総長から安保理に提出された、UNTAETの活動報告書も人権状況の改善についての明確な記述はみられない。しかし、このことは、東ティモールに住民投票前後の騒乱以外に人権問題が存在しない、ということを意味するものではない。むしろ東ティモールの場合、騒乱に伴って大量に発生した、難民・避難民の問題が深刻であり、むしろ彼らの帰還や定住、騒乱に関する真相究明と住民間の和解といった人道問題が人権の問題として捉えられていたということである。その際、難民・避難民の帰還と騒乱の責任者の処罰のいずれを優先させるかを巡って、UNTAET内部でも現地指導者の間でも、それぞれ対立があったとされる[95]。

司法制度の構築は、二〇〇〇年三月に規則二〇〇〇／一一によって行われた[96]。この規則は、首都ディリを始めとする合計八カ所に「地方裁判所」を、また、ディリに「控訴裁判所」を設置した。ジェノサイド、戦争犯罪、人道に対する罪、殺人、性的暴行および拷問の六つの犯罪は「重大犯罪（serious criminal offences）」とされ、これらの犯罪に関わる裁判はディリ地方裁判所が排他的管轄権を有することとされた（同規則第一〇・一項）。ただし、殺人以下の三つについては、当該犯罪が一九九九年一月一日から一〇月二五日に発生したものについてのみ、ディリ地方裁判所に帰属することとされたほか、重大犯罪については別途、排他的管轄権を有する「パネル」を置く可能性が示唆されている（同第一〇・三項）。この規則二〇〇〇／一一は、同年五月の規則二〇〇〇／一四[97]によって、地方裁判所の設置地の削減（八カ所から四カ所へ）、裁判官の権限の制限、公判前勾留に関する規定の挿入といった改正が行われた。

この「重大犯罪に排他的管轄権を有するパネル」は、司法制度構築から三カ月後の二〇〇〇年六月の規則二〇〇〇／六で設置された[98]。これは、重大犯罪についてディリ地方裁判所と同控訴裁判所の中に設置されたものである。パネルは、上述した重大犯罪について普遍的管轄権（universal jurisdiction）を有し（規則第二・二項）、東ティモールの国内法（UNTAET規則によって制定・修正されたものを含む）に加え、「適当な場合には、適用可能な条約や国際人道法の確立した原則を含む、承認された国際法の原則や規範」（同第三・一項）が適用されるものとされた。このパネルは、地方裁判所レベルでは国際的に任命された裁判官二名と現地裁判官一名とで構成され、控訴裁判所レベルも基本的には同じ構成であるが、とくに重要な事件については、国際的に任命された裁判官を三名、現地裁判官を二名とした合計五名で審理することが予定された（同第二二項）。パネルは設置されたものの、作業の遅延やインドネシア政府の非協力的対応もあり、国際裁判への期待も高まったが実現はしなかった。

これらの裁判制度に加え、二〇〇一年七月の規則によって「東ティモール受容真実和解委員会」が設立された[99]。この委員会は、一九七四年のインドネシア侵攻以来の東ティモールにおける政治紛争の過程で生じた人権侵害や国際人道法違反についての調査、原因究明、被害者救済、和解と加害者の受容を目的とした、非裁判的手続による、一種の事実調査委員会である。首藤もと子によれば、同委員会は、東ティモール独立後の二〇〇四年一〇月、大統領宛に報告書を提出したものの、政府指導層からの反応は鈍かったという[100]。

第四節　経済的・社会的発展の条件整備

序章でも触れたように、平和構築には、武力紛争後の治安維持や政治制度構築の側面と、経済的・社会的な発展の基礎の形成という側面とがある[101]。紛争と開発・発展の因果関係は必ずしも明らかではないものの、紛争によって灰燼に帰した社会基盤や生産手段に対し、国際社会からの援助を通じて、最低限の復興支援を行うことは、その後の経済的安定や二国間・多国間の資金提供国（ドナー）からの開発援助を受けるための必要条件である。

ところで、領域管理において、現地の発展（開発）が任務の一つとして認識されるのは、比較的近年の現象であるといってよい。例えばダンチッヒ自由市は、ポーランドに対して海洋への自由なアクセスを確保することが目的だったのであって、ダンチッヒ自由市住民の利益を目的として港湾施設等が開放されたわけでもないし、港湾施設や鉄道などに対する開発権もポーランドに対して与えられたものであった（ヴェルサイユ条約第一〇四条二、三および四項）。また、委任統治制度が現地住民の「福祉及発達」（国際連盟規約第二二条一項）を目的とするものであったとはいうものの、それが受任国である宗主国の通商上の利益と結びついたものであったことはいうまでもない。これに対し、国連ナミビア理事会は、一九六二年一二月一四日の「天然資源に対する恒久主権に関する決議」[102]を下敷きに、一九七四年九月二四日に「ナミビアの天然資源の保護に関する布告第一号」[103]を公布した。国連ナミビア理事会が現地で十分な活動を実施できなかったため、布告の効果は政治的なものに留まったとされるものの、それまでナミビアで操業していた外国企業が事業を中止したという[104]。非植民地化過程の進展と並行して、発展（開発）の意味するところが「現地住民の経済的自立」へと変化していったのである。

本節においては、コソヴォと東ティモールを中心に、領域管理を通じた現地の経済的自立のための条件整備が、どのように実施され、どのような問題点に直面してきたかについて整理しておきたい。

一　コソヴォ

コソヴォは、セルビア民族にとって聖地とされるコソヴォ・メトヒヤがあると共に、トレプチャ鉱山などの天然資源もあるため、セルビアは一貫してコソヴォの分離独立を拒否してきたとされる[105]。その一方で、コソヴォ自身の開発は進んでおらず、旧ユーゴスラヴィア政府から援助を受けつつ、旧ユーゴ各地に電力、鉱物資源、農産物を供給するという経済構造であったとされる[106]。そのため、コソヴォにおいて「自治」を実現するためには、経済的な自立が必要となる。そこで、UNMIKは、安保理決議一二四四（一九九九）第一一項（g）において、「重要な社会的基盤と経済の再建」を任務に盛り込み、EUが復興・経済再建部門について主要な役割を果たすことになった[107]。

第二節でも触れたように、国連はコソヴォにおける一定の統治水準の達成を目標としており、その目標の一つに「市場経済のための健全な基礎作り」を挙げ、その具体的内容は「コソヴォ基準実施計画[108]」に記されている。それによれば、主要な社会基盤（住居、教育、保健衛生、道路、鉄道、水、廃棄物処理、電力等のエネルギー）は、既に復興しており、現地の統治機構も経済セクターの運営ができる水準になっているという[109]。しかし、法制度整備、制度構築および統計の整備を喫緊の課題として挙げるほか、経済分野だけで五四の具体的な「行動（action）」の達成を求めている[110]。

コソヴォにとってこれらの「基準」の達成は、EUとの関係を深め、独立後のEU加盟への布石となるものである。そのため、二〇〇五年以来、欧州委員会（EC）との間で「欧州パートナーシップ行動計画（European Partnership Action Plan : EPAP）」を作成し、その実施状況の監視が行われている。これは、一九九九年にECが決定した「安定化・連合プロセス（Stabilisation and Association Process : SAP）」の下で西バルカン諸国の将来のEU加盟を目指す政策の一環で実施されているものである。実際に加盟が実現するには、「安定化・連合協定（Stabilisation and Association Agreement : SAA）」を締結する必要があり、現在のコソヴォの地位を考えると、締結にはまだ時間を要する。しかし、ヨーロッパ諸国は、コソヴォを含む西バルカン諸国に対し、EU諸国レベルでの「平和、安定、自由、安全、司法、繁栄、生活の質」の基準（EU standards）の受容と実施を求めるものである[111]。

既に二〇〇二年一月から、コソヴォではユーロが事実上の通貨として流通しており、政治制度の構築と同様、経済面でも、安保理決議一二四四（一九九九）が予定する「実質的な自治の確立」を事実上越えた、コソヴォのセルビア離れを加速させる動きだといえる。このような状況について、チェスタマンは、旧ユーゴスラヴィアにおける「四年間の民族紛争の後の、一〇年にわたるバルカンにおける国際的な取り組みの奇妙な副産物」であり、唯一の民族間の地域を超えた協力は単一の闇市場の中で行われている、と評している。(112)

二　東ティモール

安保理決議一二七二（一九九九）第二項（d）は、UNTAETの任務の一つに「復興および開発援助の調整および提供の確保」を挙げている。また、同決議第五項が「国連加盟国、国連諸機関および国際金融機関を含む他の国際組織の技術および能力を活用すること」を承認しているのも、UNTAETが中心となりつつも、関係国および国際組織と連携しながら、東ティモールの復興支援を図ることを意図したからである。これに加え、同決議第一三項は、国連事務総長の勧告(113)に基づき、「基本的な社会基盤の復興、公的なサービスおよび事業活動、現地公務員の給与に支出可能な公務員給与に支出可能な信託基金の創設」についても言及している。これを受けて、一九九九年一二月、東京で第一回東ティモール支援国会合が開催され、世界銀行（国際復興開発銀行）の下に「東ティモール信託基金（East Timor Trust Fund：ETTF）」が設置されることになった。これにより、領域管理全般についてはUNTAETが責任を持つとともに、復興支援に関わる資金面については、「世銀の主導のもとで、基本的にすべての基幹公共サービス復興が一元的にコントロールされる仕組みがつくられた(114)」ことになる。さらに、二〇〇〇年一月には、UNTAETに「中央財政局（Central Fiscal Authority）」を設置する規則(115)が公布された。中央財政局は、国連総会が承認するUNTAET予算以外の資金を「東ティモール統合予算」として管理し（同規則第一・二項）、マクロ経済状況や財政政策の経済・社会状況への影響を勘案しながら、東ティモール全体の財政政策を立案することとされた（同第二項）。

東ティモール独立直前の二〇〇二年五月に公表された世界銀行の報告書によれば、一九九九年一一月に世銀が実施した現地調査段階では、東ティモールの状況が他国・地域の紛争後の状況と異なり、異なる民族・文化・宗教間での和解や治安維持は喫緊の課題ではなく、「紛争後」というよりも大規模な自然災害後のような状況であったという[116]。しかし、その後の経緯を見ると、「社会経済開発政策の分野ではのちに禍根を残すような政策が多かった[117]」とも評されている。その具体例として、東は、①東ティモール人はもとより、UNTAET内部でも経済に関する知識が不足していたこと、②二年近くにわたり、住民から電気代を徴収せず、国連予算から支出していたこと、③当初の予定より公務員数が増加したこと、を挙げる[118]。

そもそも公務員数の問題を巡っては、一九九九年の世銀による現地調査において、インドネシア統治時代に肥大化した行政府の縮小が提言され[119]、UNTAETもそれに基づいて、二〇〇〇年一月に公務員制度委員会を発足させていた[120]。具体的には、インドネシア統治時代に二万八〇〇〇人だった公務員を七〇〇〇人に削減させる予定だったが、二〇〇二年には一万四〇〇〇人に増加していた。東によれば、インドネシア統治時代においては公務員部門と軍事部門が主要な雇用先であると同時に、東ティモール人は下級の職にしか就けなかった。そのため、UNTAETの下で東ティモール人に仕事を与えても、行政能力が欠けていたのである[121]。

他方で、東ティモールにはティモール海溝の石油・天然ガス資源があり、これを使うことで相当の国家収入を得られるであろうことは、独立以前から期待されていた。既に第三章三節で触れた、オーストラリアとの交換公文も、独立後の東ティモールとオーストラリアとの間での配分等に関する正式の交渉を見込んだものであった。しかし、これについても、配分率を東ティモールに有利にした結果、精製基地はオーストラリア側に作られることになるなど、東ティモールの長期的な経済および財政の安定からは疑問視されるような政策が取られたことに批判がある[122]。

第III部

領域管理と国際組織法

第六章　国際社会の階層化と国連

これまでの検討からも明らかなように、領域管理が実施されるに至った背景や、具体的な実施方法は一様ではない。しかし、領域管理が、対象国の合意を通じて、国際組織が対象国の主権を制限している点で共通している。その限りで手続き上の合法性は確保されているといえる。にもかかわらず、領域管理に対する批判的あるいは懐疑的な評価が下されるのはなぜか。また、そのような評価は、国際（組織）法上、どのような意味を持つのか。本章では、これらの問いのうちの前者、すなわち、領域管理に対する批判的な見解を概観することから始めたい。

今日の領域管理に対する批判は、平和構築の手段としての領域管理の成果に関するものと、国際組織による主権の制限という領域管理の本質へ向けられたものに大別できる。一見すると、前者が実際的・実務的な問題提起である一方、後者は、領域管理について帝国主義的あるいは新植民地主義的といった観点からの批判であって、前時代的な言説を用いた、党派的・イデオロギー的な批判のようにも見える。しかし、そのような批判の根底には、外部の関与を通じた紛争の再発予防のための統治制度構築の実効性と正統性を問う契機が含まれていることを見逃してはならない。そこで、本章では、領域管理に対する帝国主義的な性格への批判を手がかりに、そのような主張の根底にある問題意識を明らかにし、そこから領域管理の制度設計を巡る論点へと議論を広げていくことにする。

第一節　「階層性」批判の意義と問題点

一　問題の所在

委任統治や国際信託統治制度のように、国際組織の権限が間接的なものに留まるようなものは別として、国際組織が直接に実施する領域管理においては、国際組織と対象領域・住民の間で、一定の支配・被支配関係が成立している。領域管理機関の権限が強大かつ広範になればなるほど、支配・被支配関係も強まる。ここでまず問題となるのは、そのような関係を、かつての「保護（protection）」という従属的な関係の類推と捉えて概念化することが適当かどうかということである。例えば、田畑茂二郎は『国際法Ⅰ〔新版〕』「第六章　国家結合」においてダンチッヒ自由市とトリエステ自由地域の事例を検討し、ダンチッヒが「ポーランドと国際連盟との二重の保護の下に立つ」ものであり、さらに、トリエステ自由地域についても「国際連合との間に一種の保護関係が予定されていた」が、「保護を与える主体が、通常の国家ではなく、国際連合という国際組織である点において、これまでの保護関係とはかなり性質が異なっている」と記し、国際組織による「保護」が制度上、成立し得ることを示唆している[1]。ただし、田畑は、国家間で設定される保護関係を「従属的国家結合」と分類するのに対し、国際組織による保護を従属的な関係と捉え得るか否かについて言及していない。

領域管理に関する近年の論考においても、「保護」の観点から説明することの有効性とその限界が議論されている。たとえば、ラファートは、ボスニア、コソヴォおよび東ティモールについて、これらを保護国・保護領と呼べるか否かを検討している。結局のところ、保護国にせよ、保護領にせよ、これらの国家結合が歴史的には植民地制度の文脈で用いられてきたことに留意し、今日の諸事例を現代版の保護国・保護領と呼ぶことにラファート自身は消極的である。[2] 同様に、スターンも、従来の保護国・保護領が国家間の関係で成立した概念であるのに対し、今日の領域管理が「個別の国家の利益のためではなく、国際社会を代表して」実施されている点を捉えて、古典的な保護領概念からの類推を回避している。[3] また、そもそも、田畑のように、国際組織による領域管理を、国家結合の文脈で捉えることの妥当性も問題にできよう。[4] もっとも、領域の国際化の歴史において、ヨーロッパの大国によるものから国際連盟のような国際組織へと担い手が移り変わったことを「進化」と評価する立場[5]からは、「国際組織と領域管理の対象領域・住民の間の従属的な支配・被支配関係」が存在すること自身は大きな問題ではなく、領域管理が有力国（群）ではなく、国際組織によって実施されることこそが重要なのである。

冷戦後における領域管理については、東ティモールの領域管理を計画するにあたって、西イリアンやカンボジアの例が参考にされたとされ、[6] さらにカンボジア和平を交渉したパリ会議の際には、信託統治制度を参考にしてUNTACの設置・派遣が合意された。[7] ある制度の設計にあたって、過去の同様の事例が参考にされること自身は不自然なことではない。問題は、過去の事例を支えた思想や世界観が、今日の事例にも引き継がれたと考えるべきか否かということ、とりわけ領域管理における「支配・被支配関係」を、表現方法の問題とは切り離して、どのように評価するかということである。

二　引照基準としての「帝国」

ここでは、歴史研究のみならず、今日の国際秩序を議論する際にも引照される「帝国」について整理したい。今日の帝国を巡る議論は、冷戦終結後の国際秩序におけるアメリカの位置付けとの関連で展開されることが多い。圧倒的な軍事力・経済力を有するアメリカの単独主義的な政策や行動様式と、それが国際秩序に及ぼす影響を、国際社会における力（パワー）の存在態様を巡る問題として「帝国」という観点から分析するものである。[8]

しかし、かつての帝国（的行動様式）が海外領土（植民地）拡大を目的としていたのに対し、今日の「帝国」は、世界規模での人権や民主主義の確立を政策目標として掲げるのであって、領土の恒久的な獲得を目指しているわけではない。その点が「新しい帝国」・「軽い帝国」[9]の特徴として旧来の帝国と区別される[10]。山本吉宣が指摘するように、国連の枠組みの下で行われる平和活動も、論者によっては「帝国主義」に分類する者もあり、「古い帝国主義と冷戦後の人道的介入、平和構築（紛争後の国家建設）との類似性」が認められることになるのである[11]（もっとも、人道的介入や平和構築が、介入・関与する側の国内で常に支持を得られるわけではないという点で、大国のナショナリズムと結びついた旧来の帝国主義とは異なる側面があることに留意する必要はある[12]）。

今日の帝国（主義）を巡る議論が、アメリカの単独主義的行動様式の評価に端を発するものであることは疑いがないが、それと同時に、ソ連の崩壊に伴って発生した、かつてソ連を構成していた諸共和国における民族紛争の多発も影響している。山本有造によれば、

「ソヴィエト帝国の崩壊は、一方に『帝国』から解放された国民国家群を生み出した。しかし他方、その過程における民族間・宗教間の血みどろの紛争は、理念型としての『近代国民国家』の幻想性を露わにした。等質の国民を内包し、硬質の殻を纏った『国民国家』の建設、そしてそれらの間の安定した国際関係がどれほど多くの血で贖われなければならないかが明らかになったとき、柔らかい国家連合の形態としてのかつての『帝国』の記憶が再びよみがえったのである[13]。」

このような記憶は、旧ソ連圏以外の地域、とりわけアフリカの国内紛争を眼前にしたときにも呼び起こされる。アフリカを中心とした新興独立諸国への援助競争をもたらすことで、新興独立国の脆弱な内政に対する防波堤の役割を果たした冷戦構造が崩壊したとき、より悲惨な紛争状況が出現したのである[14]。ここで、紛争発生国・地域を再植民地化することなしに国内紛争を終結させ、平和を構築するための介入を正当化するために、第一章でも若干触れた、

「人間の安全保障」や「保護する責任」といった標語が生み出されることになった。これらの標語が根底で企図するのは、主権概念の再検討であり、さらに、国家主権の名の下に行われる統治の実質の吟味である。桐山は、非植民地化過程が「当該地域の施政は当該地域人民に任せるべき」ものであり、それが「領土帰属論への回帰とも言える現象」であったと整理する一方、統治の実質の吟味を意図する「ガバナンス論は、植民地主義の維持あるいは大国の介入を図るもの」として非難を受けることになると指摘する。[15] 統治の実質に目を向けるガバナンス論は、本質的に強者・勝者の論理であり、権力的な営みだからである。[16]

同様に、領域管理と帝国主義的植民地支配の思想的相似性を鋭く批判する論者にベイン（William Bain）がいる。ベインは、今日の領域管理を一七世紀以降の「信託（trusteeship）」の延長線上に位置付け、「支配・管理する側（ヨーロッパ諸国、国際組織）」と「支配・管理される側（アジア・アフリカ諸地域、紛争発生国・地域）」の関係という枠組みで捉え、ヨーロッパ諸国が「文明の受託者（the trustees of civilization）」として自らを位置付け、その倫理的義務としての未開の民への支配を自己正当化した構造で領域管理を理解する。[17] ヨーロッパ諸国の文明の受託者としての自己イメージは、「高度な文明を構築した国は、当然その恩恵を他の国々に分かち与えねばならないし、逆に与えられた方は、その文明の低劣さと、『いかなる有益な原理も実践』も生み出す力を欠いているが故に、当然その恩恵を受け入れなければならない、というきわめて単純かつ一方的な発想[18]」に基づく、「文明化の使命（civilizing mission）」に結びつく。ベインは、紛争発生国・地域のガバナンス能力の（再）構築を目的とする今日の領域管理も、かつての「文明化の使命」という「帝国的過去（imperial past）[19]」から逃れることはできず、「構成員の普遍的な法的平等に基礎を置いたポスト・コロニアルな国際社会のあり方の根底を脅かすもの[20]」と批判するのである。

このようなベインによる領域管理批判は、ホブスン（J. A. Hobson）の『帝国主義論』における帝国主義的信託の批判と同じ論理構成である。ホブスンは、信託が正統性を持つ条件として、次のように記す。

「第一に、その支配は一般の幸福に向けられるべきであって、『帝国主義的』民族の特殊な幸福に向けられてはならぬこと。第二に、それは、そうして支配される民族に対し何らかの純益を賦与しなければならぬこと。最後に、かような支配を行使する民族による信託の引き受けを認可するために、国際的利益を代表する何らかの組織が存在しなければならないこと、これである。」

このようにホブスンは記し、それが全く実行・実現されていないことを批判するのである。[21] ここでホブスンは、「国際的利益を代表する何らかの組織」の存在が第一および第二の条件に正統性を与える条件であるとしつつ、「それが満たされていない」[22] と論じている。なお、同書は一九〇二年に初版が刊行され、その後、一九三八年に第三版、一九四八年に第四版が出されており、ここで引用した訳書は第四版を底本としているが、[23] 国際連盟については一切触れられていない。

これに対し、ベインは、第四章において、国際連盟における委任統治制度について、原住民の福祉向上が目的として掲げられ、その国際的監視システムが設置されたことに一定の肯定的評価を与えている。また、国連については、国連憲章の起草から一九六〇年の「植民地独立付与宣言」に至る過程が、「普遍的な人類平等という理想が持つ正しさが信託と言う考え方の正しさを打ち崩した」と評価する。[24] その上で、近年の領域管理を「新たなパターナリズム」[25] であり、信託統治の再来であるとして批判するのである。ベインの議論は、非植民地化過程における自決権の主張を徹底することを通じ、植民地の独立とその結果として誕生した国家の、国際秩序の中における平等な地位を強調するものである。

しかし、その一方で、次のような問題も含まれているように思われる。第一に、ベインは、「文明化の使命」の正統性を否定する根拠として、一九六〇年の「植民地独立付与宣言」第三項にある「政治的、経済的、社会的または教育的な準備が不十分なことをもって独立を遅延する口実としてはならない」を挙げる。[26] しかし、これは、石田淳がジャクソン（Robert H. Jackson）を引用しつつ指摘するように、それらの準備が整わないまま、「首都さえ実効支配できれば、国家を統治する権利を持つ」ことを認めたことを意味する。[27] それは、次に、既存国家と新興独立国家の間の形式的な意味での主権平等は強調されるものの、国家間のさまざまな実質的不平等の存在やその是正・克服に対する配慮が為されない、という問題を生む。さらに、ベインは、国家間レベルでの主権平等と普遍的なレベルでの人類平等を同一の平面上にあるものと捉えている節があり、それを根拠に信託統治や領域管理が人類の平等に反するという理由で、その正統性を否定するが、[28] 果たしてそのような同一化が論理的に可能かどうかという問題もある。さらに、領域管理を通じた平和構築が実施された（されている）紛争は、必ずしも旧植民地諸国におけるものではない、という点も見逃すことはできない。

三　国連憲章第一二章の再活用

領域管理が干渉主義的であり、帝国主義的であるという批判は、ベインに留まらない。アンギ（Anthony Anghie）も、カンボジアなどでの領域管理を巡って、これらの事例がワイルドの指摘するように、主権と統治の双方を問題としていることが、結局のところかつての委任統治と共通するものであるとして、国際法全体の帝国主義性を批判する。[29] また、介入する側と介入される側、いいかえれば領域管理における支配・被支配関係を改めて国連憲章上の国際信託統治制度の下に位置付けようとする主張も皆無ではない。二〇〇一年一二月に公表された、「介入と国家主権に関する国際委員会（ICISS）」の報告書『保護する責任』は、国連憲章第一二章の「建設的な継受」が破綻国家への軍事介入にあたっての有益なガイドラインとなると指摘している。[30] と同時に、このような提案が植民地主義的な意味での信託の概念的復活につながるという批判を招くことを認めつつ、より実際的な観点からの提案であることを強調する。特に同報告書は、国連憲章第七六条b項の「住民の政治的、経済的、社会的及び教育的進歩［の］促進」や同条c項の「人権及び基本的自由［の］尊重」といった規定が、国連による領域管理における指導原則になるというのである。もっとも、国連憲章第七八条が、国連加盟国を信託統治制度下に置くことを禁じている以上、『保護する責任』中における提案も、信託統治（あるいは、それを通じた「再植民地化」）を意図するものではなく、あくまでも領域管理における基本原則として、憲章第七六条の文言を掲げ、コンセンサスを得ようとしたものと考えられる。しかし、直接にこれらの規定に言及することは、紛争後における統治（ガバナンス）問題の重要性を指摘するものであるとはいえ、「介入される側」の反発を招くだけであろう。

他方で、このようなＩＣＩＳＳのような提案は、国連改革の文脈においては例外に属することも指摘する必要がある。たとえば、「脅威、挑戦および変革に関するハイレベル・パネル」の報告書『より安全な世界――我々が共有する責任』[31]やそれを受けて作成された国連事務総長報告書『より大きな自由へ――全てのための開発、安全および人権へ向けて』[32]は、信託統治理事会に関する国連憲章第一三章の削除を提案している。[33]もっとも、憲章第一三章のみが削除されるのであれば、憲章第一二章に基礎を置く国際信託統治制度は論理的には存続し得る。しかし、『より安全な世界』が指摘するように、「国連は植民地主義の回帰につながる、いかなる試みにも背を向ける」のであれば、憲章第七八条の規定とも相俟って、領域管理が少なくとも形式的な意味で植民地主義的なものと見なされる可能性は極めて小さく、チェスタマンのいう通り「仮想的な信託統治（virtual trusteeship）」[34]に留まることになろう。その一方で、領域管理が帝国論の文脈で批判されることには、比喩的な意味以上のものがあることも事実である。それは、領域管理の国際的側面においても国内的側面においても、実態として支配・被支配という「帝国的関係」が含まれており、それが領域管理の成否や正統性に影響を与えているからである。それらの詳細について、次節以下で検討することにしたい。

第二節　領域管理の制度設計

一　「国際的性格」の優位

（1）大国の役割

いかなる領域管理も、第一義的には、対象領域・住民の福祉や自己統治能力の増進を目的として実施される。コソヴォや東ティモールにおける領域管理も、紛争後の平和構築の手段として、「実質的な自治の確立」や「独立」が究極的な目的である。しかし、領域管理の実施において、大国の利害や大国間相互の関係が全く無視されているわけではなく、むしろ、大国間関係の安定にこそ、大国の意が向けられていることを見逃すことはできない。たとえば、戦後処理の文脈で実施されたダンチッヒ自由市やザール地域の場合、住民の大多数がドイツ系住民であったにもかかわらず、前者においては、ドイツの反対を押し切って、ポーランドの海へのアクセスを確保するために、また、後者においては、ドイツの対フランス賠償の財源を確保するために、フランスからの併合要求を拒みつつ領域管理が実施され、各々について国際連盟の役割が認められた。また、委任統治制度も、英仏などによるドイツ領植民地の自国への併合要求と、アメリカの非併合主義の間の妥協の産物であった。

領域管理の実施にあたっての細部は異なるものの、これらの諸事例においては、帝国的支配が崩壊した地域に別の帝国が直接的に進出するのではなく、住民の民族的構成や自決原則に一定の配慮を行いつつ、国際組織を通じて戦後の国際秩序の構築を目指そうとしたという意味を持つ。ダンチッヒ自由市がナチス・ドイツの手に墜ちたことや、ザール地域が住民投票の結果、ナチス・ドイツの下に戻ったという意味で、これらの領域管理が失敗に終わったという評価も可能であるが、それは領域管理という制度そのものに内在する問題ではなく、時代状況や制度の運用に関わる問題である。[35]

第二次世界大戦直後のトリエステ自由地域とエルサレムの領域管理構想も、両地の戦略的重要性と民族構成への配慮から計画されたものであったといえる。特にエルサレムの国際化は、パレスチナ分割と同時に提案されており、ユダヤ人国家の創設に伴い、エルサレムを巡る紛争が激化することを見越していたと考えられる。

植民地の国際的管理についても、大国の利害や相互の関係が色濃く反映されている。委任統治制度は、「人民の福祉及び発達」を目的として、受任国に対する一定の法的義務を課すものではあった。しかし、ヴェルサイユ会議において、英・仏・南アフリカがアメリカ案に徹底して反対し、ウィルソン大統領の原案とは全く異なったものになったことは、起草過程に関する田岡の詳細な研究からも明らかである。[36] その結果、委任統治制度は一定程度において受任国によるガバナンスのあり方を問題にしつつも、[37] 同時に受任国の経済的利益の追求も可能にし、国際連盟の義務を「最小限のこと」[38]に留める妥協的な制度となった。当時の植民地保有国においては、植民地の政治的支配と経済的権益の確保は表裏一体のものであり、それが植民地自身の利益をもたらすものとされ、そのような「二重の使命（dual mandate）」と呼ばれる構造が委任統治制度でも温存されていたのである。その結果、「受任国領土の構成部分として」施政が行われることになったC式委任統治領では、受任国が委任統治領の天然資源を独占することになり、これをベインは、受任国が義務以上の利益を得た「神聖な偽善（sacred hypocrisy）」と呼んで批判するのである。[39]

（2）国連憲章と「大国」——憲章第三九条の機能

戦後処理における戦勝国（間）の利害や、植民地の国際的管理における植民地保有国（間）の利害が、領域管理の対象領域やその住民の利害に優先するという構図は、今日でも基本的に維持されている。冷戦後に紛争が多発し、平和構築を必要とする事例は増加した。また、いわゆる破綻国家に対しては、国連が積極的に領域管理を実施すべしと主張する議論[40]はあるものの、実際に領域管理が行われたのは、本書で取り上げている事例に留まる。その理由は領域管理の実施が必要性や手段としての有効性の見地からではなく、実施するか否かを決定する側の政治的意思に左右されるからである[41]。このような状況は、国内紛争そのものに介入するか否かにおいてみられる、大国側の恣意性にも共通する。UNTAETによる東ティモールでの領域管理は、東ティモールの最終的な独立を達成させたという意味において「成功例」とされるが、遡って考えてみれば、一九七四年にインドネシアが東ティモールに侵攻した際、当時の状況下で、アメリカがインドネシアの行動を黙認した[42]ことに端を発する問題である。大国は、紛争とその後の平和構築に介入するか否かを決定できると同時に、そこに国連などの国際組織を関与させるかどうかということについても恣意的な判断を下すことができるということも見逃してはならない。

第四章で詳述したように、領域管理機関の設置にあたっては、当事国および関係国の合意の存在が前提となっている。また、憲章第二四条一項の解釈から安保理による領域管理権限は認められており、カンボジアにおけるUNTACのように、PKOの伝統的な設置・派遣手続きに従っても領域管理機関を設置することはできるのであるから、憲章第三九条への言及が領域管理機関設置のための法的要件であるとは考えにくい。その一方で、冷戦終結後の三事例においては、領域管理が実施される現地の事態が国連憲章第三九条の下で「平和への脅威」であるという認定を受けることが慣例化されている。そこで、憲章第三九条への言及の意義を明らかにするには、同条が国連憲章全体の中で持つ意味から考える必要がある。

国連憲章の構造上、第三九条に基づく、「平和に対する脅威」、「平和の破壊」および「侵略行為」の認定は、憲章第七章の下での強制措置発動のための要件であり[43]、「法化された事態の法的性質付け[44]」と呼び得るものである。他方、いかなる事態が認定の対象になるかは、完全に安保理の判断に委ねられている上、認定にあたって安保理常任理事国には拒否権が認められるから、第三九条に基づく認定においても、その後にさらなる措置を執るか否かも、究極的には五常任理事国の政治的・政策的判断に委ねられるのである[45]。酒井は、冷戦後の実行から、平和概念とその回復手段の双方の多様化を指摘する[46]と共に、その過程における人権や人道といった「人間性原理[47]」の登場を評価して、「国家主権原理の制約度とその対抗原理としての『人間性』原理の実現の重要度との相関性[48]」を通じて、国連が今日の国際社会の要請に応えているか否かを測るべきことを指摘する。その一方で、所与の前提としての安保理における五常任理事国の優位性（最上のいう「法的な寡頭制[49]」）を考えれば、「人間性原理」の内実も五常任理事国の意思や政策的判断に従属することになりかねない。この点は、領域管理においても同じであり、領域管理を通じた平和構築（国家再建）が当事国の合意に基づきつつも、その実施が五常任理事国の政治的意思の下に置かれていることが、安保理決議において第三九条に基づく認定から明らかになるのである。

二　現地での問題

（1）領域管理という任務に内在する問題

前項では、領域管理の実施における、大国の位置付けを概観すると共に、安保理の優位性について検討した。そこでの指摘に対しては、次のような反論が行われるかもしれない。すなわち、大国や安保理が領域管理機関の設置にあたって主導権を持つにしても、現地で実際に領域管理を実施するのは、国際組織の職員とそこに派遣される種々の要員であるから、大国の意向や利害は一定程度、排除されるのではないか、と。しかし、領域管理機関は国際組織の主要機関によって設置される補助機関であり、任務・権限は主要機関によって設置される。また、次項で見るように、領域管理機関はそれを設置した主要機関に対して定期的な報告義務を負う。したがって、領域管理の実施にあたって中心的な役割を果たすのが国際組織の職員であるにせよ、大国の意思から自由になるわけではない。

本項では、国際組織の職員を通じて領域管理が実施されること自体に伴う問題を扱う。それは、領域管理に特徴的な活動内容と国際組織の職員の通常の業務とのギャップから生じる、すぐれて実際的実務的な問題と、国際組織とその職員の国際組織法上の地位から生じる、理論的側面を持つ問題とに分けて検討することができる。さらに、コソヴォや東ティモールにおいては、領域管理機関が制定した「規則」の規定ぶりに伴う問題も存在する。

『ブラヒミ報告』は、冷戦後に多様化した国連のPKOを「平和活動」として再概念化することを目指した報告書であるが、領域管理についても「移行期文民行政の挑戦」と題した項目を設け、国連の平和維持活動を通じた領域管理が現実に直面した問題について、次のように記している。

まず、根本的な問題として、領域管理では通常のフィールド・オペレーションにはない活動までもが要求されるという事実に基づき、そもそも国連が領域管理を行うのに適切な組織なのか、また、仮に国連が実施する場合、PKOなり平和活動として行うのか、あるいは、他の組織構造のほうがよいのか、という点を指摘する。[50] このような問題提起が為される背景には、紛争後の社会において、法（規則）を制定・実施し、税を徴収し、外国投資を誘致し、公共の施設を整備・運営し、果ては塵芥の収集に至るまでを、領域管理機関が担わなければならないが、国連自身には必ずしもそのような分野についての能力や経験があるわけではないからである。

さらに同報告書は、領域管理機関が現地法を適用する際、その内容が不明確であったり、紛争前の抑圧的な体制を受け継ぐものであったりすることがあることを指摘し、領域管理機関が現地で適用すべき法についても、問題を提起する。現地法が存在する場合でも、言語の問題や適用においての先例を領域管理機関側が把握しきれていない場合もあるという、極めて実務的な問題である。[51] この点については、刑事法分野を中心に、国際人権法や国際人道法を参照しながら「モデル法規」を作成しておき、領域管理機関とその要員が現地法に習熟するまでは、「モデル法規」を用いるべきことを提案する。[52]

このような提案の背景には、コソヴォにおいて適用すべき刑法を巡って、実際に次のような問題が生じていたことがある。すなわち、コソヴォにおける適用法規については、一九九九年七月二五日付けのUNMIK規則一九九九／一において「一九九九年三月二四日の時点で有効であった法」を基準としている[53]。しかし、アルバニア系判事は、この時点での国内法を引き続き適用することはアルバニア系に対する差別的取り扱いを許容することになる、と反発し、公然とUNMIK規則一九九九／一を無視したのである[54]。そこでUNMIKもこの動きを追認し、同年一二月一二日付UNMIK規則一九九九／二四において、「一九八九年三月二二日の時点で有効であった法」に修正した[55]。規則一九九九／一の趣旨は、NATOによる空爆開始時点での法を基準としたのに対し、規則一九九九／二四は、コソヴォ自治州の権限が縮小される段階以前の法を基準としたのである[56]。現地住民や判事の民族感情に沿う改正である反面、ここには、既に消滅した旧ユーゴスラヴィアが制定し、しかもその後に廃止された法律をUNMIKによって復活させることが可能か、という問題がある。しかも、一九八九年三月二二日時点での刑法には規定がなかった麻薬の不法取引や戦争犯罪については、一九九九年段階での刑法が選択的に適用されることもあった、という[57]。これをUNMIK規則の観点から見れば、規則一九九九／一と規則一九九九／二四とが混同されて適用されていた、ということになる。

『ブラヒミ報告』の提案は、このような事態を回避することを目的とするものである。しかし、いつ実施されるか分からない将来の領域管理に向けて「モデル法規」を作成することが実際的か、また、世界中のすべてで適用できるような刑事法規が作成可能なのか、という問題について、同報告書は検討を行っていない。

(2)「規則」の構造上の問題

領域管理の期間中、領域管理を実施するPKOと暫定行政官は、主要な国際人権条約に具現化された基本的人権を尊重することが求められている。たとえば、UNTAET規則一九九九／一の第二項は、公務にある者による人権尊重義務の内容として、世界人権宣言、自由権規約、社会権規約、人種差別撤廃条約、女子差別撤廃条約、拷問禁止条約、児童の権利条約を挙げる。また、ＵＮＭＩＫ規則一九九九／一にも同旨の文言はあるが、具体的な条約名は記されておらず、ＵＮＭＩＫ規則一九九九／二四において上記に加えて欧州人権条約が加わった規定が置かれた。国連が設置した領域管理機関が国際的に承認された人権基準の遵守を要請される根拠としては、そもそも国連の目的として基本的人権の尊重が掲げられており（国連憲章第一条三項など）、安保理の補助機関である領域管理機関もこの国連憲章上の義務を負うという考え方が、一方で挙げられる。[58]また、国連憲章上の一般的な規定に加えて領域管理機関の任務の性質、すなわち対象領域における法の支配の確立や民主的制度の（再）構築からも基本的人権の尊重は要請されているといってよい。

領域管理機関が国際的に認められた人権基準を遵守するよう要請されている一方で、実際に人権基準を適用するにあたっては、いくつかの問題が生じる。すでに見たＵＮＭＩＫ規則およびＵＮＴＡＥＴ規則の文言は「公務にある全ての者は、任務の遂行にあたって、国際人権基準を遵守しなければならない」となっているのであり、遵守義務の名宛人は領域管理機関とその職員であって、直接に領域内の私人の権利を保障したものではない。したがって、仮に領域管理機関による条約内容への違反があっても当該条約の実施手続きを通じて救済を求めることはできないのである。[59]コソヴォについては、二〇〇一年五月のＵＮＭＩＫ規則二〇〇一／九「暫定自治政府の憲法枠組みに関する規則」[60]において、ＵＮＭＩＫ規則一九九九／二四が列挙した人権条約とヨーロッパ地域の人権条約のいくつかを加えたものに規定された「権利と自由が憲法枠組みの一部として直接に適用される」と規定した。ただし、これも暫定自治政府と住民との関係を規定するものであり、ＵＮＭＩＫと住民との関係には直接の影響を及ぼすものではないことに注意が必要である。

また、ＵＮＭＩＫもＵＮＴＡＥＴも現地の治安維持を任務の一つとしていることに由来する別の問題も生じ、その結果、本来遵守されるべき国際人権基準に対する違反が行われていることも指摘されてきた[61]。たとえば、UNMIK規則一九九九／二は、「公の平和と秩序への脅威」を理由とした一時的拘禁（temporary detention）を認めている（第二項）が、身体の自由に関する欧州人権条約第五条一項違反である、とか、コソヴォにおける国際的裁判官および検察官の任命・罷免に関するUNMIK規則二〇〇〇／六と公正な裁判を受ける権利に関する欧州人権条約第六条一項や自由権規約第一四条一項との間に齟齬があることが指摘されてきた。

（3）領域管理機関とその要員の特権免除

領域管理が、現地の施政を全面的に担い、国家としての独立や実質的な自治の確立を目指して活動するにあたり、制度上の問題としてさらに指摘できるのは、領域管理機関とその要員に認められた特権および免除の存在である。UNTAETでの勤務経験のあるチョプラ（Jarat Chopra）は、UNTAETに付与された広範な権限と特権免除の存在を念頭に、UNTAETを「立憲制以前の君主（pre-constitutional monarch in a sovereign kingdom）」と批判する[62]。

国際組織とその要員は、加盟国などからの干渉を受けずに、国際的な独立性を保ちながら活動することが求められる。それを担保するのが、彼らに認められた特権および免除である。国連の場合、国連憲章第一〇〇条一項が事務総長および職員の「国際性」を規定し、さらに第一〇五条において、組織としての国連（一項）と加盟国の代表者および国連職員（二項）が特権免除を享有することを定めている。これに基づき、特権免除の詳細について定めたのが「国際連合の特権及び免除に関する条約（国連特権免除条約）」である。国連憲章にも国連特権免除条約にも、PKOについて特段の規定はないが、UNEF I派遣の際、司令官には国連特権免除条約第一九項および二七項に基づき、事務総長および事務次長に対して与えられるのと同一の特権免除が認められ、それ以外の要員についても、同条約第六条により「国連のための任務を行う専門家」としての地位が認められた[63]。PKOの派遣にあたっては、国連と受入国との間で「地位協定（Status of Force Agreement : SOFA）」が締結されることになっている。標準的なSOFAを規定した「モデル地位協定」[64]においても、事務総長特別代表、司令官および文民警察部門の長については国連特権免除条約第一九項および二七項に従い、国連職員については引き続き同条約第五条および第七条に従い、国連職員以外の軍事監視要員、文民警察官および文民要員については「国連のための任務を行う専門家」として、それぞれ特権免除を享有する、としている（「モデル地位協定」二四、二五および二六項）。

香西茂が指摘するように、PKOも国連の一部であり、「その構成員は国際公務員に類する地位が与えられる」[65]ということから考えれば、PKOの要員に特権免除が認められること自身に一定の合理性はある。しかし、領域管理を実施するPKOに参加する要員にも、通常のPKOの要員と同様の特権免除が認められている、ということは、職権濫用によって住民に損害を与えたような場合であっても、現地司法機関による司法的救済の道がはじめから閉ざされていることを意味する[66]。いわば、特権階級にある者が、現地の施政に携わることになり、次項で見るように、いわゆる説明責任の所在を巡る問題を生むのである。

三 「説明責任」の所在

領域管理機関が、「実質的自治の確立」（UNMIK）のため、あるいは、「独立へ向けた移行過程の開始」（UNTAET）のために設置されていることからも明らかなように、領域管理から最終的に裨益するのは、現地住民でなければならない。その一方で、すでに見たように、領域管理機関は、安保理の補助機関として設置され、現地においては特権免除を有しながら（国際的性格）、規則の制定・実施を通じた統治機関（国内的性格）として活動する。では、領域管理機関は、安保理と現地住民に対して、いかに自らの日常の活動の正統性を説明し、また、その正統性の維持のために外部からの統制を受けているのか。本項では、これを領域管理機関の説明責任の問題として捉え、整理しておきたい。

(1) 安保理への報告

委任統治や国際信託統治・非自治地域においては、受任国・施政国は国際連盟・国連に対して年次報告書の提出義務を負い、これに対して国際連盟・国連がそれを審査することを通じて、各々の制度が運営されていた。また、国際連盟においては実行を通じて、国連においては憲章八七条b項に従って、住民が請願を提出することも可能であった。国際連盟も国連も受任国・施政国に対して監督的な立場に立っていたのであり、その立場を通じて、国際連盟規約あるいは国連憲章上の義務の履行確保を促していたのである。

一方、UNMIKやUNTAETも、設立根拠決議によって、事務総長から安保理への定期的な報告義務が課せられている[67]。この報告義務は、主要機関（親機関）である安保理と補助機関（子機関）である領域管理機関の上下関係に基づくものであって、国際組織内部の行政的なものに留まる[68]。もちろん、現地情勢を踏まえて、安保理が派遣期間を延長・短縮したり、職務権限に変更を加えたり、要員数を調整することは可能であるし、また、実際に行われている。さらに、補助機関の側に権限踰越や職務の解怠があれば、職員の懲戒などが行われることはあり得よう。とはいえ、それが直接には現地住民の救済を目的としたものでないことは明らかである。

(2) 現地住民からの苦情処理

委任統治などにおける「請願」とは異なるが、UNMIKにおいては領域管理機関による人権侵害に対する異議申し立て手続きとしてオンブズパーソン制度が設置されている。これは、二〇〇〇年六月三〇日付の規則二〇〇〇／三八[69]によって創設されたものである。その目的は、「個人および法的実体（legal entities）の権利および自由を促進し、保護し、および、欧州人権条約・議定書および市民的政治的権利に関する国際規約に示された、国際的人権基準によって保護された人権および基本的自由を効果的に行使することを確保すること」（第一項）である。逆にいえば、UNMIKによる領域管理全体に対する異議申し立て制度ではない。このオンブズパーソン制度の事項的管轄は、UNMIKおよび現地の暫定的統治機関による人権侵害であり（第三・一項）、KFORによる人権侵害について管轄権を設定するための合意をKFOR司令官と結ぶことが予定されているが（第三・四項）、UNMIK内部の問題には管轄権を有しない（第三・五項）。なお、二〇〇六年の規則二〇〇六／六により、コソヴォ暫定自治政府（PISG）の行為についても管轄権が設定された[70]。

オンブズパーソン、副オンブズパーソンおよびその職員は、公務に関して行った口頭および書面での意見表明について訴訟手続から免除され（第一三・一項）、オンブズパーソンおよびその他の国際的職員については、国連特権免除条約第五条に基づき国連職員としての特権免除を共有する（第一三・二項）。オンブズパーソンは独立して職務を遂行することとなっているが（第二・一項）、副オンブズパーソンとあわせて、疾病・懲役以上の刑に処せられるとき・職務と両立しない他の地位に就いたときに加え、職務の不履行（failure in the execution of his or her functions）においても暫定行政官（国連事務総長特別代表）によって解任されることがある旨の規定がある（第八項）。

オンブズパーソン事務所による二〇〇六—〇七年版年次報告[71]によれば、二〇〇六年七月一日から二〇〇七年六月三〇日までの一年間に六九〇件の申立てがあり、UNMIKを相手取ったものは五件、KFORを相手取ったものは四件に留まっており、コソヴォの司法機関（一九〇件）、自治組織（municipalities、一三一件）、政府機関（一七四件）となっている[72]。UNMIKの活動が八年を超え、自治制度が整備されていくに従い、UNMIKやKFORを相手取った申立てが減少していくことは自然なことと考えられよう。他方で、制度創設当時においては、すでに記したように、UNMIK規則と国際人権条約の整合性を巡る問題が生じており、KFORはもとより、UNMIKも当時のコソヴォの治安維持を優先した判断を下してきた。これについて、チェスタマンは、このような状況について、安保理決議一二四四（一九九九）が国連憲章第七章に基づいて採択されたことの結果、人権の尊重についての義務が一定程度、排除されていたのではないか、と指摘し、UNMIKの活動開始直後においてはコソヴォにおける「法の支配」の確立の困難さに直面していたと記している。[73]

これに対して、UNTAETにもオンブズパーソン制度が存在していたとされるが、人権侵害についての管轄権は有していなかった。[74]また、「監察官（Inspector General）」制度が設けられていたが、これは、汚職や調達手続き上の問題など、資金（とりわけ東ティモール信託基金など国外からの資金）の適正な運用についての調査を行っていたものである。[75]

第三節　国内統治原理を巡る問題

委任統治の最大の目的は、対象地域の「福祉及発達」（国際連盟規約第二二条一項）であった。また、国際信託統治では、「住民の政治的、経済的、社会的及び教育的進歩」や「自治又は独立に向っての住民の漸進的発達」（国連憲章第七六条b）よりも、「国際の平和及び安全を増進すること」（同条a）のほうが、条文上は、先に置かれている。仮にこれらの植民地管理制度が何ほどかの人道的な性格を持っていたにせよ、植民地住民自身に一定の国内統治原理を伝授することを目的としていたわけではない。むしろ、非植民地化過程においては、植民地住民が政治的地位を自由に決定し得るものとして自決権が機能したのであって、独立後に、いかなる政治体制が構築されるかは、国際社会の関心事にはならなかったのである。第二次世界大戦後に計画された、トリエステ自由地域恒久憲章では、現地統治機関の構成に加え、人権尊重規定が置かれるなど、国連の領域管理下に置かれる領域の政治体制（の一部）について国際的な関心が払われるようになったが、これは例外に属しよう。

これに対し、カンボジア以降の諸事例においては、国連が直接実施しているわけではないボスニアも含め、民主主義や人権の尊重といった、西欧的価値観に基づく支配体制の構築、あるいは、それを実現し得る人材の育成やいわゆる能力構築が領域管理の基本目的に据えられているように見える。本節では、そのような特定の国内統治原理に依拠した領域管理が持つ問題点と意義を検討することにしたい。

一　「被治者の同意」の欠如

平和構築を「法の支配」の確立という観点から体系化した篠田は、和平合意を「紛争停止後に適用される様々な原則を定め」る平和構築の「『法の支配』アプローチの基盤」に据え[76]、和平合意が紛争によって発生した自然状態から社会を再構築するための「社会契約」として機能すると指摘する[77]。さらに今日では、再構築された社会、ないし、その社会の統治体制が国際的な正統性を持つためには、和平合意を通じて、自由民主主義的規範が注入される必要があると説く[78]。領域管理の場合も、当事者の何らかの合意に基づいて実施されており、それが施政権の国際組織への移譲という効果を持つから、それにあわせて、特定の国内統治原理に基づく領域管理が実施されることについても当事者からの合意を得た、と考えることは論理的に不可能ではない。

このような整理に、より原理的な反論を試みるのが、ベインである。ベインは「信託」に反対する論拠として「被治者の同意」の不在を挙げ、その結果、住民の独立を奪い、彼らが社会の他の構成員と平等の地位に立つ準備が整うまでの間、彼らを他者の意思の下に従属させることになるという[79]。またコソヴォや東ティモールにおいて暫定行政官(事務総長特別代表)による規則の制定も、被治者の同意に基づく立法ではなく、暫定行政官に職務権限を与え、それに対して暫定行政官が責任を負うところの安保理の意思に基づく「(上からの)公布」として非難する[80]。すなわち、ということなのである[81]。「被治者の同意」に基づかない領域管理は、現地住民を無知なものと扱い、彼らが自ら統治できるようになるまで、他者（国際社会、より具体的には国連）が信託として実施するものに他ならない帝国的行動様式に属する活動、という

ベインは、東ティモールでのUNTAETの役割においても、伝統的な意味での信託の要素を見出す。すでに触れたように東ティモールは、国連憲章第一一章の下の非自治地域であり、東ティモール住民は自決権の行使主体とみなされていた。しかし、一九九九年五月のインドネシア・ポルトガル間の合意において、住民は当事者とはみなされず、住民投票の後も、UNTAETによる信託の下で独立が達成された、というのである[82]。このような理解の下では、コソヴォは、将来の地位も定まらないまま、まさに主権国家（ユーゴスラヴィア）から国連の信託の下に移され、その結果、ユーゴスラヴィアからの抑圧からは逃れ得たにせよ、コソヴォの住民（被治者）の同意に基づかない、国家間の力の論理で実施された信託が実施された、ということになる[83]。

しかし、「被治者の同意」に基づく支配に正統性がある、ということは、支配を開始する時点で同意が明示的に確保されていなければならない、ということを必ずしも意味しない。和平合意の締結時点や領域管理あるいは平和構築の開始時点で、住民（被治者）の同意を取り付けることは、そもそも原理的にも技術的にも不可能であって、領域管理や平和構築の正統性や、その後に樹立されるであろう統治制度の正統性は、事後的な確保に留まらざるを得ない。そのためには、領域管理の目的や期限が予め住民に明らかになっていることが必要であり、さらに選挙を通じて住民の意思を確認することが必要である。上杉勇司が記すように、紛争後の選挙には、①武力紛争終結（紛争の非軍事化）、②国連平和維持活動（PKO）の撤退基準（開発援助の導入指針）、③民意を受けた正統政権の樹立（国際的・国内的正統性の確保）、④民主化の胎動（民主的政権への移行を促す）、の四つの機能があるが、領域管理においても同様である[84]。

そのように考えると、ベインが批判する東ティモールの領域管理は、そもそも住民は自決権の主体とされ、住民投

票によって独立が決定し、それが「東ティモール住民の見解の真正な反映」[85]であることを前提として実施されたUNTAETの活動の正統性は高いと考えられる。同様に、カンボジアについても、和平協定で合意された選挙の実施を主たる目的の一つとし、さらに、選挙の実施を期に撤退することを前提としたUNTACも正統なものであったと考えられる。これに対し、コソヴォのUNMIKの場合、領域の最終的地位も時間的な期限も明確にされないまま開始されたという意味で、合法性はともかく、当初からの正統性について疑問の余地があるものであったといえよう。この点が、二〇〇八年の独立宣言を経ても、国内的な状況はもとより、国際的な地位についても問題が決着せず、UNMIKの撤退さえ見通しが経たないことの一因であるようにも思われる。

二　民主的統治（民主主義）の位置付け

国内統治原理を巡っては、民主的統治（デモクラティック・ガバナンス）あるいは篠田のいう自由民主主義的規範を現地に導入することの正統性が問われる。国際社会における民主主義の位置づけについては、国家間平等としての国際民主主義と、国内民主主義の国際的擁護の二つの系譜があるとされ[86]、ここでは後者が問題になる。桐山は、国内民主主義の国際的擁護が、冷戦終結前後以降、「国際機関による選挙監視・民主化支援」から始まり、「国際人権規約の参政権規定の機能」を通じて、各国の政治体制一般の問題として問われるようになり、さらに「民主主義のための干渉あるいは強制措置」という問題を生んだことを指摘する[87]。これらの点は、領域管理について、さしあたり、次のような二つの問題を提起する。

第一に、領域管理は、国際組織の補助機関が直接に現地を支配するものであり、選挙監視・民主化支援のような、正統政府の存在を前提とし、その要請に基づいて行われる、間接的な支援活動とは異なる。しかし、前節においても概観したように、領域管理機関と住民の間には必ずしも民主的な関係が存在しているとはいえない、という問題がある。そのことは、非民主的な組織が現地住民に民主的統治を植え付けようとすることの正統性を巡る問題を惹起する。チョプラはUNTAETを「立憲制以前の君主」[88]と批判したことに加え、国連には正統性があるという印象を持たれ得る立場にあるにもかかわらず、国連(と領域管理機関)の官僚制が故に、領域管理を実施するにはふさわしくない[89]、と批判することにもつながる問題である。

第二に、領域管理を含む平和構築の段階で、国際人権規約が求める参政権を確保する形での選挙実施が望ましいのか、ということも問い得よう。第三章三節二で取り上げた西イリアンでは、「住民の意思」の確認を選挙ではなく、一種の「談合」によって確認する方法が取られた。ここで、紛争後は「選挙」よりも「現地の文化・風習にあわせた意思確認方式」の方が望ましい、という短絡的な一般化をするつもりはない。紛争やその後の平和構築が国際的な関心事になっている以上、そこでいかなる手続きにより、新たな統治体制が構築されるかも、重要な国際的関心事であり、そこで国際的な正統性を得られる方法を通して統治体制が(再)構築されるかは、その後の国際的な援助の獲得とも密接に絡む重要な問題である。その一方で、国際的正統性が得られない場合、かかる事態に対して国際社会の干渉・強制措置を招きかねないという問題が潜んでいることも見逃せない。

ここにはそもそも、民主的統治(民主主義)を紛争後の国・地域に領域管理や平和構築を通じて導入することが、安定した統治体制の構築や紛争の再発予防に資するのかという、民主的平和(デモクラティック・ピース)論の妥当性・有効性に連なる問題が横たわっている。また仮に、この問いに対する答えが真であるにしても、時間的余裕を現地にどの程度与えるか、という実際的問題は残る。選挙の実施は、確かに領域管理や平和構築の過程に正統性を与えるが、民主主義を定着・確立させるには時間がかかる。その過程の全てに国際組織が関与することは現実的ではない。しかし、少なくとも最低限の民主的統治を導入しなければ、その領域管理・平和構築が国際的正統性を得られないというジレンマが生まれる。

第四節　合法性と正統性を巡る問題

一　問題の所在

国際連盟も国連も、設立基本文書上の明文規定の有無にかかわらず、領域管理を実施する権限があるものとみなされてきた。その意味で領域管理は、これらの国際組織にとって合法な活動である。その一方で、国際組織による領域管理が、領域国家による統治の肩代わりという特殊な役割を負っていることを、正統性の観点から考えるとどうなるか。冷戦後、国際の平和および安全の維持・回復のために安保理が執る措置が多様化したこともあり、安保理の役割を巡って正統性の観点からの検討が加えられるようになっている。そこには、国際法学においても、冷戦後における安保理の「様々な活動の合法性・合憲性が不明確である、あるいはせいぜいのところ脆弱である[90]」という問題意識が広がってきていることを見てとることができる。そのような文脈で、領域管理についても単に合法性の問題としてだけではなく、正統性という観点から検討するのが本節の目的である。

安保理の活動を巡る合法性と正統性が議論されるのとあわせて、安保理が五大国の不一致により行動できなかった場合についても、正統性を巡る問題は提起される。その最も代表的なものが、一九九九年のＮＡＴＯによるコソヴォ問題を契機としたユーゴスラヴィア空爆の評価を巡る問題であろう。コソヴォ独立国際委員会（Independent International Commission on Kosovo）が、報告書において「違法だが正統（illegal but legitimate）」と表現したことは有名である[91]。この評価に対しては、「動機が正しければやる気のある国が自由に武力行使してもよいという考え方」に結びつく可能性があり、「行為のためのきちんとした手順、すなわち適正手続き（デュー・プロセス）を軽視する態度に直結する」という批判がなされる[92]。動機や目的の正統性と共に、それを実行し、実現するために必要な手続きが重要であることに異論はないし、コソヴォ独立国際委員会も「政策提言」として、安保理での合意が得られない場合には、総会決議の採択を目指すべきだとしており、手続き的合法性の確保が重要であることを指摘している。(93)

ところで、「正統性」という判断基準は多義的であると同時に、何を「正統」とみなすかは時代によって変化する。冷戦後の安保理について合法性・正統性の視点から論じたマヌサマ（Kenneth Manusama）は、正統性概念を、相反する利益の存在や強制手続きの不存在にもかかわらず、ある主体が規則に従う度合いを説明するものとして用いる。(94)ここで規則や、規則を制定する機関の正統性については、「一般的に受け入れられた正しい手続きの原則に従って規則や機関が存在し、かつ、機能している」かという、規則の名宛人側の信念に依存する、とフランク（Thomas Franck）を引用する。(95)マヌサマは、このような意味での正統性の中核に「法の支配」を据え、それが国内政府の正統性が持続するための要件であることを指摘した上で、安保理の活動において「法の支配」が実現しているか否かにつき問題提起する。(96)このような視点の背景には、国際社会においても、その構成員の可能な限り多数が規則なり機関なりを支持することが重要であるという認識があると考えられる。この点は、国際社会において立憲的秩序が出現しつつあり、その中核に国連（安保理）を据えるという議論とも関連し、国際社会における、国際組織を通じた「（国際）法の支配」の志向という問題につながる。(97)

他方、法の支配は、「政治闘争のアクターが『政治的に中立な法的論議』の仮構に自己の党派性を隠蔽して正統性を欺瞞的に調達することを可能にする装置(98)」としても機能し得ることを見逃してはならない。「法の支配」に「放縦な権力欲を隠蔽する大人の偽善」を見出す井上達夫のコメントは国内社会を念頭に置いたものであるが、国際社会における主権国家間の実質的不平等の存在は所与である上、さらに安保理の構造や常任理事国が持つ特権的地位を考えると、国家間関係における「法の支配」とその実現のための安保理の「立憲秩序的」役割を過度に強調することは、国内社会以上に偽善を生み、さらにそれを固定化する機能を営みかねないことを認識する必要がある。この、国際社会における国際組織の存在意義の問題に直結する問題については、国際組織法全体の問題とあわせて次章で改めて検討する。

安保理を通じた領域管理の正統性そのものについては、**二**で検討することにし、ここでは国連と安保理の正統性について概括的な検討を行っておきたい。とはいえ、その一方で、なぜ国連が正統性を持つのか、あるいはより一般的に、国際組織は正統性を備えた存在なのか、という問いに答えるのは極めて困難である。国際組織は、通常、全ての加盟国によって構成される総会、特定の加盟国によって構成される理事会、および、加盟国から独立して国際組織のために任務を行う事務局を主要な内部機関とする「三部構成[99]」を採る。それぞれの内部機関が構成原理を異にする以上、各内部機関についての正統性の判断基準も異なり、それぞれの正統性の総和が国際組織全体の正統性を意味するとも限らない。強いて国際組織の一般的な正統性を主張するなら、国際組織が「共通の基準に従って共同で意思決定をし、共同行動をとる[100]」場として主権国家間の法的合意（条約）を通じて設立されているという事実そのものを挙げることになろう。すなわち、国際組織の正統性は、目的・組織形態・手続きのいずれの面でも協調的な多国間主義を志向した、法的な制度だからだということである。

国連の場合、設立当初は第二次世界大戦の戦勝国の間での多国間主義であったにせよ、その後、敗戦国はもとより、非植民地化により誕生した大量の新興独立国も加盟することで、名実ともに普遍的な国際組織となった。この普遍的な加盟国に支えられて、国連の正統性は高まることになる[101]。その一方で、加盟国の普遍性によって国連に付与される正統性とは、国連という存在が世界の大多数の国家によって支持されているということと、制度・手続き面において「直接民主制の類推[102]」が可能な総会が、主権国家によって構成される国際社会の実質的な議会として位置付けられるということを意味するに留まる。したがって、冷戦期間中の安保理が実質的な活動を行えなかった時期においては、国連の正統性と総会の正統性を区別する必要は乏しかった。

しかし、冷戦後、安保理が憲章第七章に基づいて自らの権限を拡大するようになるにつれ、安保理の正統性が必然的に問題となった。そこには、主として三つの論点がある。第一に、安保理の構成を巡る問題である。加盟国数の増大にもかかわらず、安保理理事国数は一五のままである。常任理事国の拒否権の問題も含め、国連改革の文脈で安保理改革が議論されるのは、今日の国際秩序を前提とすれば、かつては正統性を持ち得ていた安保理の構成・組織に対して、多くの加盟国が疑問を抱いていることの証左である。[103] 第二に、安保理の権限を巡る問題である。本書でも繰り返し触れたように、冷戦後、安保理は、国際の平和および安全の維持の分野での権限を拡大させてきた。拡大された権限は、多くの場合、黙示的権限論の下で一応は合法なものとされてきたが、それは常に濫用の危険性を孕むものであり、何らかの制限を設けるべきであるという主張には説得力がある。[104] 第三に、安保理の活動に対する、事後的な司法審査の必要性を巡る議論もある。すなわち、安保理が執った措置の国際法上の合法性を国際司法裁判所（ICJ）で審査する途を開くことが、安保理の正統性を確保ないし向上させるというのである。[105] この議論の背景には、少数の理事国によって構成される安保理が多様な措置を講じるようになったにもかかわらず、安保理は「権力の機能的分立の要請に十分な注意を払っていない[106]」という批判的認識が存在する。

安保理に対してその正統性が疑問視され、安保理の正統性を回復・向上させるための提案は、今のところ立法論に過ぎない。「世界サミット成果文書」において安保理の正統性向上について言及されているのは、早期の安保理改革の必要性と、非理事国への情報開示を通じた透明性の向上を指摘するのみに留まっており、いずれもそれ以上の具体的な提案は示されてはいない。[107]

二　領域管理における二つの「正統性」とその限界

すでに繰り返し論じてきたように、ＰＫＯによる領域管理の場合、手続き上の問題はない。にもかかわらず、本章

第一節で見たように、ベインや途上国出身の研究者からは領域管理に対する批判的見解が示されている。いわば、「合法だが正統ではない（かもしれない）」とでもいうべき状況・評価をどのように理解すればよいかが問題となっているのである。また、これに対してワイルドは、領域管理機関に対して与えられた強大な権限を念頭に、領域管理に内在する問題を規範論的観点から再検討することの必要性を強調する。[108] 制度的側面から見ると、領域管理の正統性を議論する際の視点には、次の二つがあると考えられる。第一に、安保理の役割は「国際の平和と安全の維持」なのであり、領域管理がPKOとして実施されるのであるから、PKOとしての正統性をどのように認識するかという点がまず問題となる。第二に、近年の領域管理がガバナンス能力の構築を目的とし、平和構築の究極の裨益者が現地住民だとされるのであれば、領域管理機関に与えられた任務・権限を基礎付ける国内統治規範そのものと、それを領域管理という手段を通じて実現しようとすることそのものが問題となる。以下、それぞれについて検討したい。

（1） PKOとしての正統性

そもそも国連憲章に明文の根拠を持たないPKOが、正統性のある活動として受け入れられていたのはなぜか。振り返ってみれば、フランスやソ連（当時）を中心とした諸国は、一九五六年の「第一次国連緊急軍（UNEF I）」と一九六〇年の「国連コンゴ活動（ONUC）」の経費について、憲章第一七条二項の「この機構の経費」に該当しないとして支払いを拒否したことがあるのは周知の事実である。すなわち、PKOも初期においては、正統性はおろか、合法性も危ういものと見なされたのである。その後、ICJの勧告的意見[109]を通じて、これらの活動が国連の活動であることが認められ、少なくともPKOの一般的な意味での合法性が認められることとなった。

この冷戦期のPKOの正統性についてクワコウ（Jean-Marc Coicaud）の見解は、次のように要約できよう。すなわち、冷戦により「紛争の平和的解決」と「集団的安全保障」の分野で国連は役割を果たせず、本来得るはずであった正統性を手にすることはできなかった。そこで、冷戦構造そのものには影響を与えず、限定的な手段と目的のみで紛争に関与することを可能にした平和維持活動を編み出すことを通じ、憲章起草者の意図とは異なる形で正統性を調達することになった、というのである。[110] そのうえでクワコウは、「紛争当事者の受け入れ同意」の果たした機能の重要性を指摘する。同意を受けてPKO部隊が現地に介入し、戦闘再開を政治的に困難にし、外交交渉を通じた紛争の解決を図ることで、国連が安全保障分野で一定の役割を果たし得ることを示し、結果として安全保障分野での国連の正統性が認知されたのである、と指摘する。[111]「紛争当事者の受け入れ同意」がPKOの正統性の根幹を成すという点は、香西も指摘するところであり、実践を通じて、同意を取り付けることが「原則」としての地位に高められたことを高く評価している。[112] 冷戦期のPKOが集団的安全保障とは異なり、「主権国家体制の修正を追及するものではなく、主権国家体制の論理を受け入れ、その中で設置しうるぎりぎりの部隊であり、措置」[113] であり、関係国の同意がPKOの正統性の淵源だったということは、強制的性格を排除しない限り正統性を得られないという意味において、同意は消極的な正統性の調達手段だったのである。

そのようなPKOが冷戦後の一時期において、同意原則はもとより、自衛以外での武力行使の自制といった従来の原則を踏み越えていたことは周知の事柄に属する。その結果、ソマリアや旧ユーゴスラヴィアのPKOは失敗することになったが、それは単なる実践上の失敗に留まらず、正統性の基盤を掘り崩すことでもあった。加えてクワコウは、冷戦後のPKOの失敗について、国連の組織上の問題を挙げる。すなわち、「非効率的な官僚主義」と「安保理の意思決定過程」である。[114]

領域管理を任務とするPKOには、「PKOとしての」正統性が備わっているのか。「同意原則」については、すでに第四章二節で触れたように、PKOの受け入れ・駐留という「領域性に依拠した同意」に加え、「施政権の移転に対する同意」が存在するのであり、正統性に問題はない。一方、第四章以降で累次指摘したとおり、現地での場当たり的な規則の改廃や、「現地で何がどこまで達成されたら、領域管理を終了するか」という出口戦略——その設定には、領域管理機関も安保理も深く関与する——など、領域管理を現場で実践する段階では、正統性に脆弱さがあると考えられる。

(2) 領域管理の正統性

「一般的に受け入れられた正しい手続きの原則に従って規則や機関が存在し、かつ、機能しているか」という名宛人側の意識の問題として正統性を捉えると、領域管理が現地レベルで実施している活動については、正統性に疑問があると考えざるを得ない。領域管理機関の現地での活動が抱える問題点についてはすでに触れたので、ここでは、今日の領域管理そのものの正統性、という観点から整理したい。

チェスタマンは、これまでの国連による領域管理について「一貫性がなく(inconsistent)、十分ではなく(inadequate)、的外れ(irrelevant)」と批判する。[115] それぞれの点は、次のように要約できよう。一貫性のなさについては、さらに、戦略的目的、国際的なアクターと現地のアクターの関係、さらにその関係を時間の経過とともにどのように変化させるか、という点に見られる。その理由は、和平協定レベルの合意はともかく、真の意味での現地のオーナーシップ(当事者意識)が欠如していることに求められる。不十分さとは、資金・要員・期間といった面に見られる。すなわち、領域管理に関与する外部のアクターが、どこまで対象領域の平和構築に取り組む意欲を有しているかが不明確だというのである。『保護する責任』報告書が「再建する責任」[116]を指摘したように、いかなる介入においても再建への責任は不可欠であり、介入を企図した以上は、その後の戦略を持つことが倫理的にも要求される。さらに、的外れという批判については、提供される国際的な支援のレベルと現地社会のレベルの差を等閑視しているということである。チェスタマンは、国連による領域管理の場合、民主主義、人権、法の支配はもとより他の行政サービスについても最高水準を求めすぎる、というのである。

要するにチェスタマンは、紛争後の国（地域）に対して領域管理を通じたリベラル・デモクラシーの創設という目的と、慈悲深い部外者による専制政治（benevolent foreign autocracy）という手段の不一致を批判するのである。[117]チェスタマンの批判が、どちらかといえば領域管理の実施に伴う制度面に着目した批判であるのに対し、第五章で紹介したベインの批判のほうが、より根源的な点を捉えているようにも思われる。すなわち、制度面については改善の可能性があるものの、「帝国性批判」は、国際秩序のあり方そのものへの問題提起を含むからである。

三　正統性を巡るアポリア

ある行為に対する「違法だが正統」という評価が抱える危うさについては、本節冒頭で記したとおりである。その一方で、領域管理を「合法だが正統ではない」と評価した場合でも、同様に困難な問題を提起することになる。今日の領域管理が、紛争後の平和構築の一手段として、現地での理念型的国民国家の創設を促すことを目的とするものと考えた場合、恐らくその目的そのものの正統性は疑いのないところであろう。にもかかわらず、目的達成にあたっての動機や手段の正統性に疑いがあるからといって、領域管理を実施しないということが果たして許されるのか、という問題である。国内紛争が国家の内部での事態であるとはいえ、その国家が国際社会を構成するアクターである以上、国際秩序全体に関わる問題である。国内紛争への国際社会の対応のあり方は、石田が指摘するように、国際社会の対応が所期の目的を達成することができるか、という問題とあわせて考察されなければならない。[118]

人道的介入の問題が、「大規模な人権侵害や人道上の惨劇が発生している場合、国際社会はいかに対応すべきか」という問いからはじまり、あわせて、武力の行使が認められるか、という問題へと進んでいったのは周知のことである。この点について、『保護する責任』報告書が、武力介入は「正しい意図の下、最後の手段として、必要最小限の範囲で、合理的な見通しを持って[119]」行われなければならない、と指摘していることは、石田のいう「所期の目的の達成」と軌を一にする。同様の基準は領域管理にも当てはまることになろう。その一方で、武力介入と領域管理を通じた理念型的国民国家創設への支援との違いは、前者については武力不行使原則や国際人道法といった法規範が明確に存在するのに対し、後者については、諸々の国内統治原理に対する国際法レベルでの一致が必ずしも見られないということであり、この点は、選挙監視などに対する国際的な支援、あるいは「国内民主主義の国際的擁護[120]」の場面でも認識されている。

本章第二節で検討した、国際的立憲秩序と安保理を通じた実現は、国際社会レベルでの「平和と安全の維持・回復」の議論と国内社会レベルでの理念型的国民国家創設の議論とを架橋する契機を含んでいる。もちろん安保理において常任理事国が圧倒的に優位な立場にある以上、それを「帝国的」と批判することは可能である。しかし、安保理を通じた国内統治原理の国際規範化は論理的には可能であり、それが多数国間のプロセスを経て形成される限り、単独主義に基づく規範形成よりは望ましいとも考えられるだろう。

第五節　小　括

本章では、今日の領域管理に対して「帝国的」であるとか、「国連の保護領」であるといった批判が寄せられていることを手がかりに、領域管理の制度設計と国内統治原理の位置付けを検討した。そこで明らかにしたように、領域管理機関とその要員に「人権尊重義務」を課しながら、特権免除との関係で、仮に現地住民の人権を侵害するようなことがあっても、現地住民が領域管理機関・要員の責任を問い得ないといった、領域管理の目的と手段の間に「ずれ」あるいは「ねじれ」が存在する。

領域管理が当該領域国の合意に基づいて設置されるにせよ、安保理によって設置される以上、それは紛争の事後的な処理を目的とし、「国際の平和と安全に対する脅威を除去・低減すること」を目的とした活動である。したがって、領域管理機関の活動は、現地住民よりも、安保理に対して責任を負う形で実施せざるを得ない。チェスタマンが指摘する、「慈悲深い独裁政権」は、「住民に根付かせようとしている［民主主義などの］諸原則にどこまで拘束されているか分からない[121]」のである。すなわち、目的と手段の間の「ずれ」や「ねじれ」を解消しない限り、合法に設置された領域管理機関といえども、その活動の正統性については、「帝国的」・「保護領」といった視点からの批判が繰り返されることになる。

その一方で、「国際的性格」についても、現地の状況如何によっては、それが完遂されないこともある。第四章でも触れたように、現地の（現地住民による）統治機構の創設と、そのための人材育成は、東ティモールやコソヴォにおける領域管理の大きな目的の一つであるが、これらは実際に領域管理機関が現地に展開し、現地の政治家・指導者層との間でのやり取りの中で、動態的に進行していくという側面を持つ。東は、二〇〇一年九月一五日の第二次暫定政府（ETPA）の発足以降、UNTAETの要員がETPAの指揮命令下に入り、UNTAET要員の「勤務評価や契約の延長の是非までもが、東チモール人に決定される」という事態が生じていたと記している[122]。現地の統治機構の創設や、領域管理機関の権限の現地機関への移譲が速やかに行われるほうがよいと一般的には考えられるが、その具体的な方法・手順によっては、国際社会の関与を通じた紛争処理手段の一つとしての領域管理の意義を損ねかねない、という事例であろう。

ところで、領域管理を目的としたPKOを設置するのは安保理であるが、その予算は総会の承認を要する。そして、これまで総会は、予算を承認してきたのである。このことは、いささか形式的・手続的な側面ではあるものの、国連加盟国全体が領域管理という手段にお墨付きを与えていることを意味する[123]。すなわち、現地で「国際的性格」が必ずしも優先されない事態が発生することはあるにせよ、一定の「支配・被支配」関係を前提とした国際組織の活動を、今日の国連加盟国全体が是認しているということである。

チムニは、「資本」と「大国」が帝国的なグローバル国家を生み出していると批判していた[124]。それに加え、「人間」あるいは「個人」の規範的な位置付けの変化も、「支配・被支配」関係を内包した帝国的な国際社会の到来に貢献していると受け止められている。アンギは、第三世界諸国の誕生と国際人権法の発達が同時に起こったため、第三世界諸国は、一九世紀のヨーロッパ諸国のような絶対的な主権を持つことができなかったと嘆く[125]。このような言説の背景には、植民地独立時点での自決権の理解、すなわち、宗主国からの「支配」から脱却し、その後は宗主国からの一切の「干渉」を排除することを正統化するものとしての自決権理解が横たわっているように思われる。植民地独立時点において、自決権は確かに従来の「帝国・植民地」構造に対する抗議概念として機能し、植民地住民に「経済的、社会的および文化的発展を自由に追及する」（植民地独立付与宣言二項）機会を与えた。また、東西冷戦という構造や旧植民地諸国が「反植民地主義」を掲げ、「経済的には保護主義的、政治的には権威的・強権的なソ連・中国型のモデル」[126]を採用する国もあった。新国際経済秩序を通じた「平等」の要求が伝統的な主権平等原則に立脚していたのは、このような歴史的構造的要因に拠る部分もあった。しかし、東西冷戦が終結した後、自決権を正統化根拠として独立を達成した諸国の中には、経済的政治的な破綻に直面するものが現れた。このような現状を考えると、彼らがヨーロッパ諸国間で適用されていたような主権概念に執着することで、途上国内部の国民の福祉は向上したのか、といった点も考慮に入れて領域管理や平和構築を考える必要があるということになる。いいかえれば、領域管理や平和構築は、現地で実施される際に目的と手段の間の「ずれ」・「ねじれ」は発生し得るものの、規範レベルでは「個人」に着目することを通じて、伝統的主権平等概念によって固定化されていた秩序に風穴を開け、先進国・途上国間の、ではなく、それぞれの国民レベルの実質的不平等をいささかなりとも改善するために行われる活動だと理解することも可能だともいい得る。

第七章　国際組織法の再検討に向けて

第一節　国際組織の領域的管轄権

一　国際組織の領域的管轄権の性質

今日の領域管理を基礎付ける「国際組織の空間的・領域的管轄権（以下、単に国際組織の領域的管轄権と記す）」を、どのように把握することが可能であろうか。第一章一節二で取り上げた植木の見解にも見られる通り、国際組織の領域的管轄権が、「紛争解決機能の一環としての一時的・暫定的な性格のもの」(1)であり、国家の領域主権に比べて「非常に微弱」(2)なものに留まることに疑いはない。そこで、国家の領域主権を継続性・排他性を持つものと形容するなら、国際組織の領域的管轄権の特徴として、植木の挙げた一時性・暫定性に加え、補完性と目的性（機能性）を挙げることができるように思われる。以下、各々について、簡単に整理しておきたい。

①　一時性・暫定性

西イリアンでのＵＮＴＥＡ以降、国連が携わった領域管理は、いずれも時限的な措置であった。国家間での領域主権の移転に際して、あるいは、植民地の独立期において実施される領域管理がその例である。将来の独立が予定されていたＡ式委任統治領や国際信託統治制度も、一時的・暫定的なものであったといえる。また、近年のＰＫＯを通じて実施される、平和構築の一環としての領域管理も同様である。

しかし、そのことは、予め実施期間を明確に決定しておかなければならないことや、永続的な領域管理が禁止されていることまでをも意味するものではない。ダンチッヒ自由市や、トリエステ自由地域およびエルサレムの国際化案が示す通りである。

国際組織による領域管理が契機や動機においてはともかく、結果的に一時的・暫定的なものに留まるということは、翻って、領域団体としての国家やそのような国家の並存体系としての主権国家体系というものの強固さを示すものでもある。(3)

② 補完性

領域管理は、対象国からの施政権の移譲に基づいて実施される。コソヴォや東ティモールについては、領域管理機関であるUNMIKやUNTAET（あるいは、それぞれの暫定行政官）に「全面的な責任」が移転され、行政・立法・司法権が委ねられたが、UNTACについては、SNCを形式的な正統政府として位置付けた上で、UNTACが「必要な権限を行使する」(4)ものとされていた。すなわち、領域主権は、事前の合意を通じて、領域管理機関に移譲される権限と正統政府の手に残る権限とに配分されることになる。その意味で、国家の領域主権と領域管理機関が持つ権限は補完的な関係に立つといえる。

また、領域管理の実施過程において、施政権の一部が新たに成立する現地の新政府に段階的あるいは部分的に移譲されることもある。UNMIKやUNTAETのように、現地統治機構の設立を目的とする領域管理の場合には、権限の円滑な「現地化」が要請されることになる。

③ 目的性（機能性）

国家の存在と、その国家による統治が歴史的かつ包括的なものであるのに対し、国際組織による領域管理は、時間的にどれだけの永続性を持つかということとは無関係に、一定の目的をもって実施される。目的の一つとして挙げられるのは、戦争あるいは国内紛争の後の国家間の秩序維持と対象領域そのものの秩序維持の両方を目指した領域管理である。すなわち、対象領域に国際組織を通じた領域管理を実施することを通じ、国家間関係の安定あるいは秩序構築をも目指すというものである。ダンチッヒ自由市やザール地域といった第一次世界大戦後の事例は、まさにこれにあたる。また、コソヴォも旧ユーゴスラヴィア紛争に対する国際社会の関与の一環として、コソヴォの失われた自治権を取り戻させる試みである。ここには、戦争や国内紛争によって生じた、国際秩序と国内（領域内）秩序の変動の双方に国際組織を関与させ、安定を取り戻させようとする発想が内在している[5]。

植民地の国際的管理や植民地独立時の領域管理においては、必ずしも戦争や国内紛争の存在を必要としないが、国際社会の関与がないことに伴う混乱の発生を回避し、独立後の国家建設に道筋を与えることが目的であるということができよう。

二 国際組織による「領域的管轄権」の行使

このような領域的管轄権は、植民地の国際的管理制度を除けば、国際連盟規約にも国連憲章にも明文の根拠はないが、「国際の平和及び安全の維持・回復」といった集団的安全保障機構としての一般的な目的に基づく黙示的権限、あるいは、植民地の国際的管理制度そのものからの類推として位置付けられる。また、領域管理が国際組織の合法な活動と考えられるのは、領域的管轄権の実際の行使にあたって、法的な、あるいは、事実上の領域主権国との合意が前提となっているからである。

では、国際組織の領域的管轄権は、すべての国際組織に等しく認められる権限なのだろうか。ワイルドは、ヘルマンとラトナーが「国連による後見（UN conservatorship）」を提案する一方で、「なぜ国連なのか」を明らかにしていないことを批判する。(6)ボスニア＝ヘルツェゴヴィナのように、国連の役割が限定され、デイトン合意に基づいて任命された「上級代表」が強大な権限を通じて和平協定の履行を確保するという事例も存在する以上、なぜ国連なのか、という問題は確かに存在する。逆に、イラクのように国連の関与が復興支援に限定され、領域管理権限と呼べる権限を与えられなかったものもある。

その一方で、政治的な任務を持たない国際組織——例えば、世界貿易機関（WTO）や世界銀行——が東ティモールやコソヴォにおける国連のような役割を果たすとも考えにくい。したがって、一で見たように、領域管理の前提となる領域的管轄権は、紛争処理・解決を任務とする国際組織のみが行使し得るものと見ることができよう。その一方で、コソヴォの場合、独立するまでは国連がUNMIKを通じて領域管理を実施したものの、独立後のコソヴォにおいて中心的な役割を果たすのはEU理事会が任命するEU特別代表である（第五章二節二（3））。EU特別代表の任命にあたっては、安保理の支持（endorsement）を必要としているとはいうものの、(7)安保理、ひいては国連の役割は後景に退くことになる。そのように考えると「なぜ国連なのか」という問いに的確に答えるのは難しいことになる。

とはいえ、領域的管轄権を行使するにあたっての近年の傾向として、統治の内実や正統性に対する国際社会全体の関心の高まりを受け、正統性の高い統治空間の創設、あるいは、理念型に沿った国民国家の創設とでもいうべきものを目的としており、それを実施し得るのは第一義的に国連なのだ、といわざるを得ないのである。具体的には、国連が紛争処理・解決を目的とした普遍的な国際組織であり、それを実効あらしめる体制として安保理が存在するからだ、という理解である。そのような国連の存在があってこそ、領域的管轄権の行使が実質的な意味を持つことになるからである。ただし、そのような理念的理解はともかく、国連による領域管理を通じた国家秩序創設がどの程度成功しているかの評価が、領域管理を実施する側（国際組織）と領域管理を実施させる側（大国を中心とした国家間関係）に委ねられているともいえる。そのため、領域管理が自己目的化し、所期の目的を達成できないという弊害を生んでいることも事実であり、その点については第三節で改めて検討する[8]。

第二節　領域管理と主権平等原則

既に触れたように、領域管理に対する評価を含め、平和構築と呼ばれる活動全般について、「内政干渉の国際政治の復活[9]」や「これまでの国際法・国際政治の基本とされてきた内政不干渉・武力不行使・領土不可侵という三つの規範に一定の変化が及んでいる[10]」という指摘が為される。このような問題提起は、第六章一節でも触れたように、近年の領域管理について、帝国や保護領といったラベリングを行うのと同様、国家間関係に階層性が再出現していることを示唆している点で共通している。他方で、国連憲章第七八条が国連加盟国の領域を信託統治地域にすることを禁止しているから、今や国連憲章上の信託統治地域が再出現する可能性はない。とはいえ、領域管理の正統性を巡る議論としては、主権、あるいは主権平等の現代的意義・変容を巡る問題として規範レベルで検討する必要はある。

また、この問題を検討するにあたっては、人民（民族）自決原則の再検討という点をも視野に含めざるを得ない。それは、領域管理が実施されることになった紛争が自決権を巡る紛争であるかどうかという問題ではなく、領域管理はもとより、平和構築が一般に紛争後の現地住民の自決権行使を促進するものであるのか、それとも新たな形態による「外国による人民の征服、支配および搾取」（植民地独立付与宣言第一項）であって、現地住民の自決権を侵害するものなのか、という論点が含まれているからである[11]。

一　国家間の「平等」を巡る問題

主権平等が国際法の基本的な規範である一方、現実の国際社会においては、さまざまな不平等が存在する。伝統的な主権平等原則は、西海真樹が指摘したように、「法の適用の平等、法の内容の平等および法の定立における平等という三つの要素から構成され……、たとえそこでの国家間に事実上の不平等があっても、それはほぼ同一の経済・社会・文化的条件のもとでの単なる程度の問題として捨象され……、国家を抽象的に捉えることによって平等な法の平等な定立・適用を確保し、弱者への最小限の保護を与えることをみずからの役割としていたのであり、法の適用の後に得られる果実の平等は、そこでは考慮の外におかれていた(12)」とされる。

自決権を通じた植民地独立も、人民（民族）間の平等を主張し、植民地住民に国家創設に機会を与えるものであった(13)。他方、国家間の経済的格差という意味での不平等に対しては、一九七〇年代から八〇年代にかけての南北問題の文脈で、「開発の国際法」論が、途上国が蒙っている経済的格差を克服するため、「補償的不平等観念」と「二重規範論」を通じた、実質的平等の確保を主張したことが想起される。補償的不平等観念の下では、「様々な具体的な状況の中に実を置く個別の国家(14)」として把握される。そこで、「不正義や偽善を伴わずに再度法的平等をうちたてるために、現存する差異を十分に減少させるという目的」において、暫定的に、先進国間関係と先進国＝途上国間関係には異なる規範が適用されるという二重規範論が正当化されることになる(15)。

自決権であれ、「開発の国際法」であれ、これらは抑圧されている側からの修正要求として提起された問題である。南北問題の文脈において、これらの修正要求は、主として国連総会決議という形式で形成されていった。その特徴として、開発や援助の促進を求めつつ、徹底した主権平等と内政不干渉を主張するものであった、ということを指摘できる。たとえば、一九七四年の国連総会第六回特別会期において採択された「新国際経済秩序樹立宣言(16)」や同年の「国家の経済的権利義務憲章(17)」においては、主権平等、領土保全、内政不干渉、自決権などが国家間関係の基礎であるべきことが謳われている(18)。

経済関係における不平等・格差の是正を求める新興独立国側の主張に一定の正統性があるにせよ、主権平等・内政不干渉への過度の執着は、開発独裁において見られた国内の人権抑圧的な体制への批判を封印する危険性を孕む。この点は、いわゆる「アジア的人権論」とそれに対する批判[19]の文脈において、顕著に見られる。一九九三年六月の世界人権会議に先立って開催された「世界人権会議アジア地域会合」（同年三―四月）で採択された「最終宣言（バンコク宣言）」には、次のような言及がある。

「人権を、開発援助の延長の条件として用いる、いかなる試みにも反対する。」（第五項）

「国家主権、領土保全、国家の国内事項への不干渉の諸原則と、政治的圧力としての人権の不使用を強調する」（同[20]）

また、一九九二年一一月に開催された同会議の「アフリカ地域会合」の「最終宣言（チュニス宣言）」においても、「各国の歴史的文化的現実や伝統の相違を考慮に入れること」（第五項）や、「人権、開発、国際平和の相互依存性」（第七項）への言及は見られるもの[21]の、「バンコク宣言」ほどには、主権・内政不干渉を強調してはいない。冷戦も終結した一九九〇年代前半といえば、アフリカを中心として地域紛争が発生していたのであり、もはや新興独立国（途上国）を「アジア・アフリカ諸国（A・A諸国）」と括ることは適当ではないが、一定の経済成長を達成したアジア諸国においてさえ、先進国からの「干渉」に対しては未だに警戒的なのである。

二　途上国の認識を巡って

今日の領域管理や紛争後の平和構築が、「良い統治が持続するためには development が必要であり、また持続的な development こそが良い統治を促す[22]」という基本認識に基づいて行われていることは、第五章でもＵＮＭＩＫやＵＮＴＡＥＴの任務を検討した際にも確認した。しかし、この統治と development の関連付け方や、それぞれを実現しようという国際組織の役割に対しては、干渉主義的であるとして途上国側からの強い批判が浴びせられることになる。まず、代表的な批判を紹介しておきたい。

チムニは、今日の国際システムが、「国境を越えて移動する資本と有力国の利益のために、第三世界の諸国と人民を犠牲にするものであり、そのために国際組織が利用されている[23]」と批判する。そのような帝国的要素を持った「グローバル国家」における国際組織の特徴としてチムニは八点を指摘しているが、本書との関わりでは、「経済的、社会的および政治的な側面の全てにわたって国際組織が出現したことで、主権国家の自律性が低下し」、「経済政策に関する主権的な意思決定権が、強制力を持ったＷＴＯ、ＩＭＦ、世界銀行の手に移り」、さらに、「国家と国連の関係が主権概念の再構成によって変容を遂げ、人道的介入もその帰結である[24]」という三点を取り上げておきたい。このようなチムニの基本的認識に基づくと、難民支援などの人道援助さえ、「紛争後における、ネオ・リベラルな国家建設の条件整備[25]」と映るのである。また、アンギも、領域管理とかつての委任統治の連続性を指摘し、批判する。すなわち、今日の領域管理において統治の巧拙を巡る問題は、国際連盟規約第二二条における「人民ノ……発達ヲ計ル」ことと同じだ、というのである[26]。

チムニやアンギの批判は、いわゆるネオ・リベラリズム批判であり、グローバリズム批判である。先進国と途上国の経済的格差が現実に拡大している以上、国際組織、とりわけＩＭＦや世界銀行の活動と政策が、途上国とその住民に対して不平等の是正をもたらしているかという論点は重要であり、これらの国際組織の正統性を巡る問題にもつながるのだが、ここでは、伝統的な意味での主権平等・内政不干渉原則への回帰要求が不平等の是正に有効であるとも考えにくいということだけを指摘しておくに留めたい。

むしろ、国連を通じた平和維持や平和構築における先進国と途上国の対立構造に関しては、二〇〇五年一二月二〇日に設置が決定された「平和構築委員会（Peacebuilding Commission）」を取り上げておく必要があろう。平和構築委員会は、二〇〇五年一〇月の国連首脳会議の「世界サミット成果文書[27]」の採択を通じて設置が合意された機関である。

しかし、その後、平和構築委員会の組織委員会（Organizational Committee）の構成や主要機関との関係を巡って、先進国（特にアメリカ）と途上国の間で対立が生じた。実際に平和構築委員会の設置交渉に携わった山内麻里によれば、非同盟諸国は総会決議を通じ、総会の補助機関として設置することを主張したのに対し、アメリカは同委員会を安保理の下に置くことを主張したという[28]。結局、同委員会は同内容の安保理決議[29]と総会決議[30]によって設置され、安保理と総会双方の下部機関とすることで妥協が成立した。途上国といえども一枚岩ではなかったものの、非同盟諸国、とりわけキューバ、ベネズエラおよびジンバブエを中心とした諸国には、安保理の権限強大化、大国主導の国連運営に対する反発、さらには国連による国内問題への干渉に対する警戒と反発があったとされる[31]。また、総会によって選ばれる委員会メンバー国七ヵ国の選定にあたっては、「紛争後の回復を経験した国々の代表性に十分な考慮を払う[32]」こととされ、ここでも大国主導で平和構築の戦略策定が行われないような工夫が凝らされている。

三 「個人」の位置付け

主権あるいは平等といった国家間関係の伝統的規範を巡る、今日の先進国と途上国の間の、国際組織をも巻き込んだ対立構造を、さらに複雑なものにしている要因に、個人の位置付けを巡る問題がある。「人間の安全保障」や「人間開発」は、国家の安全保障に加えて個人レベルでのさまざまな安全を巡る問題、あるいは、国家を単位とした経済開発や経済成長に加えて、個人レベルでの経済的自立を巡る問題に焦点をあてる。従来の安全保障や開発援助が主権や平等についての伝統的な理解に立脚して構想してきたのに対し、「人間」という視点を導入することで、新たな規範を打ち立て、それを通じた国際秩序を構想しようとすれば、当然、伝統的な規範との衝突が生じ、何らかの調整が迫られる。

例えば、人間の安全保障は、「地球的規模の脅威を人間中心の視点から対処しなければ地球社会の安全保障の要請に応えられなくなり、そのために国内事項不干渉原則を超えて、国際社会が国内問題に直接介入する必要性を示した規範的要求」であり、「何よりも主権概念の相対化」という視点を提示している、という見解がある。[33] しかし、その規範的要求の出自が、「欧州、カナダ、日本などいわゆる先進諸国の市民のコンパッション（同情）の増大、つまり自国以外の人々の安全について責任感覚を抱くようになったこと」[34] にあるのなら、庄司真理子がいう「国際社会」とは結局のところ、他者への同情を感じる余裕のある先進国が牛耳る国際社会を意味するに過ぎず、干渉・介入を受ける可能性が高い途上国の反発は免れない。国際社会において規範とされるものの中には、人民自決権のように、国家以外の主体に着目したものが従来から存在する。しかし、非植民地化を支える権利として人民自決権を捉えるなら、それは、被抑圧者からの抗議概念として「人民」を通じた秩序変革が求められたのであって、先進国からの「扶助」としての「人間の」安全保障とは異なることに留意する必要があろう。[35] もっとも、人間の安全保障は論者によって多義的であり、[36]「対抗的グローバリゼーション運動」の中核概念に人間の安全保障を据える立場[37]にとっては、人間の安全保障も自決権同様の抗議概念としての性格を持ち得る。

さらに「保護する責任」は、人道的介入が権利なのか否かを巡って繰り広げられてきた論争を一歩前進させた、という評価を一方で受ける。[38] そこでは、従来の主権概念に対して、住民（個人）に対する主権国家の「責任」という視点を導入し、「住民を保護する第一義的責任は国家にある」ものの、「内戦、氾濫、抑圧、国家の失敗などの結果として住民が重大な被害を蒙り、問題となっている国家がそれを止めたり、回避したりする意思を持たない、あるいは、能力がない場合、保護を巡る国際的責任は不干渉原則を凌駕する」[39] と謳う。篠田は、「人権擁護と国家主権を二項対立的なものとして捉えず、『責任』概念を媒介にして、むしろ両者を結びつける点に特徴を持つ」と評価した上で、これをホッブズやロックの社会契約・統治契約の現代的解釈と位置付ける。[40] このような主権の自由主義的解釈がどこまで受け入れられるか、また、いつ、誰が、どのように保護する責任を国際社会に移すことを決定するのか、また、そこでの国際組織の役割がいかにあるべきかという問題までも解決されたわけではない[41]。では、これらの問題を解決する視座は存在するのだろうか。

第三節 国際社会の立憲化と国連

一 グローバル・ガバナンス論とグローバル行政法

集権化された中央政府を持たない国際社会において、規範や規則が遵守される過程や状況、また、そのための制度を対象とした分析の視点が、グローバル・ガバナンス(論)である[42]。このような視点あるいは分析枠組みの定義としての曖昧さ[43]や既存の国際関係論との関係[44]については批判があるものの、問題領域ごとにガバナンス、すなわち問題処理の過程とさまざまな主体の関与を問うという問題意識がグローバル・ガバナンス論の基本的な関心であるように思われる。

このグローバル・ガバナンス論に対する国際法学からの呼応が、キングスベリーらによる「グローバル行政法(global administrative law)」である。クリシュ(Nico Krisch)とキングスベリーは、グローバリゼーションとグローバル・ガバナンスの広がりは、国際法秩序を内部的に変容させており、伝統的な国際法観の下では単に国際法文書の数的増加としてしか認識されないものの、実際にはより強化された強制メカニズムを持つに至っている、と指摘する[45]。キングスベリーは、すでに一九九八年の論稿において、グローバリゼーションの進行などの現代的な現象が、伝統的な国際(法)と国内(法)の区別を希薄化させていることなどを指摘しており[46]、グローバル行政法概念もその延長線上に位置付けられる。

グローバル行政法は、グローバル・ガバナンスを規制(regulation)と行政(administration)と捉え、国内行政法と同じ性質を有しており、その法体系の特徴は、行政的規制的な活動は、安保理による拘束力のある制裁決議から、民間団体による事実上の基準作成・運用までもが含まれるとする。[47] その上で、グローバル行政法の出現は、一九九八年の論稿で指摘したのと同様に国際法と国内法の区別を曖昧にし、合意規範としての国際法の正統性に揺らぎを生じさせ、形式的な意味での主権平等原則を無意味なものにし、国際法に新たな法源と主体を出現させる、という。[48] このクリシュとキングスベリーの論稿は、『ヨーロッパ国際法雑誌（*European Journal of International Law*）』の特集号における序論であり、その後に続く各論部分では、多くが経済・金融・環境を取り上げており、安全保障・平和維持を正面から取り上げたものはなく、わずかにハーロウ（Carol Harlow）が、やはり経済法分野の文脈ながら、グローバル行政法を支える「原則」が法の支配、グッド・ガバナンス、人権であって、グローバル行政法が西側製（Western construct）で西側の利益を擁護するものだとの批判を加えているに留まる。[49]

グローバル・ガバナンス論においても国際組織は問題領域ごとのガバナンスの主要な担い手として認識される。キングスベリーらは、グローバル行政法の議論の文脈での国連の扱いについては、安保理による制裁しか挙げていないものの、もう少し広い意味での国連が分析対象となることは疑いがない。横田は、グローバル・ガバナンスの「もっとも重要な主体」として国連を取り上げるし、[50] 星野俊也も「国連に代表される普遍的な政府間国際機構がグローバル・ガヴァナンスの発展に一定の役割を果たしてきた」と評価する。[51] では、このような議論枠組みにおいては、国連憲章がどのような役割を果たしているものとして認識されているのか。その際の一つの視点が、「国際社会の憲法（Constitution）」としての国連憲章である。

二　国際社会の憲法としての国連憲章

国際組織法においては、国連憲章に限らず国際組織の設立基本条約を constitution と呼ぶことがある。設立基本条約は、加盟国間の条約としての性質と、それを通じて設立された国際組織の組織、手続き、権限を規定しており、国際組織の「基本法（国家でいえば憲法、国内の会社や団体についていえば定款にあたる）という二重性[52]」を持ち、そのような性質を constitution と表現するのである。佐藤は、その意味での国際組織の constitution を、国内社会を前提とした憲法からの過度の類推を避けるため、「組織法」の語を充て、通常の条約の解釈規則による規律よりも、国際組織の実体・実質に着目して目的論的発展的な解釈方法の規律の下にあることを明確に示している[53]。このような意味で、国際組織の設立基本条約を「憲法」と捉えることは、国際組織の内部での法現象（たとえば議事手続規則や職員規則の制定）が、設立基本条約を頂点とする階層的な構造にあると認識することにもつながっていく。

国連憲章を「憲法」と呼ぶ、もう一つの視点は、国連憲章をまさしく「国際社会の憲法」と捉えるものであり、本節で「憲法」と呼ぶときは、この意味で用いている。国連憲章を「憲法」と捉えることで、国内の憲法が一国の法秩序の根本規範であるのと同様に、国連憲章が国際法秩序の根本規範として機能しているという主張につながっていく。たとえば、デ・ウェットは、「WTOやWHOと並んで国連憲章も含めた国際組織の設立基本文書は、複数当事国に共通する目的の実現のために任務を委ね、法定立を含む一定の自立性を持った、新たな国際法主体を創設する特別な性質を持つ条約である。……国際組織の憲法は、機能別（分野別）の自治的共同体が、貿易自由化、人権保護、あるいは国際の平和と安全の維持といった、それぞれの機能別の目的を実現するための法的枠組みを体現している[54]」という意味で、憲法という語が用いられていることを紹介する。もっとも、デ・ウェット自身は、設立基本文書を、国際社会の、いわば「成文憲法」として捉えているわけではなく、もう少し幅広く、法文書化されていない規範も含め、各々の国際組織が個別国家や地域と並んで独自の立憲的秩序を構成しているという[55]。とはいうものの、国連が制度上の困難はあるものの、人権や民主主義といった国際的価値体系を具体化する「媒介役」として、中心的な役割を果たしているとして、国連の存在意義を重視する[56]。

他方で、国連憲章を国際社会全体の憲法として捉えることの適否については、佐藤が指摘するように、「ある規範または法的文書が国際社会としての“Constitution”であると認定できるのかという要件が定まっていない。さらに、この要件の問題と、ある規範または法的文書が国際社会の憲法としての“Constitution”であると認定された場合にその認定の帰結としてどのような法的効果が付着することになるのかという効果の問題とが、必ずしも明確に区別できない[57]」という問題がある。すなわち、誰がどのように国連憲章を国際社会の憲法であると認定するのかという点が国際法の問題として解決できない限り、国連憲章を憲法と見なすのは極めて主観的な主張に留まることになる。

三　立憲秩序論的国連憲章観の意義

国連憲章を国際社会の憲法と考えることに「大変に積極的[58]」と位置付けられるトムシャット（Christian Tomuschat）は、次のように述べる。

「国連に加盟することとは、通常の種類の条約を受諾することとは根本的に異なる。世界機構の加盟国になる国は、十分に定義され、容易に特定できる一連の義務に同意するだけではなく、国際法の下での地位の変更に同意することになる。事実、それは、総会と安保理の法的な権威を承認する。憲章の下での総会の力が勧告を行うものに留まる一方、安保理は、『国際の平和と安全』の問題が危険にさらされているときは、すべての加盟国に拘束力のある義務を課すことが認められている。これは、極めて広範な方式である。それが安保理によってどのように解釈されるかを、いかなる正確さをもっても予測することはできない。欧州共同体と異なり、国連においては、自らの権利が安保理によって侵害されたと感じた国が、自らの主張に対し国際的な裁判官が審理するような憲法裁判所的なものは存在しない。国連に加盟するものは誰でも、安保理に包括的な力を与えるのである[59]。」

同じくトムシャットは、安保理の表決手続きに依拠して、安保理内部において「抑制と均衡」が不存在というわけではない、とも主張する[60]。このような立場によれば、いかなる問題をも「国際の平和と安全」に関わるものとみなし、憲章第四一条または第四二条に基づく決定を下せば、全加盟国がそれに拘束される上、憲章第一〇三条に基づき、「他のいずれかの国際協定に基く義務」に優先するから、結局のところ、安保理は万能となり、安保理理事国の中でも常任理事国が他の加盟国に比して、圧倒的に優位な地位を占めることになる。しかも、それに対する外的な制約は表決手続しかなく、後は安保理理事国の自己抑制に頼るほかないのである[61]。このようにトムシャットは安保理の特別な地位を強調するが、デ・ウェットは、安保理内部の対立が原因で安保理が活動できない場合に、総会が「平和のための結集」決議[62]を通じて、「国際の平和と安全の維持」について役割を果たし得る点を捉えて、総会についても国際的価値体系の実現を図る機関と位置付けている[63]。

佐藤も指摘するように、国際社会に立憲的な秩序が出現しつつあるのか、また、そうだとした場合の国連憲章の位置付けを巡る議論は、論者の国際社会観なり国際法観によって左右されることになる[64]。また、立憲秩序論は、人権や民主主義といった規範が安保理や総会の意思決定を通じて、加盟国に義務的なものとして強制され得るものという主張を含むのであり、それが先進国と途上国の対立を加速させかねないものであることは明らかである。他方で、この立憲秩序論は、単独主義を排するという効果を持っていることを見逃すことはできない。国連憲章が国際社会の憲法（の一部）を構成する以上、一定の手続きを経ないで行われる武力行使は、国内での人権侵害や「国際の平和と安全」に対する脅威を構成するような事態を発生させると同様の、憲法秩序を紊乱する行為と見なされるからである。

他方で、国内社会における憲法からの類推で国連憲章を憲法と捉える議論が、冷戦後の安保理の活動との関係で主張されるようになった[65]ことは、本書の、あるいは、本章の問題関心にとっては示唆的である。アメリカ国務省で法律顧問首席代理を務めたことのあるマティソンが二〇〇六年に著した『拘束されない理事会（*Council Unbound*）』[66]は、アメリカ国務省が安保理を「法的権威の源泉（a source of legal authority）」と見なしていることを紹介し、今日の国際システムにおいては、迅速に、果断に、柔軟に、かつ、権威的に活動できるものは安保理以外にない、とする。[67]では、そのような安保理と国際法の関係についてはどうか。ラトナーは、安保理の機能を、①法原則の発話としての宣言的機能、②憲章の抽象的規定に意味を与える解釈的機能、③国家に国際法の実施を求める促進的機能、④憲章第七章に基づく強制的機能、の四つに分類する。[68]アルバレス（José E. Alvarez）は、この四つのうち、憲章に根拠を見出せるのは③と④のみであり、いずれの機能も規範性という意味では憲章起草者の意図を超えていると指摘する。[69]マティソンにせよ、ラトナーにせよ、アメリカの外交当局での勤務経験があり、彼らが安保理の正統性や権威性を語るのは、アメリカをはじめとする五大国の存在や行動に対するある種の自己正当化だといえなくもない。国連あるいは安保理の文脈でグローバル行政法なり立憲秩序論なりが有効に機能するためには、アメリカをはじめとした常任理事国間の協調が確保されていることが必要条件であり、そこから離れてグローバル行政法や立憲秩序が単独で成立しているわけではなく、これらの議論が極めて政策志向的なものであることに注意する必要がある。

ところで、国連事務局は、グローバル・ガバナンス論や立憲秩序論の中でどのように位置付けられるだろうか。内田孟男は、「国連の存在理由はグローバル・ガバナンスにおいて重要なアクターとしての役割を果たすこと」を前提としつつ、国連事務局の役割を強調する。[70]さらに、国連事務総長についても、アナン前事務総長による『二つの主権』論文[71]を例としながら、アナンが「国連という政府間機構の事務局の長であるだけではなく、国家を超えたパートナーシップの構築者であり、国益を凌駕する人類益を代表するという意識」を読み取る。[72]また、別稿では、国連事務総長が国連憲章第九九条の規定を超えて政治的リーダーシップを発揮していることや、NGOや民間セクターとの「協働」を推進していることを肯定的に捉えている。[73]なるほど事務総長については、内田も指摘するように「安全保障理事会の勧告に基づいて総会が任命する」（国連憲章第九七条）のであり、その存在に一定の正統性は認められよう。[74]

しかし、選出過程を通じた正統性がある事務総長に率いられた事務局が、総体として正統性を持つかということは別の問題であろう。たとえば内田が依拠するアナンの『二つの主権』論文が、通常は伝統的な意味で理解される「主権平等」（国連憲章第二条一項）を超えた内容を持つことを考えると、事務総長の「中立性」（少なくとも国家との関係の中でのそれ）に疑問を付すことは可能である。遠藤乾が指摘したように、事務総長や事務局が大国の利益擁護や自己組織の権益増進を目的として活動する可能性は排除できないからである。(75) そもそも加盟国から独立して任務にあたる事務局に民主的統制は及ばず、国際組織の決定が国内法秩序を経由せず、事務局によって直接的に執行されることになれば、その正統性はさらに揺らぐことになる。(76) 領域管理を含めたＰＫＯも、安保理の決定に基づき、事務総長特別代表を長として現地に派遣されるのであるから、事務局の正統性という観点からもＰＫＯの正統性は問題になる。(77) グローバル・ガバナンス論などの文脈で安保理の役割を過大視することが「大国中心」という批判を招くことは明白であるが、かといって、事務局により正統性があるともいいきれないだろう。

第四節　国際組織法と領域管理

一　国際組織法理論における領域管理

第一次大戦以前の、たとえばクラコウなどで実施された列強による領域の国際的管理を原型としながら、国際連盟がダンチッヒ自由市やザール地域において、また、委任統治制度を通じた領域管轄を実施するようになったときから、領域管理は国際組織法の問題となった。しかし、『国際法外交雑誌総索引』を見る限り、国際連盟による領域管理については、個別の事例を取り上げたものがほとんどであり、本書が試みたような体系化は行われていない。(78)

そのような中で、領域管理の問題を国際法体系全体の中に位置付けようとしたのが横田喜三郎であったといえる。横田は一九二九年に発表した二本の論文(79)において、国際社会全体を国際法団体と捉え、その「国際法団体の組織に関する法」[80]という意味での国際組織法体系を提唱した。その国際組織法体系において、領域管理は「ある地方に対する国際連盟または国際連合の行政の機関」という表現で、「国際河川に関する国際委員会」（国際河川委員会）と共に、「国際法団体そのものの機関による国際行政」、すなわち「直接国際行政」の例として、「現在では、国際行政のうちで、非常に例外的な地位」にあるという限定つきで、取り上げられている。[81]ここでの「ある地方に対する行政」が具体的に何を指しているかは不明であるが、その後、一九三三年の『国際法（上巻）』では、「直接国際行政」をさらに「広義」と「狭義」に分け、「狭義」の具体例として、ザール地域、ダンチッヒ自由市および委任統治を、また、「広義」の具体例として国際河川や国際海峡を挙げている。[82]

この横田の国際組織法体系は、純粋法学からの強い影響を受けて構築された極めて理念的な体系であって、今日の「国際組織法」と直接結びつくものではない。[83]しかし、「国際社会の組織化という動向を一九二〇年代後半というきわめて早い時点で適確に捉え、将来の国際社会の理念型という形で斬新な『国際組織法』の体系を提示」[84]し、「例外的」としつつも、国際組織による「直接の」国際行政として領域管理を取り上げたことは、改めて評価されるべきであろう。[85]

二　領域管理の法構造

国際組織による領域管理において「法」がどのような役割を果たしているかを明らかにすることは、国際組織法体系全体にとって重要な問題であることは疑いない。国際関係における国際組織の役割が重要性を増し、特に国連が、冷戦後の安全保障・平和維持分野において、従来には見られなかったような活動を行っている状況の下、個々の活動がいかなる法構造を持っているかを問うことは特に重要である。

（1）「組織法・作用法」二分論からみた領域管理

従来、国際組織の存在（組織）と活動（作用）の法的性質を巡ってはさまざまな議論が行われてきた。その一つのアプローチとして、国内行政法の類推から、国際組織の法現象・法構造を「組織面」と「作用面」に分かつ視点を提示した、横田洋三の研究がある。[86] 横田は、国際組織の「組織面に関する法[87]」を、国際組織の「設立、地位、存続、改組、権限、解散等に関する法、および、その内部機関の設置、改廃、名称、構成、権限、手続き等に関する法、ならびに、国際機構およびその内部機関を構成する一切の人的、物的要素に関する法の総称[88]」と定義する。また、同様に、「作用面に関する法」は、「国際機構がその目的実現のために行う一切の活動を規律する法、および、その活動を通じて他の主体に規律を及ぼす法の総称[89]」と定義される。さらに、いずれの法も定立の方法の違いに従って、三つに分けられる。すなわち、「組織面に関する法」については「内部法」、「対外法」、「上位法」に、また、「作用面に関する法」については「規制的作用法」、「合意に基づく作用法」、「基準設定および監視の作用法」に分類される。[90] これらの分類は、国際組織と法の関わりを体系的に議論する契機となるものとして高く評価される[91]一方、この分類自身は「機能的統合説の限界を探るために、いわば、法の有する機能に応じて行った分類[92]」であり、国際組織が「機能的統合説の枠で把握することが、実際に不可能なほど複雑な法構造[93]」であることを示すために行われたものである。

では、領域管理の実施における、種々の法現象は、上述の分類によると、どのように整理できるだろうか。領域管理は、平和条約や和平協定といった、領域管理が実施される紛争当事国の合意を基礎としている（本書第四章二節）。ただし、この「合意」に、国際組織が常に参加するわけではない。一般にPKOは活動受入国と要員派遣国とが各々、国連との間で合意（受入れ合意、派遣合意）を締結することで実施されることから、横田の分類では、「合意に基づく作用法」の例として挙げられる。[94] カンボジアの場合、SNCから国連事務総長に対して直接に国連要員の派遣要請[95]が行われ、それを受けて国連要員が派遣されているので、両者の間に明確な「合意」が存在するといえよう。

しかし、その後の事例をみると、領域管理を目的としたPKOの派遣にあたっては、国連との間で明確な「合意」が存在しない場合もある。たとえば、UNTAESの場合、一九九五年一一月一二日の「東スラボニアに関する基本合意」は現地セルビア人勢力とクロアチア政府の合意であって、国連からはストルテンベルグ・ユーゴ和平会議共同議長が証人として署名しているに留まる。(96) コソヴォについても同様であり、主要八カ国外相会議の和平案をミロシェビッチ大統領が受諾したことが、UNMIK設立の契機になったが、これも国連との間での合意ではない。UNTAETについては、住民投票の結果、住民が独立を選択した場合の移行期間において、国連が一定の役割を果たすことについて言及した「東ティモール問題に関するインドネシア共和国とポルトガル共和国の合意」に対してアナン事務総長は「立会人」として署名しているのみである。(97)

また、これらの文書における国連の役割への言及は概括的であって、国連の権限を詳細に規定しているわけではない。したがって、領域管理機関の詳細な任務や権限といった活動（作用）は、結局、安保理によって一方的に制定されることになる。横田の分類上、「作用面に関する法」のうち、安保理によって一方的に制定されるものとして「規制的作用法」を挙げているが、その具体例としては、「国連が憲章第四一条あるいは四二条に基づいてとる非軍事的ないし軍事的措置」のみが取り上げられている。(98) これもすでに検討したところであるが、領域管理機関設置決議における憲章第七章への言及は限定的であること、さらに、「合意」を前提として実施される領域管理という活動の全体が憲章第四一条下の措置とも考えにくいことを考慮すると、「規制的作用法」と「合意に基づく作用法」の間に新たなカテゴリーを設けるか、「規制」あるいは「合意」の概念を拡張することで、いずれかのカテゴリーの中に位置付けるかといった修正が必要であると思われる。

領域管理の任務や権限の法的基礎を、既存の「作用面に関する法」の中で位置付けにくい理由の一つに、国際組織の「内部法」をどのように理解するか、という問題がある。横田は、内部法の定義を巡る「混乱」を踏まえて、「国際機構が基本文書に基づいて定立する組織法の総体」[99]（傍点筆者）に限定して用いる。これに対応する「国際機構が基本文書に基づいて定立する作用法」が想定されていない（「規制的作用法」は限定的に過ぎ、「合意に基づく作用法」は国際組織と「外部の主体」[100]との合意を想定している）のである。

これに対し、佐藤は、「国際組織自身によって直接に遂行される行動を規定する決議」として、「オペレーショナルな決議」という概念を提示する。[101]「オペレーショナルな決議」は、対外的な任務を遂行するための補助機関を設置するものであって、「対外的任務遂行」に着目すれば、横田のいう「作用面に関する法」としての性質を持ち、かつ、「補助機関設置」に着目すれば、「組織面に関する法」としての性質を持つことになる。佐藤も「内部法」の具体例として「各機関の議事手続規則、職員規則、予算に関する決議・規則、補助機関に関する規則、本部に関する規則」[102]を挙げており、その点は、横田の内部法概念とほぼ同じである。他方、「オペレーショナルな決議」の具体例としては、PKO、旧ユーゴスラヴィアおよびルワンダの国際刑事裁判所の設置決議を挙げており、[103]領域管理機関の設置根拠決議も、この類型にあてはまると考えられる。

他方で佐藤は、「オペレーショナルな決議」を法的拘束力以外の法的効果を有するものと捉え、国連憲章第四一条および四二条の下での強制措置を発動するための決議と区別しているように思われるが、[104]旧ユーゴスラヴィア国際刑事裁判所は国連憲章第四一条を根拠としている。その意味では、「オペレーショナルな決議」概念は、単一の決議が、組織および作用の両面に関わる内容を持つことは説明し得るものの、より詳細な整理が可能であろう。

(2)「内部関係・対外関係」二分論と領域管理

「内部法」の範囲や性質を巡る問題に関連して、国際組織法学において議論されるのは、国際組織の「内部」と「対外」をどのように区分するか、という問題である。この点は、領域管理において領域管理機関が現地で定立する

「規則」の法的性質をどのように考えるかという問題に直結する。

そもそも国際組織の内部関係・対外関係とは、国際組織を取り巻く規範構造を、設立基本文書に基づく規則によって規律される関係を「内部関係」に、通常の国家間関係を規律するのと同様の法が妥当する関係を「外部関係」という形で区別するものである(105)。しかし、内部関係と対外関係の区別は必ずしも容易ではなく、さらに「内部法」の範囲(組織法のみに認められるのか、それとも作用法においても内部法の性質を持つものがあるのか)を巡って論争がある(106)。これを国際組織と加盟国の関係に限定して考えれば、議事手続規則のように国際組織「内部」の問題を規律する規則群と、国際組織と加盟国が条約を締結する時のような国際法主体相互の対等な関係が成立している場合のように、内部性・対外性が明白な場合には問題は少ない。それに対し、たとえば、安保理決議に基づく強制措置の発動のような事例においては、それを国連の「内部関係」とも「対外関係」ともいい得るからである。さらにこの問題は、国際組織の総会や理事会の決議や事務局長(事務総長)の一方的な命令といった、「国際組織の固有法(107)(国際機構法(108))」の法的性質といった点にも関わることになる。

ここでは、これらの点に対する全体的な検討は行わないが、領域管理の実施に伴う国際組織法上の問題、とりわけ「内部性」・「対外性」の問題に関連して、次の二点を指摘しておきたい。

第一に、第四章二節でも検討したように、領域管理機関は国連憲章を頂点とした法構造の下で、安保理決議により安保理の補助機関として設立され、事務総長特別代表である暫定行政官が任命されることで設置され、活動を開始する。したがって、領域管理機関は国連の補助機関であるし、暫定行政官をはじめとする領域管理機関の要員も国連の職員あるいは「国連のための任務を行う専門家」といった地位に置かれる。すなわち、内部法である職員規則や職員細則などに拘束される。その限りで領域管理機関は、国連の「内部組織」の地位に立つ。しかし、彼らが行使する領域管轄権の究極の淵源は領域主権国の同意であって、国連憲章に基づいて国連自身に与えられ、国連自身が決定できる権限（たとえば、国連憲章第二一条に基づく総会の手続規則制定権）とは本質的に異なる。それゆえ、領域管理機関は現地の実質的な統治機構でもあって、国連の補助機関としての国際的性格に加え、「国内的性格」をも持つのである。

第二に、そのような領域管理機関が一方的に制定する諸規則も、領域管理機関の国際的性格のみに着目すれば、国連事務総長などが一方的に制定する業務命令などに似たものと考えることは不可能ではない。しかし、暫定行政官の立法権（規則制定権）も究極的には、領域主権国から移譲を受けた施政権の一部であるから、それに基づいて制定された規則も、対象領域における「国内法」として理解するのが適切であると考えられる。というのも、繰り返し紹介したUNMIK規則一九九九／一やUNTAET規則一九九九／一は、それぞれ現地で現に有効な国内法（コソヴォにおいて適用のあるユーゴスラヴィア法なり、東ティモールにおいて適用のあるインドネシア法なり）を包括的に適用法規として受容し、領域管理機関自身がそれに拘束されることを前提とした上で、現地の状況に合わせて特定の国内法を無効化したり、新たな規則を通じて修正を行ったりしてきた。逆にいえば、仮にUNMIKやUNTAETが自ら規則を制定しなければ、彼らはそれぞれの国内法に従った領域管理を実施することになるし、第六章二節で取り上げた通り、『ブラヒミ報告』が適用すべき現地法が何かに戸惑い、「モデル法規」の作成を提言したのは、UNMIKやUNTAETが現地国内法に拘束されることを前提としており、UNMIKやUNTAETの要員が現地の法制度や手続きに習熟するまでの暫定的な措置として考案したからなのである[109]。

このように考えると、国連（国際組織）による領域管理において制定・適用されてきた「規則」は、国連内部の機関の行為で制定されたものでありながら、実質的側面においては国連「内部」の規則ではないということになる。これは、領域管理機関が、国家の統治の肩代わりという特殊な役割を負っていることに起因するものであることに疑いはなく、領域管理機関が制定した「規則」に関しては、分類上、「国際組織の固有法（国際機構法）」からは除外すべきであろう。

三　国際組織法学の課題

本書で再三指摘したように、近年の領域管理は、冷戦後という時代背景の下で活性化した安保理の存在を前提として実施されてきている。理念型的国民国家を国連の補助機関であるPKOを通じて創設しようとする試み自身が、優れて冷戦後的なのである。では、このような「活性化し、権限を拡大させていく安保理」を視野に入れた国際組織法学を構想するとしたら、どのような論点あるいはアプローチがあり得るだろうか。問題提起として、次の三点を指摘したい。

(1)　作用法概念を巡る問題

まず、先にも触れた「作用法」を巡る問題が挙げられる。領域管理のような任務を負うPKOや、平和構築のために派遣される特別政治ミッションの究極的な法的根拠は、受け入れ当事国の合意に求められる。しかし、すでに見たように、この「合意」に国連側の任務や権限の詳細が規定されているわけではない。また、実際にPKOや特別政治ミッションを設置する安保理決議のすべての項目について憲章第七章が言及されているわけでもない。したがって、安保理による任務や権限の詳細な設定とそれが規定された安保理決議の法的性質を問う必要があろう。一つの考え方としては、派遣の根拠となる「合意」に、受入国から国連に対する「委任」があったと見ることは可能である。すなわち、受入れに対する合意の中で、詳細な任務や権限についての国連側の一方的な決定権限を認める、という理解である。この場合、国連の任務や権限の根拠は、「合意に基づく作用法」に依拠することになる。

ただし、「合意に基づく作用法」は、通常の国家間関係を規律するのと同様の法が規律する関係、すなわち「外部関係」において成立するが、その際にガバナンスを巡る基本原理、とりわけ、民主主義化や市場経済化を受入国側が義務として受諾することを「外部関係」で説明できるかという問題は残る。今日の国際社会において民主主義や市場経済が潮流ではあるにせよ、国際法上、国家にそれらを受け入れる義務があるとは到底考えられないからである。するとむしろ、国連とその加盟国にとっては、「国連憲章の下で」一定のガバナンスに関する規範が成立しており、その範囲で、受入国から委任を受けた国連が自らの判断で、そのガバナンスに関する規範の定着と暫定的な実施を行うと考えたほうが適切であるようにも思われる。それは、国連と加盟国の「内部関係」で成立する、規制的作用法以外の作用法が存在することを意味することになる。

(2) 安保理決議の法的性質

ところで、そもそも安保理が領域管理やPKOなどを実施するために決議を採択するという行為を、どこまで「法」として認識することが可能なのだろうか。安保理が憲章第三九条に基づいて行う決定や第四一条および第四二条に基づく強制措置の決定は、憲章第二五条に従って全加盟国を拘束するが、この決定の拘束力は憲章上の義務として加盟国を決定するのであり、決定そのものが独自の法であることを意味しない。すなわち「一般的法規範の定立というよりはむしろその個別的な執行にあたる[110]」ものとされ、マティソンも安保理が拘束的決定を下す範囲が限定されていることから、一般的な意味での安保理の立法機能の存在については否定的である[111]。

国際組織の存在と活動をどこまで法として認識可能か、という問題は、前述した固有法（国際機構法）の存在や性質、範囲に直結する点であって、特に国連については加盟国の普遍性と国連の活動範囲の広さから、一部の論者によって独自の「国連法[112]」概念が提示されてはいるものの、それが指し示す内容は一致しておらず、議論は収束していない。もっともここで、国際組織の存在や活動が一切、法とは無関係だということを主張するつもりはなく、あくまで本書の問題意識において、安保理による意思決定が「法」と呼べるのか、それとも、単に特定の事態に対して安保理が憲章上認められた権限を行使した結果としての「措置」に留まるのかについて、より厳密な議論が必要であることを指摘しているのである。思うに、国際組織の存在や活動の法的性質を問うことは、そもそも「法とは何か」という議論を抜きにしては語れない。「法の名において行われる一定の行為・手続き、法の適用がもたらした……事態」といった「行為の体系」をも法の定義に含めるのか、それとも法を規範の領域の問題に留め、それ以外は「何らかの仕方で法規範と関係づけられた現象」と捉えるか、という選択に迫られるからである[113]。いずれにしても、国連あるいは安保理における「行為の体系」を実証的に検討する作業は、国際組織の「法現象」の体系化に向けて必要な作業であることに変わりはない。

(3) 安保理の意思決定とその合憲章性を巡る問題

さて、国連が主権国家の要請を受けて国内の選挙の実施や監視を支援する場合と異なり、領域管理は、安保理によって設置された領域管理機関が直接的に一定領域に対する施政権を行使する。その際、なぜ国連や領域管理機関は、特定の国内統治原理の実現を領域管理の対象国（地域）に対して迫れるのか。仮に基本的人権の尊重が国際慣習法化しており、その範囲で国連も対象国（地域）もそれに拘束されるという説明が可能であるにせよ、民主的な統治体制、市場主義経済といった側面についてはどうかという問題は残る。上述の二つの論点が、安保理の特定の行動を法的にいかに位置付けるかという問題であるのに対し、ここで挙げた問題は、安保理がなぜ特定の行動を取るのかを法的に説明することを試みるものであり、安保理の権限の「形成」に関わるものである。

そもそも国連憲章上、安保理には一定の権限が付与されているが、それをどのように行使するかを巡って、安保理自身に固有の意思や意図が存在するわけではなく、国連憲章の手続きに従って、安保理の理事国の多数決で採択されたものが安保理という「機関の意思」となる[114]。すなわち、安保理の意思決定においては、安保理理事国の規範意識が決定的重要性を持つのである。これをラトナーは、安保理の決定における「インプット」[115]としての法（あるいは規範）と呼ぶ。そこでは、すでに記したように、常任理事国の規範意識が圧倒的に優位を占めることになり、他の加盟国が規範意識を共有していなければ、安保理の決定の正統性は揺らぐことになる。他方で、安保理においては、事務総長報告書や国連機関を含む他の国際組織、さらには非政府機関からの情報提供も意思決定において影響力を持つ。また、安保理理事国はもとより、他の加盟国の規範意識も、それぞれの国内の世論の影響を受けて形成される。すなわち、キングスベリーが指摘したように（本章第二節）、そこには明確な国際・国内の区別は存在せず、厳格な意味での国際法規範以外のものも入り込む形で安保理の意思が形成されることになるのである。

そのような過程を経て形成された安保理の意思（ラトナーは先のインプットに対し、「アウトプット」としての法と呼ぶ[116]）は、明らかな権限踰越がない限り、多くの場合、黙示的権限として合憲章性を推定される。黙示的権能は、究極的には加盟の際の国連憲章への合意に遡って、新たな権能の合憲章性を説明するという「擬制[117]」である。しかし、インプットとしての法あるいは規範に正統性が確保されていれば、手続き的な側面での権限踰越がない限り、合憲章性は推定できるのであって、擬制的な黙示的権限論の過度の依拠を回避することが理論上は可能である。ただし、そのような作業が、安保理の意思形成に直接関わる加盟国の規範意識に焦点を当て過ぎると、結局のところ安保理の活動に対する批判的な視点を提供し得なくなる。もっとも、現在の安保理、あるいは、広く国際社会全体の構造を考えれば、アウトプットとしての法が構造的に大国あるいは先進国のイデオロギーを色濃く反映したものとならざるを得ないのも事実である。とはいえ、そこで、アウトプットとしての法に対する加盟国の支持・遵守の状況についても視野に入れた検討を行うことで、一定の修正は可能であろう。いずれにせよ、権力性と一定の強制力を持った安保理における規範の形成と実施と実施を動態的なプロセスと捉え、それが既存の国際法（秩序）との間でどのような緊張関係を持つのかという視点での理論形成が必要なのである。

終　章　多極化する世界と国連
――新たな国際組織法を求めて――

本書は、冷戦後の国際社会における領域管理を、歴史を遡りつつ、国際組織法の問題として検討することを目的とするものであった。ここで、これまでの考察を踏まえて、一応の結論を示すとともに、今後の研究上の課題を提示したい。

一　領域管理を問う意義

領域管理とは、国連による平和構築の一手段であり、国連自身の手によって武力紛争後の国家（地域）に安定的な秩序を構築しようとするものである。この領域管理を検討するにあたって、本書は次の二つの視点を意識的に区別した。第一が「領域管理がどのように行われてきたか」という、制度的・手続的側面であり、第二が「その領域管理がどのような秩序観ないし秩序構想に基づくものか」という点である。前者については、第四章で中心的に検討したように、今日の領域管理は、対象となる領域に主権を有する国や領域管理を実施する契機となった国内紛争に関係を有する国の合意に基づいており、さらに安保理決議を採択した上で実施されているという意味において、合法的に行われている。歴史的に見ても国際組織の領域的管轄権は、関係国の合意に基づいて実施されており、合法性に対する強い疑念は提示されてこなかった。

にもかかわらず、領域管理には「慈悲深い部外者による専制政治[1]」とか、「新たな信託統治（new trusteeship）[2]」といった表現での批判的評価が向けられている。紛争後の秩序形成者として本来、現地住民に歓迎されるべき存在であるはずの国連に対する批判としては、いささか時代がかった、的はずれの批判に見えるかもしれない。

しかし、この批判は、領域管理の合法性を巡るものではなく、領域管理の対象領域の住民にとっては部外者の存在である国連が、対象領域において一方的に規則を制定し、彼らに対して一定の支配を及ぼすという、領域管理という行為そのものに向けられたものである。そこには、領域管理が、かつての委任統治制度における「文明の神聖な信託」に見られたような偽善が含まれているという視点が存在するのである。すなわち、領域管理が制度的・手続的に正しく実施されているかという問題よりも、領域管理という手段そのものが正しいことなのかという、領域管理の正統性を問うという問題提起が含まれている[3]。この領域管理の正統性を問うという視点は、委任統治や国際信託統治の正統性を問う作業と通底するものがある。それゆえ、領域管理を題材とした考察は、単なる事例の整理と分析に基づく制度論的研究には留まらない射程を持つことになる。序章にも記したように、国連がいかなる秩序観に基づき、いかなる秩序を形成しようとしているのか、という第二の視点を盛り込んだ上で考察を加えることが不可欠なのである。

二　領域管理の特殊性と問題性

他方で、今日の領域管理が、冷戦後に発生した紛争の数に比べて極めて少ないのも事実である。その意味では、紛争後の平和構築における国連の関与としては例外的な事例に属するのであって、体系的分析に価値はない、と考えることも不可能ではない。しかし、領域主権国の施政権を大幅に制限あるいは排除した上で実施される領域管理は、今日の国際秩序を考える上で、二つの大きな問いを投げかけているということも確かである。第一に、主権国家による排他的な支配を相互に承認しあうことを前提としてきた分権的な国際秩序において、紛争後という特殊な状況下ではあれ、国連が主権国家に代わって、領域支配に相当する機能を代行することの意味は何か、ということである。別の表現をすれば、いかなる場合であれば、国連による領域管理が実施されるのか、といってもよい。また、第二に、『保護する責任』報告書に顕著に見られるとおり、紛争に対する国際社会の対応が個人に対する保護の問題として、紛争の前後を通じた継続的で一貫性のあるものとして構想される国際秩序が出現しつつある中で領域管理が実施されるということは、領域管理も人道的介入と同様に、「大規模な人権侵害や人道上の惨劇が発生しているときに、国際社会はいかに対応すべきか」という問いに直面せざるを得ない。この点は、本書でしばしば引用したチェスタマンにせよ、ベインにせよ、人道的介入を巡るそれぞれの研究の延長線上に領域管理を位置付けている(4)ことからも、この点は確認できる。そこでは不可避的に個人の尊厳の確保を巡る問題と国家主権との衝突や摩擦が生じることになる。

この衝突や摩擦とも関連する、領域管理に内包される差別性を指摘しておきたい。それは、領域管理が実施される地域についても、その方法についても、地理的な偏りがある、という点である。すなわち、先進国群がアジア・アフリカの途上国での紛争に強制的に介入し、さらに領域管理を実施して特定の国家（社会）秩序を構築することを強制しているのではない、ということである。また、このような現象は冷戦後に始まったものでもない。

国際連盟の時代にあっては、ダンチッヒ自由市とザール地域において国際連盟が直接、両地域に対して権限を行使したのに対し、委任統治制度はC式を中心に受任国の広範な権限が認められ、実質的な意味での植民地支配は継続していた。第三章でも触れたように、委任統治制度においてもダンチッヒ自由市と同様の高等弁務官を通じた領域管理が実施されていれば、「文明の神聖な信託」の持つ偽善性は多少なりとも改善されたであろうにもかかわらず、である(5)。さらに、国連創設当時においては、非自治地域制度はC式委任統治と大差ない形で導入されていた。その一方で、トリエステ自由地域やエルサレムの国際化では、基本的人権の尊重のような、今日でいうガバナンスへの配慮が盛り込まれた領域管理が計画されていた。

近年の場合でも、紛争の発生数に比して領域管理の実施数が限られている一方で、数多くの紛争が発生したアフリカについて、領域管理が計画された気配はない。この点を捉えて、コルホーネン（Outi Korhonen）は、領域管理が「ヨーロッパ中心性（eurocentricity）」を持つと指摘している。(6) なるほど、旧ユーゴスラヴィアの紛争については東スラヴォニアとコソヴォで国連による領域管理が実施され、さらにボスニア＝ヘルツェゴヴィナにおける「上級代表」を通じた和平合意の実施監視が行われている（さらに、本書では検討対象に含めなかったが、同じボスニアのモスタール市においてEUが領域管理を行った）。紛争後の平和構築において領域管理という手段が必要あるいは適切であるかは紛争の文脈や構造に依存する上、人的財政的負担を考えれば、地域を問わずに全ての紛争について領域管理が実施されるべきだと考えるのも適切ではない。とはいえ、旧ユーゴスラヴィアでの「実績」は群を抜いている。

さらに、同じ国連による領域管理であっても、東ティモールは、UNTAET終了後の三年間は通常のPKOである国連東ティモール支援ミッション（UNMISET）が派遣され、その後は特別政治ミッションである国連東ティモール事務所（UNOTIL）となり、国連の現地プレゼンスは規模を縮小していった（ただし、二〇〇六年八月以降、治安状況の悪化を受けて、再び、PKOである国連東ティモール統合ミッション（UNMIT）が展開している）。これに対し、コソヴォでは、独立後もEUが任命する「国際的文民代表」が、現在のボスニアの上級代表に似た役割を負うことが予定されている。

もし、領域管理が「保護領」や「信託統治」の要素を持つものだとしたら、それは、チムニやアンギが批判するような、先進国と途上国の間で再出現しているのではなく、むしろヨーロッパの中での階層化として出現しているともいえる。そして、アジアにおいても領域管理が実施されるものの、あくまでも暫定的なものであり、アフリカに至ってはせいぜいPKOであって、領域管理と呼べるほどのものはない。領域管理や平和構築を通じたガバナンス能力の構築が今日の国際社会の関心事であるとはいえ、国連を通じた実施段階では地域差があるようにも見える。このことは、国際共同体や国際立憲秩序、「国連を通じた国際の平和と安全の維持・回復」といった議論全体の中で、どのように位置付けられるのか。すなわち、国際社会が普遍性や一体性へ向かって変化しているのか、それとも、改めて分裂・分断の方向に進んでいるのか、という、国際（法）秩序全体に関わる論点を提供しているようにも見える。[7]

三 領域管理の正統性問題と国際組織法

このような状況を前提として、本書は、領域管理を国際法や国際組織法の理論枠組みの中で検討することを目指し、単に「手続き的に合法である」というレベルだけではなく、秩序観あるいは秩序構想のレベルを含めて考察することを試みた。すなわち、国際組織の領域的管轄権がいかなる手続きで形成されるか、という問題に加えて、形成された領域的管轄権が実際の国際社会の中でいかなる機能を果たしているか、という視点である。これについては、第五章において領域管理機関の現地での活動の概観を踏まえて、第六章で一般的・包括的な観点から検討したように、今日の領域管理については、いくつかの制度上の問題が存在するといわざるを得ない。それは、領域管理機関の職員に認められた特権免除のように、国際組織の一般的あるいは原則的な性質に基づくものもあれば、適用法規を巡る問題や領域管理機関に対する現地住民からの苦情処理手続きが十分には整備されていないといったどちらかといえば技術的あるいは制度的な問題に属するものもある。チェスタマンは領域管理を平和構築の手段としては「一貫性がなく、十分ではなく、的外れ」と批判している。[8] 少なくともこの批判を領域管理という制度に向けられたものとして理解するなら、第五章で指摘したような技術的制度的問題を改善することで、チェスタマンの批判は和らぐのかもしれない。

その一方で、人類の普遍的な平等といった視点や自決権論からの領域管理批判についてはどうか。領域管理や紛争後の平和構築はもとより、保護する責任論にも通底する、「弱者保護」や「国際共同体（international community）」

という視点を、「良き生（good life）」に関する特定の発想の優位性を誇示するものとしてことごとく批判する[9]ベインに対しては、いかなる反論が可能だろうか。この点を考えるには、まさに国際秩序全体に対する考察を必要とすることになる。

そもそも国際社会に秩序が存在するための論理的前提は、安定的な主権国家が並存していることであると理解されてきた。国際法は、そのような秩序を維持し、万が一、不安定・不具合が生じたときにはそれを是正し、秩序を回復するための規範群として誕生し、発展してきた。他方で、主権国家の実質的な均質性が揺らげば、「主権国家とは何か」、「主権国家にふさわしい統治のあり方はどのようなものか」についての規範も必要となる。今日、「グッド・ガバナンス」と「破綻国家」が同時に議論されるのは、主権国家のあり方そのものが問われているからである[10]。

現代国際法は、人民（民族）自決権や国際人権法の発展を通じて、主権国家としてのふさわしい統治のあり方の、少なくとも重要な一端を示してきた。その一方で、自決権の行使は、植民地支配の否定をもたらしはしたものの、それだけでは国家間の平等はもとより、植民地住民の幸福を必ずしももたらさなかったという現実を認める必要がある。紛争によって荒廃した国土と傷ついた住民を復興へと向わせるための国際社会の努力は、それが新たな支配や抑圧を生み出さない限り、倫理的には正しい。国際組織による領域管理を通じて（再）構築されようとする国家秩序が、「民主主義」、「基本的人権の尊重」、「持続可能な市場主義経済」といったことを基本原理としたものに初めから方向付けられている、ということは、自決権の行使を通じた体制選択権が無制限のものではなく、一定の基準に基づいた統治を実現することが自決権の正しい行使であるという、新たな認識が生まれつつあることを示唆しているようにも思われる。いいかれば、国際法が単に国家間秩序の安定だけではなく、個人の幸福の実現をも達成すべき目標としつつあり、その中で自決権の再解釈が求められている、ということである。

四　国際組織法学の課題

領域管理は、国連憲章（国際組織法）を基礎としつつ、グッド・ガバナンスの実現に不可欠とされる諸要素を安保理決議や「規則」に取り込みながら実施する活動であり、国際組織を通じて「あるべき主権国家」を構築しようとする活動であるといえ、冷戦構造が消失した今日、安保理がその主たる任務を負いながら、国連が中心的な役割を担っている。ここで、国連に特定の行動を取る「権限」がある、というとき、それが意味するのは、その「権限」に関係する内部組織が合憲章的に意思決定を行うことができる、ということが前提となる。領域管理が「国際の平和と安全の維持または回復」の文脈で行われるならば、それは国連憲章第二四条に従って「主要な責任」を負う安保理が、領域管理を実施する安保理の補助機関を設置できるかという問題に辿り着く。

ここで注意しなければならないことは、そのような安保理の権限は抽象的な意味での安保理の固有の意思に基づいて形成・行使されるのではなく、安保理を構成する一五ヵ国――表決手続きの特殊性を考慮すれば、常任理事国五ヵ国――の意思が集合的に安保理の意思を形成する。したがって、安保理の具体的な「権限」やそれに基づく「活動」（補助機関が設置される場合には、その補助機関の権限・活動も当然含まれる）の形成・行使にあたっても、常任理事国五ヵ国相互の関係や、彼らの国際秩序観が決定的に重要となる。

国連をはじめとする国際組織の権限は、究極的には設立基本条約に求められることになるが、実際の国際組織の活動は一定の「目的」（これも設立基本条約によって定められる）を達成することに主眼が置かれる。国連の場合、最も重要な目的は「国際の平和と安全を維持すること」（国連憲章第一条一項）であることは明らかであるが、その具体的な内容は時代によって変遷する。この国際組織が持つ動態性を吸収する解釈理論が黙示的権限論であった。しかし、国連が達成すべき具体的な目的に時代性がある中で、そのための手段が黙示的権限として合法なものとされるなら、国連の活動は無制限に拡大されることになってしまう。

国際社会がガバナンス概念を通じて、国家の統治についての規範形成を進め、さらに安保理の活動を通じ、その規範の実施が求められることについて、それを内政干渉として批判することは可能である。安保理は、国連憲章に基づく手続きに則り、安保理決議を通じて領域管理機関を設置している。その領域管理機関は、現地で規則を作成するにあたって、国際人権規約などを遵守されるべき基準として参照し、場当たりという批判を受けながらも、現地住民の人権状況あるいは人権に対する関心の向上を目指した活動を実施している。そこで参照される種々の基準は、あくまでも領域管理機関が参照すべき基準に留まるか、規則という形式を通じて、国内的に実施されるものであって、対象領域と住民に直接の国際法上の権利義務関係を生じさせるものではない。しかし実質的には、国連憲章の解釈と適用の過程を通じて、対象領域およびその住民には新たな権利義務が付与されることになる。

ここでは、安保理による国連憲章の解釈・適用により、形式的には必ずしも国連憲章に規定されていない諸規範が、解釈論上は黙示的権限論に依拠しつつ、国連加盟国（の一部領域）に対して強制的に適用されているという現象を見出すことができる。これは、主権国家相互の合意に基づいて権利義務が設定されるという国際法の基本構造とは性質を異にするものである。

そのように考えると、今日の安保理は国連憲章を通じて、時代状況による可塑性はあるものの国際社会全体をある一定の規範（秩序）構造へと導く活動を行っていると考えざるを得ない。これをもって国際社会における「立憲的秩序」の出現といえるのか、また、国連がそのような活動を行っていることをもって、国連憲章を「国際社会の憲法」と呼び得るかどうかについては、意見の一致はない。他方で、このような議論に対抗する言説も、形成へ向けた過程や、安保理の活動に対する是正・修正のメカニズムの不在を指摘するものが主であって、国連の活動を通じた人権の尊重や民主化といった規範（秩序）構造の促進そのものに反対しているというものでは必ずしもない。

このような安保理の活動は、国際組織法理論の中で、どのように位置付けられるだろうか。まず明らかなことは、安保理によって適用される規範が、伝統的な合意を通じた国際法規範の形成とは異なり、加盟国間の一定の「不平等」を前提として機能していることを認識する必要がある。それは、安保理の構成という意味でもそうであるし、安保理が非軍事的・軍事的強制措置を執ることができるという権限の意味においてもそうである。加えて、そのような安保理の措置に対する司法審査の可能性が極めて乏しいという問題点も存在する。

もちろんここで、安保理理事国――とりわけ常任理事国――だけが、そのような不平等を前提とした規範（秩序）構造の構築に関わっているわけではない。いわゆる西側の先進国に分類される諸国が安保理を通じて彼らの統治原理がその他の諸国・地域へと拡大していく流れを促進させているのであり、民主主義や人権といった規範が武力以外の方法で強制されているのである。国際法を通じた国際社会の支配という意味での「法の支配」は、単独主義に基づく武力行使を否定し得るが、同時に、国際社会に厳然と存在する国家間の差異を隠蔽・助長する機能も果たす。国連への加盟は主権国家の合意に基づく。他方で、安保理の活動・任務・権限に関する法という意味での作用法なりオペレーショナルな決議が一定の場合に加盟国を拘束することは、国連憲章に規定があり、加盟国も合意しているところである。しかし、安保理が執る具体的な措置を黙示的権限論の枠組みでのみ理解することは、安保理の権限拡大を無批判に受容することにつながる。加盟への合意は、必ずしも権限拡大への合意を意味しないからである。

そこで本書では、作用法やオペレーショナルな決議といった概念を前提としつつ、安保理の活動に内在する権力性を抽出した、国連憲章の解釈理論やそれを踏まえた国際組織法体系を構築する必要があることを第七章四節で指摘した。

本書でも繰り返し参照したイディットの *Internationalised Territories* は結論部分で、国際化された領域に対する支配権限の担い手が列強諸国から国連へと移ってきたことを進歩として評価するとともに、国連が持つ権限を主権（sovereignty）と表現している[(11)]。もしイディットが、国連を世界政府的なものとして捉えていたなら、あるいは、そうあるべきものとして捉えていたなら、今日の国連の実態からはかけ離れている。その一方で、伝統的な、あるいは通説的な国際法・国際組織法においても、国連が国家や国際秩序全体に対して及ぼす影響について十分な考察を行ってきたとはいい難いように思われる。

通常、国際法学においては、国際組織が国際法主体であることから言及される。その上で、主要な国際組織の活動について各々の設立基本文書に従って触れられることが多い。その際、国際組織の活動に伴う国際法の諸分野への影響についても触れられるが、その結果としての国際法の変容、あるいはその可能性については、必ずしも体系的に論じられているわけではない[12]。領域管理や平和構築を通じた対象国の国内秩序の（再）構築は、国際秩序全体における規範意識の変化との共振を通じて実施されてきている。また、そこでは国連を中心とした国際組織が重要な役割を担っている。そのような領域管理を実施する具体的な手段としての内部的な意思決定およびその前段階にある意思形成過程を視野に入れた国際組織法学と、それが国際法体系に与える影響を考察する必要があるのではなかろうか。それが伝統的な意味での国際法とどのような関係にあるのかということも重要な論点たり得る。ここで注意しなければならないことは、国際組織が国家とは別個の国際法主体でありながら本質において権力的存在ではないこと、さらに国際組織の意思決定や意思形成にはさまざまな形で主権国家の意思が関与していること、さらには国際組織の内部において事務局や公式・非公式な形で非国家主体が関与していることを、それぞれどのように捉えるかということである。また、その上で析出される国連憲章などの設立基本文書の解釈理論を国際組織法として体系化し、さらに既存の国際法体系やその変容と関連付けるか。作用法概念にせよ、オペレーショナルな決議概念にせよ、一定の時代背景の中から呈示されてきた議論である。その成果を踏まえつつ、さらにそれらを止揚する国際組織法体系を構築することが可能なのではないか。本書では、領域管理を題材として素描的な検討を行ったに留まるが、さらなる実証的検討を通じて国際組織法学の新たな体系化が可能なようにも思われるのである。

注

【序　章　国際秩序の中の領域管理】

(1) Stockholm International Peace Research Institute, *SIPRI Yearbook 2004: Armaments, Disarmament and International Security*, Oxford University Press, 2004, p. 132.

(2) Boutros Boutros-Ghali, *An Agenda for Peace: Preventive Diplomacy, Peacemaking and Peace-keeping* (Report of the Secretary-General Pursuant to the Statement Adopted by the Summit Meeting of the Security Council on 31 January 1992), UN Doc. A/47/277-S/24111, 17 June 1992.

(3) 稲田十一編『紛争と復興支援——平和構築に向けた国際社会の対応』（有斐閣、二〇〇四年）四八頁。

(4) 国際協力事業団国際協力総合研修所『「平和構築」報告書——人間の安全保障の確保に向けて』（二〇〇一年）三頁。

(5) 国連における平和構築概念の変容については、例えば篠田英朗『平和構築と法の支配——国際平和活動の理論的・機能的分析』（創文社、二〇〇三年）第一章を参照。

(6) ここではさしあたり、Richard Caplan, *A New Trusteeship? The International Administration of War-Torn Territories*, Adelphi Paper No. 341 (Oxford University Press/International Institute for Strategic Studies, 2002); Ralphe Wilde, *International Territorial Administration: How Trusteeship and the Civilizing Mission Never Went Away* (Oxford University Press, 2008) のみを挙げておく。

(7) ただし、一九世紀的な介入との対比のために、「新介入主義 (new interventionism)」という表現も用いられる。新介入主義を取り上げた代表的な書物としては、James Mayall, ed., *The New Interventionism 1991-1994: United Nations Experience in Cambodia, former Yugoslavia and Somalia* (Cambridge University Press, 1994) がある。

(8) 納家政嗣『国際紛争と予防外交』（有斐閣、二〇〇三年）一五二頁。

(9) 星野俊也「人道危機と国際介入——総論」広島市立大学広島平和研究所編『人道危機と国際介入——平和回復の処方箋』（有信堂高文社、二〇〇三年）三頁。

(10) 納家『前掲書』。

(11) 「共振」概念は、石田淳の一連の著作による。詳細は、石田淳「序論　国際秩序と国内秩序の共振」『国際政治』第一四七号（二〇〇七年）一一〇頁を参照。

(12) 吉川元「黄昏のウェストファリア体制とその行方」吉川元・加藤普章編『国際政治の行方――グローバル化とウェストファリア体制の変容』（ナカニシヤ出版、二〇〇四年）一七頁。

(13) 「人道的」介入の合法性が最も先鋭的な形で議論されたのは、一九九九年の北大西洋条約機構（ＮＡＴＯ）によるユーゴ空爆前後であろう。この空爆の合法性を巡って、「コソヴォ独立国際委員会」が「違法だが正統（illegal but legitimate）」という評価を下さざるを得なかったのは、介入の意図・目的が何であれ、国連憲章に基づく手続きを「合法性」を巡る議論の出発点とせざるを得ないという意識の強さの現われであるように思われる。同委員会の報告書が将来の人道的介入のあり方について安保理の第一義的役割を強調していることも同様である (Independent International Commission on Kosovo, *The Kosovo Report: Conflict, International Response, Lessons Learned* (Oxford University Press, 2000), pp. 293-294.)。安保理の役割や手続きを介入における「権威（authority）」の問題として重視する点は、近年の「保護する責任（responsibility to protect）」においても顕著である (International Commission on Intervention and State Responsibility (ICISS), *The Responsibility to Protect: Report of the International Commission on Intervention and State Responsibility* (International Development Research Centre, 2001), pp. 47-55 (hereinafter, referred to as ICISS, Responsibility to Protect.))。

(14) B. S. Chimni, "International Institutions Today: An Imperial Global State in the Making," *European Journal of International Law (EJIL)*, Vol. 15, No. 1 (2004), pp. 20-21 (hereinafter, referred to as Chimni, "International Institutions Today".).

(15) この点については、篠田『前掲書』（注5）への遠藤乾の書評が、同様の問題提起をしている（遠藤乾「主権国家と国際社会の潜在力――篠田英朗著『平和構築と法の支配』を読んで」『創文』四六一号（二〇〇四年一―二月）二〇―二五頁）。

(16) 例えば、平和構築を通じた民主主義の定着という問題は、「国内民主主義の国際的擁護」という意味での国際民主主義の確保・創造に関連するし、その実現を図る主体としての国際組織の役割（とその限界）という問題とも結びつくことになるが、ここでは深く立ち入らない。国際民主主義を巡る国際法上の問題については、桐山孝信『民主主義の国際法』（有斐閣、二〇〇一年）を参照。

【第一章　冷戦終結のインパクト】

(1) 吉川元「前掲論文」（序章注12）一七頁。

(2) 決議六七八の合法性・合憲章性を巡る問題については、さしあたり、松井芳郎『湾岸戦争と国際連合』（日本評論社、一九九三年）、藤田久一『国連法』（東京大学出版会、一九九八年）三〇八―三一〇頁、佐藤哲夫「国際連合憲章第七章に基づく安全保障理事会の活動の正当性」『一橋大学研究年報（法学研究三四号）』（二〇〇〇年中一〇月）一九一―一九二頁などを参照。

（3）　その一例として、佐藤「同上論文」（注2）がある。

（4）　斎藤直樹『新版国際機構論——二一世紀の国連の再生に向けて』（北樹出版、二〇〇一年）一三頁。

（5）　Ian Clark, *Legitimacy in International Society* (Oxford University Press, 2005), pp. 197-199. また大沼保昭も、湾岸危機における多国籍軍は国連憲章第四二、四三条に基づいてはいないものの、「実質的には朝鮮国連軍より国際的・文際的正統性が高く、国連の集団安全保障の理念に近い軍事行動であった」とする（大沼保昭『国際法——はじめて学ぶ人のための』（東信堂、二〇〇五年）五四六—五四七頁）。

（6）　湾岸危機から国内紛争への転換と安全保障問題に関する国連（の多国間主義）の役割・問題点の関係については多数の論稿が存在するが、ここではさしあたり、岩間陽子「国際安全保障における多国間主義」『国際政治』第一三三号（二〇〇三年八月）四二—五七頁を参照。

（7）　佐藤哲夫『国際組織法』（有斐閣、二〇〇五年）三三三頁。

（8）　最上敏樹『国際機構論〔第二版〕』（東京大学出版会、二〇〇六年）九三頁。

（9）　James S. Sutterlin, *The United Nations and the Maintenance of International Security : A Challenge to be Met* (2nd ed.) (Praeger Publishers, 2003), pp. 7-8.

（10）　*An Agenda for Peace Preventive diplomacy, peacemaking and peace-keeping* (Report of the Secretary-General pursuant to the statement adopted by the Summit Meeting of the Security Council on 31 January 1992), UN Doc. A / 47 / 277-S / 24111 (17 June 1992) (hereinafter, referred to as *An Agenda for Peace*).

（11）　*Supplement to an Agenda for Peace : Position Paper of the Secretary-General on the Occasion of the Fiftieth Anniversary of the United Nations* (Report of the Secretary-General on the Work of the Organization), UN Doc. A / 50 / 60-S / 1995 / 1 (3 January 1995) (hereinafter, referred to as *Supplement to an Agenda for Peace*).

（12）　*An Agenda for Peace*, para. 15. なお、訳文は横田洋三編『国連による平和と安全の維持——解説と資料〔第二巻〕（以下、ＰＫＯ資料集〔第二巻〕）』（国際書院、二〇〇六年）八一一頁に拠った。

（13）　*Ibid*., para. 44.

（14）　*Supplement to an Agenda for Peace*, paras. 33-35. もっとも、この時期の国連の「迷走」は、ソマリア問題前後の「国連・アメリカ関係」（あるいは、「国連事務総長・アメリカ大統領関係」）の副産物であって、すべてを国連「自身」の問題に帰すことはできないだろう。この点については、最上敏樹『国連とアメリカ』（岩波書店、二〇〇五年）を参照（とくに、第六章）。

（15）　一九六二—六三年に西イリアンに派遣された「国連暫定行政機関（ＵＮＴＥＡ）」もＰＫＯに含めることができるのであり、領域管理とＰＫＯの結合は冷戦後に特有の現象ではない。

(16) PKOの変容と領域管理の関係について、酒井啓亘「国連平和維持活動（PKO）の新たな展開と日本――ポスト冷戦期の議論を中心に」『国際法外交雑誌』第一〇五巻二号（二〇〇六年八月）一七頁を参照。

(17) 国際法学会編『国際関係法辞典〔第二版〕』（三省堂、二〇〇五年）七七八頁（香西茂執筆）。

(18) PKOの基本原則とその変容、さらにそのような論点が持つ国際法学上の意義について、さしあたり酒井啓亘「国連平和維持活動の今日的展開と原則の動揺」『国際法外交雑誌』第九四巻五・六合併号（一九九六年二月）九三―一一一頁を参照。

(19) 納家『前掲書』（序章注8）第二章、とくに四二頁。

(20) ただし、先遣隊である「国連カンボジア先遣ミッション（UNAMIC）」は一九九一年に派遣されている。

(21) Ralph Wilde, “Representing International Territorial Administration: A Critique of Some Approaches,” *European Journal of International Law*, Vol. 15 (2004), p. 80 (hereinafter, referred to as Wilde, “Representing ITA”). なお同旨の批判として、香西茂「国連の平和維持活動（PKO）の意義と問題点」日本国際連合学会編『21世紀における国連システムの役割と展望（国連研究第一号）』（国際書院、二〇〇一年）九頁。

(22) *Report of the Panel on United Nations Peace Operations*, UN Doc. A / 55 / 305-S / 2000 / 809 (21 August 2000), para. 53 (hereinafter, referred to as *Brahimi Report*). ブラヒミ報告への評価について、岩間「前掲論文」（注6）四六頁、横田編『PKO資料集〔第二巻〕』（注12）八三一―八三二頁（富田麻里執筆）、篠田『前掲書』（序章注5）一〇―二〇頁を参照。なお、ブラヒミ報告では本書の主題である領域管理についても、「暫定文民統治の挑戦（The challenge of transitional civil administration）」と題して詳細に論じているが、それについては第二章以下で適宜触れることにする。

(23) *Supplement to an Agenda for Peace*, para. 33.

(24) この点について詳細に論じたものとして、香西茂「国連による紛争解決の変容――『平和強制』と『平和維持』の間」山手治之・香西茂編『現代国際法における人権と平和の保障（二一世紀における人権と平和――国際法の新しい発展をめざして（下））』（東信堂、二〇〇三年三月）二〇七―二四〇頁（とくに二三二―二三三頁）、酒井啓亘「国連平和維持活動における同意原則の機能――ポスト冷戦期の事例を中心に」安藤仁介・中村道・位田隆一『二一世紀の国際機構――課題と展望』（東信堂、二〇〇四年五月）二三七―二七八頁がある。

(25) 酒井啓亘「国連憲章第七章に基づく暫定統治機構の展開――UNTAES・UNMIK・UNTAET」『神戸法学雑誌』第五〇巻二号（二〇〇〇年九月）一〇七および一一六頁。

(26) 「ブラヒミ報告」においては、本部レベルにおける調整機関として「平和安全執行委員会（Executive Committee on Peace and Security: ECPS）」の活用（*Brahimi Report*, para. 31）や「統一ミッション・タスクフォース（Integrated Mission Task Force: IMTF）」の設

置勧告（*Ibid.*, paras. 198–217）がそれにあたる。また、ＰＫＯとは直接関係しないが、二〇〇五年一二月に設置が決定された「平和構築委員会（Peacebuilding Commission）」（UN Docs. S / RES / 1645 and S / RES / 1646 (21 December 2005), and A / RES / 60 / 180 (30 December 2005)）も「調整され、一貫性があり、統合的な紛争後の平和構築へのアプローチ（a coordinated, coherent and integrated approach to post-conflict peacebuilding）」の実現を目指しているという意味において、冷戦後のＰＫＯの任務の多様化・多機能化に伴う関連諸機関の連携・調整の重要性が増大したことへの制度的対応の一つと位置付けられる。なお、平和構築委員会設立の意義の評価について篠田英朗「国連平和構築委員会の設立――新しい国際社会像をめぐる葛藤」『国際法外交雑誌』第一〇五巻四号（二〇〇七年四月）六八―九三頁。

（27）*An Agenda for Peace Preventive diplomacy, peacemaking and peace-keeping* (Report of the Secretary-General pursuant to the statement adopted by the Summit Meeting of the Security Council on 31 January 1992), UN Doc. A / 47 / 277–S / 24111 (17 June 1992), para. 21.

（28）篠田『前掲書』（序章注５）一〇―二〇頁。

（29）稲田編『前掲書』（序章注３）四七―五〇頁（とくに五〇頁の図3-1を参照）。

（30）岡垣知子「主権国家の『ラング』と『パロール』」『国際政治』第一四七号（二〇〇七年一月）五一―五二頁。

（31）桐山『前掲書』（序章注16）七頁。

（32）吉川元『国際安全保障論――戦争と平和、そして人間の安全保障の軌跡』（神戸大学研究双書刊行会、二〇〇七年）二四〇―二四一頁。

（33）元田結花『知的実践としての開発援助――アジェンダの興亡を超えて』（東京大学出版会、二〇〇六年）三―四頁および同所で引用されている国際協力事業団・国際協力総合研修所『ソーシャル・キャピタルと国際協力――持続する成果を目指して』（二〇〇二年八月）一頁を参照。

（34）この点は新たな政策やアジェンダの規範性・正統性を検討する際の方法論とも関わることであるが、遠藤乾が指摘するように、「国際連合の公式文書や事務総長の演説は、それをいくら引用しても、それ自体正しさを確保しない」（遠藤乾「前掲論文（序章注15）」二四頁）。遠藤がいう「公式文書」の範囲をどう考えるか、という問題は、国連の決議の法的性格・効果の問題にも結びつく点である。

（35）人道的介入と人道的干渉の概念的異同を巡る問題は、本書の主題ではないため深くは立ち入らない。一般的には、冷戦後の国際社会における人道的介入論では、被介入国の同意に基づく外部勢力の関与を人道的介入概念に含めて議論する（例えば、星野「前掲論文」（序章注９）五―六頁）。これに対し、人道的干渉とは、国際法上禁止されている「干渉」が人道的理由に基づくものであれば、その違法性が阻却される（か否か）、という議論である。詳細については、例えば、大沼保昭『人権・国家・文明――普遍主義的人権観から文際的人権観へ』（筑摩書房、一九九八年）（とくに第一章および第三章）を参照。

（36）押村高「国家の安全保障と人間の安全保障」『国際問題』第五三〇号（二〇〇四年五月）一四―二七頁。

（37）「同上論文」一五頁。

（38）大沼保昭『前掲書』（注35）七七―八〇頁。

（39）紛争に対する国際社会の一連の対応を「国際平和回復政策」と名付けて整理し、国際社会の基本的規範の変化を指摘したものとして、星野俊也「国際平和回復政策の構想と実際」『国際政治』第一三七号（二〇〇四年六月）三〇―四四頁を参照。

（40）例えば、特定の人間集団を差別する社会構造の中で、当該人間集団に属する個人に対して差別的発言をするということは、「暴力によって相手を隷従させるものと変わりはない」のである（棚瀬孝雄「序章　法の解釈と法言説」棚瀬孝雄編著『法の言説分析』（ミネルヴァ書房、二〇〇一年）五頁。

（41）一つの例として「福祉」という言葉を考えてもよい。一見すれば特に問題がないとおもわれる語であるが、ひとたび国際連盟規約第二二条において「該人民ノ福祉」（well-being）として用いられれば、明らかに当時の国際社会の階層性を前提とした用語法となる。同様のことは、（グッド・）ガバナンスについても当てはまるであろう。統治のあり方を巡る今日の言説が持つかもしれない、国際秩序の階層的認識を巡っては、後に本書でも触れる。

【第二章　国際社会の構造変容と国連】

（1）Méir Ydit, *Internationalised Territories : From the "Free City of Cracow" to the "Free City of Berlin" : A Study in the Historical Development of a Modern Notion in International Law and International Relations (1815–1960)* (A. W. Sythoff, 1961).

（2）James Crawford, *The Creation of States in International Law* (2nd. ed.) (Oxford University Press, 2006), p. 233.

（3）Crawford, *op. cit.*, pp. 233-244 and pp. 501-647.

（4）*Ibid.*, p. 534.

（5）*Ibid.*, pp. 240-241.

（6）例えば、奥脇直也「日本の国際法学における領域性原理の展開」『国際法外交雑誌』第九六巻四・五号（一九九七年）九七頁。また、同「領域主権の概念をめぐって――ウエストファリア・パラダイムの行方」国際法学会編『陸・空・宇宙（日本と国際法の一〇〇年第二巻）』（三省堂、二〇〇一年）一―三二頁。

（7）桐山孝信「領土帰属論からガバナンス論への転回と植民地主義――委任統治制度再考の今日的意義」浅田正彦編『二一世紀国際法の課題（安藤仁介先生古稀記念）』（有信堂高文社、二〇〇六年）三―二三頁（以下、桐山「領土帰属論からガバナンス論への転回」）。

（8）「同上論文」（注7）一九頁。

（9）Nico Krisch and Benedict Kingsbury, "Introduction: Global Governance and Global Administrative Law in the International Legal Order," *European Journal of International Law (EJIL)* Vol. 1, No. 1 (2006), p. 1.

（10）B. S. Chimni, "International Institutions Today: An Imperian Global State in the Making," *EJIL*, Vol. 15, No. 1 (2004), pp. 20–21.

（11）植木俊哉「『国際組織法』の体系に関する一考察（四）――「国際組織法総論」構築への予備的考察」『法学』第六二巻三号（一九九八年）三三五頁。本書では、国際組織の内部構造、手続・権限、活動を考察対象とした国際法学的分析を意味する語として「国際組織法」を用いることにする。「国際機構論」という用語をほぼ同義に解する立場もあるが、「国際機構論」を国際組織に対する「政治学的分析アプローチ」と整理する立場（植木「同上論文」）もあるので、本書もそれに倣い、両者を区別することにする。一方、国際組織と国際機構はともにinternational organizationの訳語として互換的に使用されていると思われるが、本書においては引用を除いて「国際組織」を用いる。

（12）佐藤哲夫『前掲書』（第一章注7）八九頁。

（13）植木俊哉「国際組織法」小寺彰・岩沢雄司・森田章夫編『講義国際法』（有斐閣、二〇〇四年）一九二―一九三頁。

（14）植木「『国際組織法』の体系に関する一考察（五・完）――「国際組織法総論」構築への予備的考察」『法学』第六三巻二号（一九九九年）二五―二七頁。ただし、同論文で植木が領域管理権能として念頭においたのは、国際組織の本部領域に対する国際組織の権限行使であり、『同上書』での論述とは微妙にニュアンスが異なる。「領域管理権能」の「主要な」内実を紛争解決や植民地の国際的管理の文脈で捉えるか、国際組織の本部領域の「管理」と捉えるか、また、両者が同一の法的性質をもち者といえるかどうかは問題が残る。とはいえ、本書の問題設定が、国際組織法「総論」との関係において議論されるべき問題であることは明らかであろう。

（15）「同上論文」（注14）一七五―一七七頁。

（16）佐藤『前掲書』（第一章注7）一二五―一二八頁。

（17）『同上書』九〇頁。

（18）萬歳寛之「国際機構と国際法」庄司克宏編『国際機構』（岩波書店、二〇〇六年）四七頁。

（19）これまでに引用・紹介したものに加え、日本語による代表的な書物として、上杉勇司『変わりゆく国連ＰＫＯと紛争解決――平和創造と平和構築をつなぐ』（明石書店、二〇〇四年）、日本平和学会編『人道支援と平和構築（平和研究第三〇号）』（早稲田大学出版部、二〇〇五年）、大芝亮・藤原帰一・山田哲也編『平和政策』（有斐閣、二〇〇六年）、日本国際連合学会編『平和構築と国連（国連研究第八号）』（国際書院、二〇〇七年）などがあり、さらに個別テーマを扱った論文が多数存在する。

（20）例えば、佐藤哲夫『前掲書』（第一章注7）は国際組織の活動を扱った第Ⅳ部の全五章のうち、三章をＰＫＯとその発展に費やしている。

ここからも明らかなように、ＰＫＯが国際（組織）法上の問題として認知されているのに対し、平和構築は、ブラヒミ・レポートの紹介という文脈で触れられているに過ぎず、平和構築は必ずしも国際組織法の問題として位置付けられているわけではない。

(21) 例えば、香西「前掲論文」（第一章注24）二〇七―二四〇頁。

(22) 小森光夫「国際公共利益の制度化に伴う国際紛争の複雑化と公的対応」『国際法外交雑誌』第一〇三巻二号（二〇〇四年）七頁。

(23) 「同上論文」。

(24) 例えば、コソヴォにおける国連の活動やイラクにおける英米軍・国連の活動と国際人道法上の「占領」との関係をどのように考えるかという論点が代表的なものとして挙げられる。この点については第五章および第六章で領域管理に該当する範囲で検討するので、ここでは深く立ち入らない。近年のＰＫＯや平和構築活動と国際人道法の関係については、新井京が一連の論考を公表している。さしあたり、新井京「平和支援活動における武力行使の法的性質と武力紛争法の適用可能性」『京都学園法学』二〇〇一年度第二・三合併号（二〇〇二年三月）六三―一一五頁、新井京「暫定統治型の平和活動における占領法規の適用可能性――コソヴォ暫定統治機構を中心に」浅田編『前掲書』（注7）四六一―四九四頁、新井京「イラクにおける占領法規の適用について――占領法規の現代的意義」『同志社法学』第五八巻二号（二〇〇六年）四五五―四九〇頁、などを参照。

(25) これについては第五章で検討する。

(26) 奥脇直也「国際法の基本原理」小寺ほか『前掲書』（注13）二頁。

(27) 小寺彰「『国際組織』の誕生――諸国家体系との相剋」柳原正治編『国際社会の組織化と法――内田久司先生古稀記念論文集』（信山社、一九九六年）四―五頁ならびに注（12）および（13）。

(28) Martti Koskenniemi, *The Gentle Civilizer of Nations: The Rise and Fall of International Law 1870–1960* (Cambridge University Press, 2001), p. 99, note 6.

(29) 桐山「領土帰属論からガバナンス論への転回」（注7）六頁。

(30) James Lorimer, *The Institute of the Law of Nations, a Treatise of the Jural Relations of Separate Political Communities* 2 vols. (William Blackwood & son, 1883).

(31) *Ibid.*, Vol. 1, pp. 101-158.

(32) 国際政治学において、「国内秩序に関する既知の命題が国際秩序に関しても成立するだろうという類推思考」（石田淳「前掲論文」（序章注11）一頁）を「国内類推（domestic analogy）」と呼ぶ。この国内類推が国際連盟や国連の設立といった「世界秩序構想」にいかなる影響を及ぼしたかについて詳細な検討を行った菅波英美は、ロリマーを国内類推の支持者に分類する（Hidemi Suganami, *The Domestic Analogy*

and World Order Proposals (Cambridge University Press, 1989), p. 16. なお、同書には臼杵英一による訳書『国際社会論――国内類推と世界秩序構想』（信山社、一九九四年）がある。同訳書での該当部分は一九―二〇頁。

（33） Lorimer, *op. cit.*, Vol. 2, pp. 183-267.

（34） 最上『前掲書』（第一章注8）三五頁（傍点は原文）。なお、衛生分野における初期の国際協力の実行とその意義について、鈴木めぐみ「一九世紀から二〇世紀初頭に至る国際衛生協力の展開」『行政社会論集』（福島大学）第一一巻三号（一九九九年二月）一九四―二三三頁を参照。

（35） ここでは「国際コントロール」を森田章夫『国際コントロールの理論と実行』（東京大学出版会、二〇〇〇年）一二頁に従い、「客観的義務・基準の名宛国による履行確保を目的とする、多辺的国際制度による監視・指導行為」と定義する。その上で、委任統治制度が「国際コントロール」として有していた特徴については、同書二八―二九頁を参照のこと。

（36） David Hunter Miller, *Drafting of the Covenant*, Vol. 2 (G. P. Putnam's Sons, 1928, *reprinted by* William S. Hein & Co. 2002), pp. 194-195. なお、田岡良一『委任統治の本質』（有斐閣、一九四一年）五〇―五八頁を参照。

（37） Jan Christian Smuts, *The League of Nations : A Practical Suggestion* (Hodder and Stoughton, 1918), p. 11 and p. 29.

（38） William Bain, *Between Anarchy and Society : Trusteeship and the Obligations of Power* (Oxford University Press, 2003), p. 31.

（39） 桐山「領土帰属論からガバナンス論への転回」（注7）一〇頁。

（40） Nele Matz, "Civilization and the Mandate System under the League of Nations as Origin of Trusteeship," *Max Planck Yearbook of United Nations Law*, Vol. 9 (2005), p. 89.

（41） 非自治地域に対する国連の権限が、国際信託統治地域のそれに接近していった経緯については、金東勲『人権・自決権と現代国際法――国連実践過程の分析』（新有堂、一九七九年）、Michla Pomerance, *Self-Determination in Law and Practice* (Martinus Nijhoff Publishers, 1982) などを参照。

（42） 位田隆一「開発の国際法における発展途上国の法的地位――国家の平等と発展の不平等」『法学論叢』第一一六巻一―六号（一九八五年）六一六頁、および、西海真樹「『開発の国際法』における補償的不平等観念――二重規範論をてがかりにして」『熊本法学』第五三号（一九八七年）四〇―四一頁。

（43） 例えば、Michael Byers and Georg Nolte (eds.), *United States Hegemony and the Foundations of International Law* (Cambridge University Press, 2003).

（44） Wilhelm G. Grewe, *The Epochs of International Law*, translated and revised by Michael Byers (de Gruyter, 2000).

(45) Nico Krisch, "More Equal than the rest? Hierarchy, equality and US predominance in international Law," *in* Byers and Nolte, *op. cit.*, pp. 135-175, *especially* pp. 156-157 and p. 174 (note 43).

(46) 日本において、国際人権法の発達が国際法に与える影響について体系的に論じた代表的な書物として、田畑茂二郎『国際化時代の人権問題』（岩波書店、一九八八年）が挙げられよう。また、「デロゲートできない権利」を題材に伝統的国際法と人権の（緊張）関係を論じたものとして、寺谷広司『国際人権の逸脱不可能性——緊急事態が照らす法・国家・個人』（有斐閣、二〇〇三年）。

(47) 詳細については、例えば、遠藤誠治「現代紛争の構造とグローバリゼーション」大芝・藤原・山田編『前掲書』（注19）を参照。

(48) 紛争予防の文脈における国内秩序と国際平和の結びつきについて、吉川元「グローバル化時代の紛争予防——国内秩序を問う国際平和思想の挑戦とその限界」日本平和学会編『人道支援と平和構築（平和研究第三〇号）』（早稲田大学出版部、二〇〇五年）二一—四〇頁。

(49) 「ウィーン宣言及び行動計画（Vienna Declaration and Programme of Action (A / CONF.157 / 23, 23 July 1993)）」第四項および第五項。なお訳文は大沼保昭編集代表『国際条約集二〇〇七年版』（有斐閣）に拠った。

(50) 今日の紛争と人権との関係について、例えばルイベン・E・ブリゲディ二世「人権と武力紛争」篠田英朗・上杉勇司編『紛争と人間の安全保障——新しい平和構築のアプローチを求めて』（国際書院、二〇〇五年）一二三—一四〇頁を参照。

(51) 青井千由紀「人権・国家と二つの正統性システム——人道的介入の理論的考察」『国際政治』第一二四号（二〇〇〇年五月）一〇八頁が参考になる。

(52) 「ウィーン宣言及び行動計画」第二項。

(53) UN Doc. G / RES / 2625 (XXV) (24 October 1970).

(54) このような観点から「非植民地化以後の自決権」を扱った論文集として、Christian Tomuschat (ed.), *Modern Law of Self-Determination* (Martinus Nijhoff Publishers, 1993) がある。日本語による包括的な検討、さらに冷戦後の紛争と自決権のかかわりを扱った論稿としては、松井芳郎「試練に立つ自決権——冷戦後ヨーロッパの状況を中心に」桐山孝信・杉島正秋・船尾章子編『転換期国際法の構造と機能（石本泰雄先生古稀記念論文集）』（国際書院、二〇〇〇年）四六一—五一五頁、桐山孝信「『民族紛争』と自決権の変容」『世界法年報』第二一号（二〇〇一年）六三—八一頁がある。

(55) 松井「同上論文」（注54）、桐山「同上論文」（注54）のほか、西立野園子「自決権再考」松田幹夫編『流動する国際関係の法』（国際書院、一九九七年）一六六—一六八頁などを参照。

(56) 桐山「同上論文」（注54）七六頁。

(57) 松井「前掲論文」（注54）五〇一頁。

(58) 植木俊哉「国際組織法」小寺ほか『前掲書』（注13）一七三頁。

(59) 共通利益概念については、さしあたり大谷良雄「国際社会の共通利益概念について――試論」大谷編『共通利益概念と国際法』（国際書院、一九九三年）七―三一頁参照。

(60) ここでの「機能（的・性）」とは、国際組織を「一次的・本源的な国際法の主体である国家間の合意に基づいて……人工的に創設されたいわば二次的・派生的な国際法の主体」（植木俊哉「国際組織の概念と『国際法人格』」柳原編『前掲書』（注27）三一頁）として国家と区別することを意図しており、ミトラニー（David Mitrany）が主唱した「技術的対応が可能な経済社会分野での国際協力を積み重ねることで次第に人々の忠誠心が国家から移行し、国際統合が進む」（田中明彦・中西寛編『新・国際政治経済の基礎知識』（有斐閣、二〇〇四年）一〇頁）という意味での「機能主義（functionalism）」とは異なる。

(61) 最上『前掲書』（第一章注8）二二二―二二三頁。

(62) この点については、「国連や国際システムの規範は、どのようにして独立のために制度を整えていくかという実務的レベルよりはむしろ、倫理的価値観におけるレベルで作用」し、「第二次大戦後には、リベラルな指導者としてのアメリカ、社会主義国のソ連、および中国を初めとする『南』の国々が、従来の帝国のパターナリズム的考え方や人種的序列を超えた、より平等で理想的な脱植民地化のための国際規範を形成しようと模索」した、というのが一般的な構造であるといえよう。松本八重子「脱植民地化の国際規範と憲法改正」『国際政治』第一四七号（二〇〇七年一月）一二八頁。

(63) Reparation for Injuries Suffered in the Service of the United Nations, Advisory Opinion, *ICJ Reports 1949*, p. 174 (11 April 1949).

(64) 黙示的権限を巡る日本語の主要文献としては、佐藤『前掲書』（第一章注7）第6章、佐藤哲夫『国際組織の創造的展開――設立文書の解釈理論に関する一考察』（勁草書房、一九九三年）、小寺彰「国際機構の法主体性――歴史的文脈の中の『損害賠償事件』」国際法学会編『国際機構と国際協力（日本と国際法の一〇〇年第八巻）』（三省堂、二〇〇一年）五五―七四頁などを参照。

(65) 佐藤『前掲書』（第一章注7）九〇頁。

(66) UN Doc. SC / 9000 (17 April 2007).

(67) （参考）植木俊哉「国際組織の国際法定立機能に関する一考察――『国際立法』概念の批判的検討を手がかりとして」『法学』第五二巻五号（一九八八年）二〇三―二〇五頁。

(68) 中村道「日本における国際機構法研究」『国際法外交雑誌』第九六巻四・五合併号（一九九七年）一二九頁。

(69) 国連（安保理）の合法性・正統性問題を扱った論稿は多数存在するが、最近のモノグラフとしては、例えば、David Schweigman, *The Authority of the Security Council under Chapter VII of the UN Charter : Legal Limits and the Role of the International Court of Justice*

(Kluwer Law International, 2001) や Erika de Wet, *The Chapter VII Powers of the United Nations Security Council* (Hart Publishing, 2004) (hereinafter, referred to as de Wet, *The Chapter VII Powers.*); Kenneth Manusama, *The United Nations Security Council in the Post-Cold War Era* (Martinus Nijhoff Publishers, 2006) などがある。

（70）佐藤「前掲論文」（第1章注2）二二二頁。

（71）酒井啓亘「国連憲章第三九条の機能と安全保障理事会の役割――「平和に対する脅威」概念の拡大とその影響」山手・香西編『前掲書』（第1章注24）二四一―二六九頁（以下、酒井「国連憲章第三九条の機能」）。

（72）「同上論文」二五九頁。

（73）清水奈名子「国連安全保障理事会と弱者の保護――冷戦後の実行を中心として」『グローバル化と社会的「弱者」』（平和研究第三一号）（早稲田大学出版部、二〇〇六年）四七―六六頁。

（74）大沼『前掲書』（第1章注35）七七―八〇頁。

【第三章　国際組織史の中の領域管理】

（1）Ralph, Wilde, "From Danzig to East Timor and beyond: The Role of International Territorial Administration," *American Journal of International Law (AJIL)*, Vol. 95 (2001), pp. 583-606 (hereinafter referred to as, Wilde, "From Danzig to East Timor"). なおワイルドは、二〇〇八年に、*International Territorial Administration: How Trusteeship and the Civilizing Mission Never Went Away* (Oxford University Press) を刊行し、同書中でもITAを略称として使用している。また、Carsten Stahn の著書も *The Law and Practice of International Territorial Administration: Versailles to Iraq and Beyond* (Cambridge University Press, 2008) という題名である。administration をどのように邦訳するかという問題はあるものの、暫定性を示唆する言葉が含まれていない点では筆者の問題認識と共通するものがある。

（2）なお、植木が、国際機構がその本部領域に対して有する権能とカンボジアにおけるPKOなどの事例の双方をあわせて「領域管理権能」の具体例に含めていることも既に紹介した通りである。

（3）酒井啓亘「国連憲章第七章に基づく暫定統治機構の展開――UNTAES・UNMIK・UNTAET」『神戸法学雑誌』第五〇巻二号（二〇〇〇年九月）八一―一四八頁（以下、酒井「暫定統治機構」）および家正治「国際連合による領域統治」山手治之・香西茂『現代国際法における人権と平和の保障（二一世紀における人権と平和――国際法の新しい発展をめざして（下））』二九三―三一九頁。この他に、「施政権」を用いたもの（神山晃令「国際連合の施政権能」『国際法外交雑誌』第八七巻一号二五―六五頁）もある。

（4）東泰介による、横田洋三・山村恒雄編『現代国際法と国連・人権・裁判――波多野里望先生古稀記念論文集』（国際書院、二〇〇三年）

への「紹介」（『国際法外交雑誌』第一〇四巻二号（二〇〇五年九月）一二六頁）での指摘。

(5)　例えば、『広辞苑（第五版）』が「統治」を「主権者が国土および人民を支配すること」と説明するように、日常的な用語法としては、国家による権力的支配を示すものとして用いているように思われる。

(6)　横田洋三編『ＰＫＯ資料集〔第二巻〕』（第一章注12）五二四頁（コソヴォ）および六二四頁（東ティモール）。

(7)　植木俊哉「『国際組織法』の体系に関する一考察（五・完）――「国際組織法総論」構築への予備的考察」『法学』第六三巻第二号（一九九九年）一七七―一七九頁。

(8)　これはＰＫＯに対する国際法学のアプローチと共通するものである。（参考）酒井啓亘「国連平和維持活動の今日的展開と原則の動揺」『国際法外交雑誌』第九四巻五・六合併号（一九九六年二月）九三―九四頁。

(9)　Ydit, *Internationalised Territories*, p. 320 (note 1, Chapter 2). なお、「人間が居住可能な」という限定は、「いずれの国も……主権又は主権的権利を主張し又は行使してはならない」（国連海洋法条約第一三七条一項）ないとされる深海底を検討の対象から除外するためのものでしかない。

(10)　Wilde, "From Danzig to East Timor," p. 584 (note 1).

(11)　例えば、国連について「国際連合の特権及び免除に関する条約」第三項を参照。なお、佐藤哲夫『前掲書』（第一章注7）一四〇―一四一頁。

(12)　Gregory H. Fox, *Humanitarian Occupation* (Cambridge University Press, 2008).

(13)　*Ibid*., p. 3.

(14)　Simon Chesterman, *You, the People : The United Nations, Transitional Administration, and State-Building* (Oxford University Press, 2004), p. 1 (hereinafter, referred to as *You, the People*).

(15)　Cf. Christopher Greenwood, "The Administration of Occupied Territory in International Law," Playfair, Emma (ed.), *International Law and the Administration of Occupied Territories : Two Decades of Israeli Occupation of the West Bank and Gaza Strip* (Clarendon Press, 1991), p.250.

(16)　UN Doc. S / 2003 / 538 (8 May 2003).

(17)　UN Doc. S / RES / 1244, 10 June 1999, para. 6.

(18)　新井「前掲論文」（第二章注24）四六四―四六七頁。

(19)　Carsten Stahn, "International Territorial Administration in the former Yugoslavia : Origins, Developments and Challenges ahead,"

Zeitschrift für auslandisches öffentliches Recht und Völkerrecht, Vol. 61 (2001), p. 152.

(20) ここには、ジュネーヴ第四条約の当事国ではない国連が同条約上の義務を負い得るかという問題も潜んでいる。これについては、例えば、Fox, *op. cit*., pp. 222-232 (note 12).

(21) Ydit, *Internationalised Territories*, p. 21 and pp. 319-320.

(22) Wilde, "Representing ITA," pp. 73-81 (note 21, Chapter 1).

(23) ダンチッヒ自由市については、本文中で引用したもののほか、Ydit, *Internationalised Territories*, pp. 50-51, pp. 185-230 (note 1, Chapter 2); J. H. W. Verzijl, *International Law in Historical Perspective (Part II International Persons)* (A. W. Sijthoff, 1969), pp. 510-546; John Kuhn Bleimaier, "The Legal Status of the Free City of Danzig 1920-1939: Lessons to be Derived from the Experience of a Non-State Entity in the International Community," *Hague Yearbook of International Law 1989*, pp. 69-83がそれぞれ詳細な検討を加えている。

(24) Wilde, "From Danzig to East Timor", p. 586 (note 1).

(25) 田岡良一「ダンチヒ自由市の国際法上の制度」『国際法外交雑誌』第三一巻二号（一九三二年）二五頁。

(26) 田岡「同上論文」（注25）二六―二七頁（なお、原文の表記を新字体に改めて引用した）。

(27) Malcolm M. Lewis, "The Free City of Danzig," *The British Yearbook of International Law*, Vol. 1 (1920-21), p. 93.

(28) Wilde, "From Danzig to East Timor," p. 587 *infra* (note 1).

(29) Lewis, *op. cit*., p. 100 (note 27).

(30) *Ibid*., p. 93 (note 27).

(31) ルイスがこの点との関連で、委任統治についてもダンチッヒ自由市同様、国際連盟が任命する高等弁務官方式を置くことで、形式的には「文明の神聖な信託」によるものとされながら、実態において受任国自身の利益を目指した委任統治が実施されているとの疑念を払拭できる、と指摘していることは注目に値する（*op. cit*, note 27, pp. 101-102）。

(32) 田岡良一「ザール地域の法的構成（一）」『国際法外交雑誌』第二九巻九号（一九三〇年）四〇頁。

(33) 田岡「同上論文」（注32）四五頁。

(34) 「同上論文」四五頁（なお引用にあたって漢字を平仮名に変えるなどの修正を施した）。

(35) 田岡「同上論文」および「ザール地域の法的構成（二）」『国際法外交雑誌』第二九巻一〇号（一九三〇年）二三―六五頁。なお、ザール地域についての包括的な研究書として、宮崎繁樹『ザールラントの法的地位』（未來社、一九六四年）がある。

(36) そのためもあってか、イディットはザールについて、あくまでも「暫定的な措置（*temporary arrangement*、イタリックは原文）」であったとして詳細な検討を加えていない。

（37） 桐山『前掲書』（序章注16）二四—二七頁。

（38） Chesterman, *You, the People*, pp. 19-20 (note 14).

（39） 最上『前掲書』（第一章注8）五一頁。

（40） そのような視点からの分析として、臼杵英一「PKOの起源——國際聯盟レティシア委員会（一九三三〜三四年）」軍事史学会編『PKOの史的検証』（錦正社、二〇〇七年）二七—五六頁。

（41） Chesterman, *You, the People*, p. 24 (note 14).

（42） 調停の経緯やそこでの法的論点については、臼杵「前掲論文」（注40）三三—四〇頁を参照。

（43） L. H. Woolsey, "The Leticia Dispute between Colombia and Peru," *AJIL*, Vol. 29 (1935), p. 94.

（44） *Ibid.*, p. 96.

（45） 臼杵「前掲論文」（注40）四三頁、Wilde, *op. cit.*, p. 588 (note 1). なお、イディットはレティシアが一貫してコロンビア領であったことを理由に、「国際化された領域」の範疇には入れていない（Ydit, *Internationalised Territories*, pp. 59-61, especially, p. 61.

（46） Wilde, *op. cit.*

（47） Chesterman, *You, the People*, p. 25 (note 14).

（48） トリエステ自由地域を巡る詳細な経緯については、神山「前掲論文」（注3）二八—三二頁、Ydit, *Internationalised Territories*, pp. 231-272を参照。

（49） Chesterman, *You, the People*, p. 52 (note 14).

（50） 家正治『非自治地域制度の展開』（神戸市外国語大学外国学研究所、一九七四年）五頁。

（51） 国連憲章第七三条「人民がまだ完全には自治を行うに至っていない地域の施政を行なう責任を有し、又は引き受ける国際連合加盟国は、この地域の住民の利益が至上のものであるという原則を承認し、且つ、この地域の住民の福祉をこの憲章の確立する国際の平和及び安全の制度内で最高度まで増進する義務並びにそのために次のことを行う義務を神聖な信託として受諾する。……」

（52） 金東勲『前掲書』（第二章注41）二一四頁。

（53） UN Doc. A / RES / 66 (1) (14 December 1946).

（54） 金『前掲書』（第二章注41）二四五—二四七頁。家『前掲書』（注50）四七—五〇頁。

（55） この点については、本書では深く立ち入らない。桐山『前掲書』（序章注16）、とくに第一章を参照。

(56) 一九六八年の国連総会決議二三七二（XXII）により「南西アフリカ」は「ナミビア」に改称されたが、煩雑化を避けるため、本書では引用等の場合を除き「ナミビア」に統一した。

(57) インドネシア独立の際の「ハーグ円卓会議」の結果については、Rosalyn Higgins, *United Nations Peacekeeping 1946-1967 : Documents and Commentary II (Asia)* (Oxford University Press, 1970), p. 91 以下を参照。

(58) UN Doc. A / 5170, Annex A (20 August 1962). なお横田洋三編『国連による平和と安全の維持（以下、PKO資料集〔第1巻〕）』（国際書院、二〇〇〇年）六四九―六五三頁に抄訳がある。

(59) 置き換えられるべき高級官吏の役職については、同協定付属文書Aに規定されている（Higgins, *op. cit.* (note 8), p. 106)。

(60) 神山「前掲論文」（注3）四〇頁。

(61) Chesterman, *You, the People*, p. 66 (note 14).

(62) 家『前掲書』（注50）一二六頁。

(63) Chesterman, *You, the People*, p. 67 (note 14).

(64) International Status of South West Africa, Advisory Opinion, *ICJ Reports 1950*, p. 128 (11 July 1950), Admissibility of Hearings of Petitioners by the Committee on South West Africa, Advisory Opinion, *ICJ Reports 1956*, p. 23 (1 June 1956), and Legal Consequences for States of the Continued Presence of South Africa in Namibia (South West Africa) notwithstanding Security Council Resolution 276 (1970), Advisory Opinion, *ICJ Reports 1971*, p. 16 (21 June 1971).

(65) South West Africa, Second Phase, Judgement, *ICJ Reports 1966*, p. 6 (18 July 1966).

(66) 邦語による代表的なものとして家正治『ナミビア問題と国際連合』（神戸市外国語大学外国学研究所、一九八四年）、神山「前掲論文」（注3）。

(67) UN Doc. A / AC.131 / 33 (27 September 1974).

(68) Cf. UN Doc. A / RES / 2871 (XXVI), 20 December 1971.

(69) Cf. UN Doc. A / RES / 3031 (XXVII), 18 December 1972.

(70) 詳細については、家『前掲書』（注66）九七頁、神山「前掲論文」（注3）四八頁。

(71) Chesterman, *You, the People*, pp. 58-60 (note 14).

(72) Ydit, *Internationalised Territories*, p. 310 (note 1, Chapter 2).

(73) UNTACの正式名称は United Nations Transitional Authority in Cambodia であるから、本来はカンボジア暫定当局とでも訳出すべ

きであろう。ここでは横田編『PKO資料集〔第一巻〕』（注58）六八六頁に拠った。

（74）Steven R. Ratner, "The Cambodia Settlement Agreement," *AJIL*, Vol. 87 (1993) No. 1, p. 9.

（75）*Ibid*., pp. 9-10.

（76）なお、UNTACの活動に対する全般的な評価・分析として上杉『前掲書』（第二章注19）（とくに第五章）を参照。

（77）「旧ユーゴ」は、連邦を構成していた共和国の分離・独立後、セルビアとモンテネグロによって構成される「ユーゴスラビア連邦共和国（新ユーゴ）」との対比で用いられる名称である。しかし、新ユーゴも二〇〇三年にはセルビア・モンテネグロという国家連合となり、さらに二〇〇六年六月にはモンテネグロが独立したため、「新・旧」という区別も歴史的なものとなった。とはいえ本書では、慣例的に「旧ユーゴ（スラヴィア）」と記す。なお、旧ユーゴ内戦を巡っては、さしあたり柴宜弘『ユーゴスラヴィア現代史（岩波新書）』（岩波書店、一九九六年）、久保慶一『引き裂かれた国家——旧ユーゴ地域の民主化と民族問題』（有信堂高文社、二〇〇三年）、月村太郎『ユーゴ内戦——政治リーダーと民族主義』（東京大学出版会、二〇〇六年）（とくに第五章）を参照。

（78）久保『同上書』（注77）一六八頁。

（79）S / RES / 981 (31 March 1995), para. 3.

（80）UN Doc. A / 50 / 757-S / 1995 / 951 (15 November 1995).

（81）S / RES / 1145 (19 December 1997).

（82）Chesterman, *You, the People*, p. 131 (note 14).

（83）久保『前掲書』（注77）一六五頁と同頁の表6。

（84）『同上書』（注77）一六九頁。

（85）『同上書』（注77）二〇七—二〇八頁、横田編『PKO資料集〔第二巻〕』（第一章注12）五二四頁などを参照。

（86）最上敏樹『人道的介入——正義の武力行使はあるか』（岩波書店、二〇〇一年）九六頁。

（87）UN Doc. S / 1999 / 672 (12 June 1999), para. 5.

（88）UN Doc. S / 2007 / 168 / Add. 1 (26 March 2007).

（89）国連総会決議六三／三（二〇〇八年一〇月八日）。

（90）なお、アハティサーリによる報告書の概要や独立直後の動きについては、山田哲也「コソヴォ独立と国連・EU——介入による国家創設?」田中俊郎・庄司克宏・浅見政江編『EUのガヴァナンスと政策形成』（慶應義塾大学出版会、二〇〇九年）二一一—二二六頁で概略的な検討を行っている。

(91) 東ティモールが独立に至るまでの経緯については、松野明久『東ティモール独立史』（早稲田大学出版部、二〇〇二年）を参照のこと。また、筆者は、「東ティモールにおける国連の活動と『人道的介入』」日本国際連合学会編『人道的介入と国連（日本国際連合学会年報2）』（国際書院、二〇〇一年）一一五―一三四頁と「人道的介入論と東ティモール」『国際問題』第四九三号（二〇〇一年四月）六三―七五頁で一九九九年の「住民投票」前後の状況について検討したほか、横田編『PKO資料集〔第二巻〕』（第一章注12）六二四―六四七頁と、国際法学会編『国際関係法辞典〔第二版〕』（三省堂、二〇〇五年）において「国連東ティモール暫定統治機構」の項目を担当した（三七二頁）。本書では、これら筆者自身による論考を基に執筆している。

(92) UN Doc. A / 53 / 951-S / 1999 / 513, Annex I, II and III.

(93) 久保『前掲書』（注77）一八七頁。

(94) 橋本敬市「ボスニア・ヘルツェゴヴィナ――国際支援の課題」稲田『前掲書』（序章注3）二〇七頁。

(95) 橋本敬市「ボスニア和平プロセスにおける上級代表の役割――ポスト・デイトン期におけるマンデートの拡大」『外務省調査月報』（二〇〇〇年第三号）五二―五三頁。

(96) 橋本「同上論文」（注95）五八頁。このような上級代表の権限は「ボン・パワー」と呼ばれるが、一部はさらに拡大解釈されているという（五九頁）。

(97) European Stability Initiative, *Reshaping international priorities in Bosnia and Herzegovina : Part Three The end of the nationalist regimes and the future of the Bosnian state* (22 March 2001), p. 3.

(98) UN Doc. S / 2007 / 168 (26 March 2007), Annex, para. 11.

(99) Cf. Wilde, "Representing ITA," p. 96 (note 21, Chapter 1).

(100) Ydit, *Internationalised Territories*, pp. 319-320 (note 1, Chapter 2).

【第四章　領域管理の実施権限と法的性質】

(1) 国際組織の定義の類型とその含意については、植木俊哉「国際組織の概念と『国際法人格』」柳原編『前掲書』（第二章注27）二五―五八頁、とくに二八―四〇頁を参照。

(2) Henry G. Schermers and Niels M. Blokker, *International Institutional Law : Unity within Diversity* (Fourth Revised Edition) (Martinus Nijhoff Publishers, 2003), Sec. 209, p. 155-156.

(3) *Ibid.*, p. 156.

（4） 第二章第1節二を参照。

（5） *Documents of the United Nations Conference on International Organization*, Vol. 3, p. 365 and pp. 371-2, Doc 2G / 7 (n) (1) (hereinafter, referred to as *UNCIO Documents*).

（6） *UNCIO Documents*, Vol. 12, pp 353-5, Doc. 539 III / 3 / 24.

（7） *Repertory of Practice of United Nations Organs*, Volume 2, Article 24, paragraphs 14-16. 神山「前掲論文」（第三章（注3））五二一五三頁。藤田久一『国連法』（東京大学出版会、一九九八年）一五五頁。なお、このような安保理の保障権限を憲章第二四条一項に基礎付けることについて疑義を呈したオーストラリアは、安保理決議の採択にあたって棄権票を投じている。

（8） Hans Kelsen, *The Law of the United Nations : A Critical Analysis of its Fundamental Problems* (Stevens, 1950), p. 651.

（9） Cf. Chesterman, *You, the People*, p. 50 (note 14, Chapter 3).

（10） Cf. José E. Alvarez, *International Organizations as Law-makers* (Oxford University Press, 2005), p. 92 and Erika de Wet, "The Direct Administration of Territories by the United Nations and its Member States in the Post Cold War Era : Legal Bases and Implications for National Law," *Max Planck Yearbook of United Nations Law*, Vol. 8 (2004), p. 309.

（11） *Competence of the International Labour Organization to regulate, incidentally, the personal work of the employer*, Advisory Opinion No. 13, PCIJ Ser. B., No. 13, 1925.

（12） *Reparation for injuries suffered in the service of the United Nation, Advisory Opinion : ICJ. Reports* 1949, pp. 182-183.

（13） *Certain expenses of the United Nations (Article 17, paragraph 2, of the Charter), Advisory Opinion of 20 July 1962 : ICJ Reports* 1962, pp. 171-172

（14） *Ibid*., p. 175.

（15） Stahn, *op. cit*. (note 19, Chapter 3), p. 130.

（16） Matthias Ruffert, "The Administration of Kosovo and East Timor by the International Community," *International and Comparative Law Quarterly (ICLQ)*, Vol.50 (2001), pp. 620-621.

（17） 田岡「前掲論文」（第三章注25）五頁。

（18） 篠田『前掲書』（序章注5）六四―六五頁。

（19） 『同上書』六五―六九頁。Jane Stromseth (*et. al*.), *Can Might Make Rights? Building the Rule of Law After Military Interventions* (Cambridge University Press : 2006), pp. 85-134.

(20) UN Doc. A / 50 / 757-S / 1995 / 951 (15 November 1995), annex.

(21) UN Doc. S / 1999 / 516 (6 May 1999), Annex.

(22) UN Doc. S / 1999 / 649 (7 June 1999), Annex.

(23) UN Doc. A / 53 / 951-S / 1999 / 513 (5 May 1999), Annex I.

(24) 委任状の法的性質については、南西アフリカ事件（先決的抗弁）判決において、「条約の性質を持つ」ことが確認されている（*South West Africa Cases (Ethiopia v. South Africa ; Liberia v. South Africa), Preliminary Objections, Judgment of 21 December 1962 : ICJ Report* ; 1962, p. 317）。

(25) 金『前掲書』（第二章注41）七一―七八頁。

(26) 『同上書』二四五―二四七頁。

(27) "Principles which should guide Members in Determining whether or not an obligation exists to transmit the information called for under Article 73 e of the Charter," GA Res. 1541 (XV) (15 December 1960).

(28) "The situation with regard to the implementation of the Declaration on the granting of independence to colonial countries and peoples," GA Res. 1654 (XVI) (27 November 1961). なお、委員会の名称については、金『前掲書』（第二章注41）二五〇頁のように「宣言の履行状態に関する特別委員会」と記されることもある。

(29) 『同上書』（第二章注41）二五〇頁。

(30) 慣習的権限については、Henry G. Schermers and Niels M. Blokker, *International Institutional Law : Unity within diversity* (4th revised edition) (Martinus Nijhoff Publishers, 2003), pp. 175-176, §232.

(31) 「国際機構の補助機関」国際法学会編『国際関係法辞典』（第三章注91）二六八―二六九頁（秋月弘子執筆）。

(32) 柘山堯司『ＰＫＯ法理論序説』（東信堂、一九九五年）一三八頁。

(33) 神山「前掲論文」（第三章注3）六四頁。

(34) ＵＮＴＥＡの任務完了時に採択された総会決議二五〇四（XXIV）（一九六九年一一月一九日）第一項も「事務総長とその代表に委任された任務が達成されたことを、謝意と共に承認する」と記しており、総会がＵＮＴＥＡの任務を終了させたわけではない。

(35) Michael J. Matheson, "United Nations Governance of Postconflict Societies," *American Journal of International Law*, Vol. 95 (2001), pp. 83-84.

(36) The Prosecutor v. Tadic a / k / a "Dule" (Case No. IT-94-1-Ar72.A.Ch.), Decision on the Defence Motion for Interlocutory Appeal

on Jurisdiction, *International Law Reports*, Vol. 105, p. 453.

(37) de Wet, Erika, "The Direct Administration of Territories by the United Nations and its Member States in the Post Cold War Era : Legal Bases and Implications for National Law," *Max Planck Yearbook of United Nations Law*, Vol. 8 (2004), p. 316.

(38) 酒井「前掲論文」（第一章注25）一〇七および一一六頁。

(39) 「同上論文」九七—九八頁。

(40) Matthias Ruffert, "The Administration of Kosovo and East Timor by the International Community," *ICLQ*, Vol. 50 (2001), p. 619.

(41) André J. J. de Hoogh, "Attribution or Delegation of (Legislative) Power by the Security Council? The Case of the United Nations Transitional Administration if East Timor (UNTAET)," *International Peacekeeping : Yearbook of International Peace Operations*, Vol. 7 (2001), pp. 10-11.

(42) 則武輝幸「合意に基づく強制」横田・山村編『前掲書』（第三章注4）三〇頁。

(43) 香西茂「前掲論文」（第一章注24）二三二—二三三頁。

(44) 酒井啓亘「前掲論文」（第一章注24）二五九頁。

(45) 松田竹男「国際連合の集団安全保障」『国際法外交雑誌』第九四巻五・六合併号（一九九六年）八二頁。

(46) 山本条太「国際の平和及び安全の維持と国家管轄権」村瀬信也・奥脇直也編『国家管轄権——国際法と国内法（山本草二先生古稀記念論文集）』（勁草書房、一九九八年）六七九頁。

(47) Ruffert, *op. cit.*, p. 620 (note 40).

(48) UNMIKとUNTAETがこのような二重的性格を持っていることについて、Ruffert, *ibid.*, p. 626 (note 40) も同様の指摘をする。

(49) ここで、補助機関の活動のすべてを上位機関が統制できるとは限らない。例えば、国連行政裁判所は国連総会の補助機関であるが、同裁判所の判決は国連総会をも拘束する（Advisory Opinion on Effect of Awards of Compensation Made by the United Nations Administrative Tribunal, *I. C. J. Reports*, 1954, p. 47）。ただし、これは裁判所（あるいはその判決）に固有の組織原理に基づくものであり、一般的には主要機関の統制が補助機関に及ぶと考えてよいと思われる。

(50) 田岡「前掲論文」（第三章注25）二三頁。

(51) UN Docs. S / 1999 / 748 and S / 1999 / 749 (6 July 1999).

(52) Cf. S / RES / 1244, para. 20 (UNMIK) and S / RES / 1272, para. 18 (UNTAET).

(53) Regulation No. 1999 / 1 on the Authority of the Transitional Administration in East Timor, UN Doc. UNTAET / REG / 1999 / 1 (27

November 1999). なおコソヴォについても同様の規則 (Regulation No. 1999/1 on the Authority of the Interim Administration in Kosovo, UN Doc. UNMIK/REG/1999/1 (25 July 1999)) がある。

(54) これらの「規則」が形式的に「国連に固有の法」と「国内法」の二重的な性格を持つことを認めるものとして，Ruffert, *ibid.* (note 40), pp. 622-624; Andreas Zimmermann and Carsten Sthan, "Yugoslav Territory, United Nations Trusteeship or Sovereign State? Reflections on the current and future legal status of Kosovo," *Nordic Journal of International Law*, Vol. 70 (2001), pp. 443-444 がある。

(55) S/RES/668 (1990) (20 September 1990), para. 4.

(56) UN Doc. A/46/608-S/23177, Annex 1, Section A, para. 2 (c) (30 October 1991).

(57) *Ibid.*, Section B, para 1.

(58) 「施政委員会」の権限の詳細については，宮崎『前掲書』（第三章注35）二九―三六頁を参照。

(59) 田岡『委任統治の本質』（第二章注36）二一一―二一七頁及び二六一―二七二頁。なお，桐山「領土帰属論からガバナンス論への展開」（第二章注7）四―六頁参照。

(60) 田岡『同上書』一七八―一九九頁。田岡は，ヴェルサイユ条約第一一九条に基づき，旧ドイツ領植民地が一時的にPAAPの「共同的領有権」の下に置かれたことは認めつつも，国際連盟規約第二二条に従って受任国が選定された後は，もはやPAAPに「主権」はないとして，PAAP主権説（主要強国主権説）を批判する（一八六―一八七頁）。

(61) 等松春夫「南洋群島の主権と国際的管理の変遷――ドイツ・日本・そしてアメリカ」中京大学社会科学研究所・国際関係から見た植民地帝国日本研究プロジェクト編（浅野豊美編集代表）『南洋群島と帝国・国際秩序』（中京大学社会科学研究所，二〇〇七年）四〇―四六頁。ただし，同書が指摘する通り，ドイツから日本への「割譲」といっても，その根拠が「秘密交換公文であるがゆえに日独以外の列国が感知するところではなく，南洋諸島は国際的には依然として日本を受任国とする国際連盟C式委任統治領であった」（四六頁）ことに変わりはない。なお，「日本国との平和条約」（一九五二年四月二八日）第二条（d）は，「日本国は，国際連盟の委任統治制度に関連するすべての権利，権原及び請求権を放棄し，且つ，以前に日本国の委任統治の下にあった太平洋の諸島に信託統治を及ぼす千九百四十七年四月二日の国際連合安全保障理事会の行動を受諾する」と規定しているので，日独間の秘密交換公文の存在を連合国側が知っていたかどうかはともかく，南洋諸島に対する日本の委任統治領の施政国としての地位は，国際連盟脱退によっても変化はなく，日本の敗戦によって初めて委任統治を終了させるものとして取り扱われていたことが窺える。

(62) International Status of South West Africa, Advisory Opinion, *ICJ Reports 1950*, p. 128.

(63) 第三章三節二（2）参照。

(64) 田岡「前掲論文」（第三章注25）三三頁。

(65) Lewis, *op. cit*., pp. 100-101 (note 27, Chapter 3).

(66) Crawford, *op. cit*., p. 240 (note 2, Chapter 2).

(67) Jurisdiction of the Courts of Danzig (Pecuniary Claims of Danzig Railway Officials who have Passed into the Polish Service, against the Polish Railways Administration), Advisory Opinion, *Permanent Court of International Justice, Series B., No. 15, 1928*, p. 17. この事件の争点は、「職員に関する確定協定」に依拠して、個人がダンチッヒ裁判所に出訴できるか、という点であって、ダンチッヒ自由市の国家性そのものが問題となったわけではない。しかし、本件が、「国際協定」である本確定協定に基づいて個人の権利義務を創設できるか、また、それに基づいて個人の出訴権が認められるか、のリーディングケースとして扱われていることの前提として、ダンチッヒ自由市が一定の国際法主体性を有する領土団体と見なされていたことは明らかであろう。なお、本勧告意見の評釈として、戸田五郎「国家の合意による個人への権利付与――ダンチッヒ裁判所の管轄権事件」山本草二・古川照美・松井芳郎編『国際法判例百選（別冊ジュリスト第一五六号）』（有斐閣、二〇〇一年）三二―三三頁及び同所の参考文献を参照。

(68) ただし、総督は条約に対する拒否権を持つと共に（恒久憲章第二四条一項）、ダンチッヒ自由地帯が加盟できる国際組織を「経済的、技術的、文化的、社会的及び保健的問題」を扱うものに限るとしていた（同三項）。

(69) ただし、条約上の用語は governance ではなく government である。

(70) 宮崎『前掲書』（第三章注35）四〇―四一頁。

(71) 『同上書』（第三章注35）四一頁。

(72) Higgins, *op. cit*., p. 93 (note 57, Chapter 3).

(73) UN Doc. A / 4915 (9 October 1961), *reprinted in* Higgins, *ibid*., pp. 96-98.

(74) Higgins, *ibid*., p. 98. なお神山「前掲論文」（第三章注3）38頁。

(75) Cf. S / RES / 753 (18 May 1992) and A / RES / 46 / 238 (22 May 1992).

(76) S / 1995 / 951-A / 50 / 757, annex (15 November 1995).

(77) 月村は、これを「擬似国家」と呼んでいる（月村『前掲書』（第三章注77）二八三頁の［付図2］）。

(78) 酒井「前掲論文」（第一章注25）八八頁。

(79) コソヴォにおける自治権強化や独立要求については、例えば久保『前掲書』（第三章注77）二〇七―二一七頁を参照。

(80) Cf. S / RES / 1160 (31 March 1998)（前文七項）、S / RES / 1199 (23 September 1998)（前文一一項）、S / RES / 1203 (24 October 1998)

（前文一三項）、S / RES / 1239 (14 May 1999)（前文六項）、S / RES / 1244 (10 June 1999)（前文一〇項）など。

（81） Cf. UN Doc. S / 2006 / 168 (26 March 2007).

（82） 第三章でも触れたように、この独立宣言の合法性について確定したわけではないが、日本をはじめとしてコソヴォの独立に対して国家承認を与えた国が存在する以上、コソヴォに対するセルビア共和国の主権は消滅したか、消滅しつつあると理解することが適当であろう。なお、山田「前掲論文」（第三章注90）も参照のこと。

（83） GA Res. 1699 (XVI) (19 December 1961) and GA Res. 1807 (XVII) (14 December 1962).

（84） Article 4 of Portuguese Council of the Revolution Constitutional Law 7-75 (17 July 1975), reprinted in, *East Timor and the International Community : Basic Documents* (Cambridge International Documents Series, Vol. 10) (Cambridge University Press, 1997), pp. 35-36.

（85） GA Res. 3485 (XXX)(12 December 1975), GA Res. 31 / 53 (1 December 1976), GA Res. 32 / 34 (28 November 1977), GA Res. 33 / 39 (13 December 1978), GA Res. 34 / 40 (21 November 1979), GA Res. 35 / 27 (11 November 1980), GA Res. 36 / 50 (24 November 1981) and GA Res. 37 / 30 (23 November 1982).

（86） UN Doc. A / 53 / 952-S / 1999 / 513, annex (5 May 1999).

（87） Lewis, *op. cit*. (note 27, Chapter 3), p. 95. 宮崎『前掲書』（第三章注35）四三頁。

（88） 宮崎『同上書』四〇—四一頁。

（89） ただし、UNTAET（及びその暫定行政官）に付与されるべき職務権限について記した国連事務総長報告書（UN Doc. S / 1999 / 1024, 4 October 1999）第三五項には「国連は、国家または国際組織との間で、東ティモールにおけるUNTAETの任務遂行にあたって必要となる国際合意を締結する」と記され、安保理はこの事務総長報告書「に従って（in accordance with）」UNTAETを設立した（S / RES / 1272, para 1）のであるから、間接的な根拠規定があると考えることもできる。

（90） UN Doc. S / 2000 / 539, 6 June 2000), para. 20.

（91） “Kosovo : UN and Council Europe sign important human rights accords,” *at* 〈http:// www.UNMIKonline.org / news〉 [7 July 2007].

（92） Exchange of Notes constituting an Agreement between the Government of Australia and the United Nations Transitional Administration in East Timor (UNTAET) concerning the continued Operation of the Treaty between Australia and the Republic of Indonesia on the Zone of Cooperation in an Area between the Indonesian Province of East Timor and Northern Australia of 11 December 1989 [http:// www.austlii.edu.au / au / other / dfat / treaties / 2000 / 9.html, 6 July 2007].

(93) Treaty between Australia and the Republic of Indonesia on the Zone of Cooperation in and Area between the Indonesian Province of East Timor and Northern Australia. Done over Zone of Co-operation (11 December 1989), reprinted in *International Legal Materials*, Vol. 29 (1990), pp. 475-537.

(94) Cf. Anthony Aust, *Modern Treaty Law and Practice* (Cambridge University Press, 2000), pp. 17-22.

(95) *Ibid*., pp. 10-11 (italics original). オーストは英国外務省の法務官（Legal Counsellor）であることを考えれば，同じく英米法系のオーストラリアでも同様の実行が為されている可能性が高い。

(96) Crawford, *op. cit*., p. 660 (note 2, Chapter 2). なお同書の初版（一九七九年）での該当箇所（三九三－三九四頁）において *locus ponitentiae* という表現を用いて説明しているが，第二版ではその術語自身は用いられていない。

(97) Lewis, *op. cit*., p. 95 (note 27, Chapter 3).

(98) *Ibid*.

(99) 宮崎『前掲書』（第三章注35）四〇頁。

(100) 『同上書』（第三章注35）。

(101) UNTAET Regulation No. 2000 / 31 on the Establishment of Representative Offices of Foreign Governments in East Timor (UN Doc. UNTAET / REG / 2000 / 31).

(102) Regulation No. 2000 / 42 on the Establishment and Functioning of Liaison Offices in Kosovo (UN Doc. UNMIK / REG / 2000 / 42).

【第五章　領域管理機関の任務】

(1) 「国際の平和と安全の維持・回復」と関係のない権限・活動の法的根拠については，de Hoogh, *op. cit*., p. 31 (note 41, Chapter 4) を参照。

(2) UNMIK Regulation 1999 / 15 on Temporary Registration of Privately Operated Vehicles in Kosovo (UN Doc. UNMIK / REG / 1999/ 15, 21 October 1999).

(3) これらの問題については，近年，多数の論稿があるが，さしあたり，大芝・藤原・山田編『前掲書』（第二章注19），上杉勇司編『国際平和活動における民軍関係の課題（ＩＰＳＨＵ研究報告シリーズ 研究報告No.38）』（二〇〇七年四月）などを参照。

(4) Access to, or Anchorage in, the Port of Danzig, of Polish War Vessels, Advisory Opinion, *Permanent Court of International Justice, Ser. A./ B., No. 43, 1931*, p. 1.

(5) 宮崎『前掲書』（第三章注35）五六頁。

（6） 臼杵「前掲論文」（第三章注40）四五頁のほか、等松春夫「帝国からガヴァナンスへ——国際連盟時代の領域国際管理の試み」緒方貞子・半澤朝彦編著『グローバル・ガヴァナンスの歴史的変容——国連と国際政治史』（ミネルヴァ書房、二〇〇七年）九四頁。
（7） 臼杵「同上論文」（第三章注40）。
（8） 「カンボジア紛争の包括的政治解決に関する協定」附属書1、C節第一項。
（9） 上杉『前掲書』（第二章注19）二四八—二四九頁。
（10） UN Doc. S / RES / 1244 (10 June 1999), Annex I.
（11） UN Doc. S / 2000 / 53 (26 January 2000), paras. 17–24.
（12） UN Doc. S / RES / 1410 (17 May 2002), para. 12.
（13） UN Doc. A / 5170, Annex A (20 August 1962).
（14） 横田編『PKO資料集〔第1巻〕』（第三章注58）六四七頁。
（15） UN Docs. S / 23097 (30 September 1991) and S / RES / 717 (16 October 1991).
（16） 「カンボジア紛争の包括的政治解決に関する協定」附属書1、C節第1項および二項。Ratner, *op. cit.*, pp. 15–18 (note 74, Chapter 3).
（17） UN Doc. S / RES / 1244 (10 June 1999), para. 9 (a) and (b).
（18） Undertaking of demilitarisation and transformation by the UCK (signed on 20 June 1999), available at http:// www.nato.int / KFOR/ docu / docs / pdf.uck.pdf [30 August 2007].
（19） *Ibid*., paras. 9 (d) and 11 (i).
（20） UN Doc. S / 1999 / 1024 (4 October 1999), para. 75.
（21） Cf. http:// www.un.org / peace / etimor / Untaetchrono.html # 2000 [30 August 2007].
（22） ポルトガルに対する反植民地主義運動やインドネシアによる「支配」への反対運動の時代におけるフレテリン、ファリンティルの活動については、松野明久『前掲書』（第三章注91）を参照。
（23） なお、神山「前掲論文」（第三章注3）三一頁は「警視総監」の訳語を充てている。
（24） 篠田『前掲書』（序章注5）一一四頁。
（25） 平和構築における国際的文民警察要員の活動とその意義について、篠田『同上書』（序章注5）一一三—一一八頁。
（26） Annika S. Hansen, "From Congo to Kosovo : Civilian Police in Peace Operations," *Adelphi Paper*, No. 343 (The International Institute for Strategic Studies, 2002), p. 18–19.

(27) UN Doc. S / RES / 1037 (15 January 1996), paras. 10 and 11.

(28) http:// www.un.org / Depts / dpko / dpko / co – mission / UNTAES – p.htm [30 August 2007].

(29) UN Doc. S / RES / 1145 (19 December 1997). 現地に派遣された国際文民警察官の人数は、一九九八年九月末段階で一一四名であった(http:// www.un.org / Depts / DPKO / Missions / cropol.htm [30 August 2007])。

(30) UN Doc. S / 1999 / 672 (12 June 1999), para. 5 (c). なお、その他の分野と主導機関は次の通り。（a）国際的文民統治について国連、（b）人道問題について国連難民高等弁務官事務所、（d）復興について欧州連合（EU）。

(31) OSCE Doc. PC.DEC / 305 (1 July 1999), available at http:// www.OSCE.org / documents / pc / 1999 / 07 / 2577 – en.pdf [30 August 2007].

(32) Hansen, *op. cit.* (note 26), p. 37.

(33) http:// www.unmikonline.org / docs / 2007 / Fact – Sheet – apr – 2007.pdf [30 August 2007].

(34) UN Doc. S / 1999 / 1024 (4 October 1999), para. 57.

(35) http:// www.un.org / peace / etimor / news / n270300.html [30 August 2007].

(36) UNTAET Regulation 2001 / 22 on the Establishment of the East Timor Police Service (UN Doc. UNTAET / REG / 2001 / 22).

(37) UN Doc. S / RES / 1410 (17 May 2002), para. 2 (b).

(38) 「代表の任命」と「憲法の起草」を巡る、実際の対応については本書第三章二節一（1）を参照。

(39) ダンチッヒ自由市の憲法（独語版）は、http:// www.dircost.unito.it / cs / docs / Danzig1920.htm で入手可能（二〇〇七年八月三〇日現在）であるが、ここでは Ydit, *Internationalised Territories*, pp. 191–193 (note 1, Chapter 2) によった。

(40) 田岡「前掲論文」（第三章注25）二五―二六頁。

(41) 宮崎『前掲書』（第三章注35）三四頁。

(42) 「カンボジア紛争の包括的政治解決に関する協定」第一条。

(43) Chesterman, *You, the People*, p. 73 (note 14, Chapter 3).

(44) Mats Berdal and Michael Leifer, "Cambodia," Mats Berdal and Spyros Economides (eds.), United Nations Interventionism 1991–2004 (Cambridge University Press, revised and updated edition, 2007), pp. 49–50.

(45) 上杉『前掲書』（第二章注19）二四四頁。

(46) UNTAET Regulation No. 1999 / 2 on the Establishment of a National Consultative Council (UN Doc. UNTAET / REG / 1992 / 2,

2 December 1999).

（47） UNTAET Regulation No. 2000 / 3 on the Establishment of a Public Service Commission (UN Doc. UNTAET / REG / 2000 / 3, 20 January 2000).

（48） UNTAET Regulation No. 2000 / 23 on the Establishment of the Cabinet of the Transitional Government in East Timor (UN Doc. UNTAET / REG / 2000 / 23, 14 July 2000) and No. 2000 / 24 on the Establishment of a National Council (UN Doc. UNTAET / REG / 2000 / 24, 14 July 2000).

（49） http:// www.un.org / peace / etimor / news / N120700.htm [31 August 2007].

（50） UNTAET Regulation No. 2000 / 34 on Appropriations (No. 2) 2000-2001 (UN Doc. UNTAET / REG / 2000 / 34, 16 November 2000).

（51） http:// www.un.org / peace / etimor / news / 01sep06.htm and http:// www.un.org / peace / etimor / news / 01sep20.htm [31 August 2007].

（52） 東佳史「東チモールにおける国際連合の平和維持活動」『前掲書』（序章注9）二〇九頁。

（53） 首藤もと子「東ティモールと平和構築の逆説」『国際問題〔電子版〕』第五六四号（二〇〇七年九月）二八頁。

（54） UNMIK Regulation No. 200 / 1 on the Kosovo Interim Administrative Structure, Section 1 (UN Doc. UNMIK / REG / 2000 / 1, 14 January 2000).

（55） 詳細な任務・構成については、〈http:// www.unmikonline.org / 1styear / unmikat18.htm〉を参照（二〇〇七年八月三〇日）。

（56） UNMIK Regulation 2001 / 9 on a Constitutional Framework for Provisional Self-Government in Kosovo (UN Doc. UNMIK / REG / 2001 / 9, 15 May 2001).

（57） UNMIK Regulation No. 2001 / 33 on Election for the Assembly of Kosovo (UN Doc. UNMIK / REG / 2001 / 33, 15 November 2001).

（58） UNMIK Regulation 2002 / 12 on the Establishment of the Kosovo Trust Agency (UN Doc. UNMIK / REG / 2002 / 12, 13 June 2002).

（59） UNMIK Regulation 2002 / 19 on the Promulgation of a Law Adopted by the Assembly of Kosovo on Primary and Secondary Education in Kosovo (UN Doc. UNMIK / REG / 2002 / 19, 31 October 2002).

（60） UNMIK Regulation 2001 / 36 on the Kosovo Civil Service (UN Doc. UNMIK / REG / 2001 / 36, 22 December 2001).

（61） 定形衛「旧ユーゴ紛争と平和構築の課題」『国際問題〔電子版〕』第五六四号（二〇〇七年九月）四〇頁。

（62） UN Doc. S / 2002 / 436, para. 54 (22 April 2002).

（63） http:// www.unmikonline.org / archives / news04 – 02full.htm # 2404 [31 August 2007]. また、これを受けて、二〇〇三年一一月に二〇

〇七年を目標年度とした「コソヴォのための基準（Standards for Kosovo）」というプロジェクトが実施されていた。詳細は、〈http:// www.unmikonline.org / standards / index.html〉［二〇〇七年八月三一日］。

(64) UN Doc. S / 2007 / 16 / Add.1, 26 March 2007.

(65) 例えば、日本経済新聞（二〇〇七年九月一日朝刊〔一四版〕六面）によれば、八月三〇日にウィーンにおいてアメリカ・ロシア・欧州連合（EU）の旧ユーゴスラビア問題連絡調整グループの仲介による最終地位確定交渉が再開され、セルビアとアルバニア系との個別協議が実施されたが物別れに終わっている。

(66) なお、このEUSRは、安保理の支持に基づく「国際文民代表（International Civilian Representative : ICR）」を兼ねる（UN. Doc. S / 2007 / 16 / Add.1, Annex IX）。山田「前掲論文」（第三章注90）二一七—二一九頁。

(67) 宮崎『前掲書』（第三章注35）五六—五八頁。

(68) UN Doc. A / 5170, Annex A (note 58, Chapter 3).

(69) Higgins, *op. cit*. (note 57, Chapter 3), p. 143.

(70) Report of the United Nations Council for Namibia, Vol. 1, General Assembly Official Records, 29th Session, Supplement No. 24 (UN Doc. A.9624), pp. 37-38.

(71) UNMIK Regulation No. 2000 / 13 on the Central Civil Registry (UN Doc. UNMIK / REG / 2000 / 13, 17 March 2000).

(72) UNMIK Regulation No. 2000 / 18 on Travel Documents (UN Doc. UNMIK / REG / 2000 / 18, 29 March 2000).

(73) UNTAET Regulation No. 2001 / 3 on the Establishment of the Central Civil Registry for East Timor (UN Doc. UNTAET / REG / 2001 / 3, 16 March 2001).

(74) UNTAET Regulation No. 2000 / 9 n the Establishment of a Border Regime for East Timor (UN Doc. UNTAET / REG / 2000 / 9, 25 February 2000).

(75) ニュージーランド移民局のホームページ（http:// www.immigration.govt.nz / NZIS / operations _ manual / 4896.htm）による［二〇〇七年九月二日］。

(76) エル・サルバドルの和平プロセスについては、桐山『前掲書』（序章注16）第二部（一六七—一八八頁）を参照。

(77) Steven Ratner, *The New UN Peacekeeping : Building Peace in Lands of Conflict after the Cold War* (St. Martin's Press, 1995), pp. 151-152.

(78) Chesterman, *You, the People*, p. 224 (note 14, Chapter 3).

（79）本書の検討対象からは外れるが、カンボジアでは現在でも人権状況に問題があるとされる。例えば、ヒューマン・ライツ・ナウの報告書『カンボジア国別援助計画についての提言——人権の実現による人間の安全保障を求めて』（二〇〇七年六月）（http:// www.ngo-hrn.org / project / cam - kunibetuFINAL.pdf［二〇〇七年九月二日］）を参照。

（80）Ratner, *op. cit.* (note 77), pp. 181-182.

（81）そのような状況下でのＮＧＯの役割を指摘するものとして、篠田『前掲書』（序章注5）一二九頁。

（82）久保『前掲書』（第三章注77）二〇九頁。

（83）それ故にこそ、一九九九年三月のＮＡＴＯ空爆が「人道的介入」としての合法性・正統性を有するものか、という問題がクローズアップされることになるが、ここでは立ち入らない。なお、最上『前掲書』（第三章注86）一〇〇—一〇二頁。

（84）UN Doc. S / RES / 1244 (10 June 1999), para. 10.

（85）UN Doc. S / 1999 / 672 (12 June 1999), para. 13. ただし、少数者の保護・支援との関係ではＵＮＨＣＲとも連携している。

（86）UNMIK Regulation No.1999 / 10 on the Repeal of Discriminatory Legislation Affecting Housing and Rights in Property (UN Doc. UNMIK / REG / 1999 / 10, 13 October 1999).

（87）久保『前掲書』（第三章注77）二二一頁。

（88）*OSCE Mission in Kosovo, Kosovo International Human Rights Conference (10-11 December 1999) : Conference Documents and Report (2000)* at http:// www.OSCE.org / documents / mik / 2000 / 01 / 989 - en.pdf [30 August 2007].

（89）*Parallel Structures in Kosovo 2006-2007* at http:// www.OSCE.org / documents / mik / 2007 / 04 / 23925 - en.pdf [30 August 2007].

（90）UN Doc. UNMIK / PR / 1693, 4 September 2007.

（91）UNMIK Regulation No. 1999 / 5 on the Establishment of an Ad Hoc Court of Final Appeal and an Ad Hoc Office of the Public Prosecutor (UN Doc. UNMIK / REG / 1999 / 5, 4 September 1999).

（92）UNMIK Regulation No. 1999 / 6 on Recommendations for the Structure and Administration of the Judiciary and Prosecution Service (UN Doc. UNMIK / REG / 1999 / 6, 7 September 1999).

（93）UNMIK Regulation No. 1999 / 7 on Appointment and Removal from Office of Judges and Prosecutors (UN Doc. UNMIK / REG / 1999 / 7, 7 September 1999).

（94）UN Doc. S / 1999 / 1024 (4 October 1999), paras. 16-17.

（95）東「前掲論文」（注52）二二〇—二二一頁。

(96) UNTAET Regulation 2000 / 11 on the Organization of Courts in East Timor (UN Doc. UNTAET / REG / 2000 / 11, 6 March 2000).

(97) UNTAET Regulation No. 2000 / 11 Amending Regulation No. 2000 / 11 (UN Doc. UNTAET / REG / 2000 / 14, 10 May 2000).

(98) UNTAET Regulation No. 2000 / 15 on the Establishment of Panels with Exclusive Jurisdiction over Serious Criminal Offences (UN Doc. UNTAET / REG / 2000 / 15, 6 June 2000).

(99) UNTAET Regulation No. 2001 / 10 on the Establishment of a Commission for Reception, Truth and Reconciliation in East Timor (UN Doc. UNTAET / REG / 2001 / 10, 13 July 2001).

(100) 首藤「前掲論文」（注53）二六―二七頁。

(101) 序章1および同所の注3および注4を参照。

(102) UN Doc. GA / RES / 1803 (XVII), 14 December 1962.

(103) UN Doc. A / AC / 131 / 33, 27 September 1974. なお同布告の邦訳は，家『前掲書』（第三章注66）一〇〇―一〇二頁参照。

(104) 家『同上書』一〇二―一〇三頁。

(105) 久保『前掲書』（第三章注77）二一六頁。

(106) 外務省ホームページ（http:// www.mofa.go.jp / mofaj / area / serbia / kosovo / josei.html）による（二〇〇七年九月五日）。

(107) UN Doc. S / 1999 / 672 (12 June 1999), para. 14.

(108) Kosovo Standards Implementation Plan (31 March 2004), at http:// www.unmikonline.org / pub / misc / ksip_eng.pdf [7 September 2007].

(109) *Ibid*., p. 74.

(110) *Ibid*., p. 75 and pp. 77-85.

(111) 詳細については，EUホームページ（http:// ec.europa.eu / enlargement / enlargement_process / accession_process / how_does_a_country_join_the_EU / sap / index_en.htm [8 September 2007]）を参照。

(112) Chesterman, *You, the People*, p. 202 (note 14, Chapter 3).

(113) UN Doc. S / 1999 / 1024 (4 October 1999), para. 83.

(114) 稲田編『前掲書』（序章注3）二三一頁。

(115) UNTAET Regulation No. 2000 / 1 on the Establishment of the Central Fiscal Authority of East Timor (UN Doc. UNTAET / REG/ 2000 / 1, 14 January 2000).

(116) The World Bank East Asia and Pacific Region, East Timor : Policy Challenges for a New Nation (World Bank, 2000), para. 1.13.
(117) 東「前掲論文」（注52）二二三頁。
(118) 「同上論文」（注52）二二四―二二五頁。
(119) 首藤「前掲論文」（注53）二五頁。
(120) UNTAET Regulation No. 2000 / 3 on the Establishment of a Public Service Commission (UN Doc. UNTAET / REG / 2000 / 3, 20 January 2000).
(121) 東「前掲論文」（注52）二二四頁。
(122) 「同上論文」（注52）二二五頁。ただし、首藤「前掲論文」三〇頁（注53）では、石油価格の高騰により東ティモール石油基金への収入が増加する一方、オーストラリア側の採掘権料が巨額に上っていることが紹介されており、依然として石油・天然ガスからの収入が東ティモールの財政にとって重要ではあるものの、その詳細は明らかではない。

【第六章　国際社会の階層化と国連】

(1) 田畑茂二郎『国際法Ｉ〔新版〕（法律学全集55）』（有斐閣、一九七三年）五〇七―五〇八頁。
(2) Ruffert, *op. cit.*, pp. 628-629 (note 16, Chapter4).
(3) Stahn, *op. cit.*, pp. 115-116 (note 19, Chapter 3).
(4) ただし、田畑は、国連そのものについても「ひろくいえば」国家結合にあたる、としている（田畑『前掲書』（注1）五〇〇頁）。
(5) 例えば、Ydit, *Internationalised Territories*, pp. 319-320 (note 1, Chapter 2).
(6) 川上隆久「国連平和維持活動再考」『人道的介入と国連（国連研究第2号）』（国際書院、二〇〇一年）一四二―一四三頁。
(7) Ratner, *op. cit.*, pp. 9-10 (note 74, Chapter 3).
(8) 例えば、藤原帰一「帝国は国境を越える――国際政治における力の分布」大芝亮・古城佳子・石田淳編『国境なき国際政治（日本の国際政治学第二巻）』（有斐閣、二〇〇九年）一九七―二一六頁。
(9) Stromeseth *et. al*, *op. cit.*, pp. 1-17 (note 19, Chapter 4). マイケル・イグナティエフ（中山俊宏訳）『軽い帝国――ボスニア、コソボ、アフガニスタンにおける国家建設』（風行社、二〇〇三年）。
(10) 山本吉宣『「帝国」の国際政治学――冷戦後の国際システムとアメリカ』（東信堂、二〇〇六年）三七二頁。
(11) 『同上書』（注10）三七三頁。

（12） Stromeseth, *et. al.*, *ibid.*, p. 3 (note 19, Chapter 4).
（13） 山本有造「まえがき」山本有三編『帝国の研究――原理・類型・関係』（名古屋大学出版会、二〇〇三年）ⅰ頁。
（14） 納家政嗣『前掲書』（序章注８）一一八頁。
（15） 桐山孝信「前掲論文」（第二章注７）一六一一七頁。
（16） 御巫由美子「『ガヴァナンス』についての一考察」河野勝編『制度からガヴァナンスへ――社会学における知の交差』（東京大学出版会、二〇〇六年）二二五―二二七頁。
（17） Bain, *op. cit*, p. 14 (note 38, Chapter 2).
（18） 東田雅博『大英帝国のアジア・イメージ』（ミネルヴァ書房、一九九六年）二二頁。
（19） Bain, *op. cit.*, p. 192 (note 38, Chapter 2).
（20） *Ibid.*, p. 163.
（21） ホブスン、J・A（矢内原忠雄訳）『帝国主義論（下巻）』（岩波文庫、一九五二年）二〇五―二一〇頁（引用部分は二〇六頁。なお、旧字体は適宜、新字体に改めた）。
（22） 『同上書』（注21）二〇六頁。
（23） ホブスン（矢内原訳）『帝国主義論（上巻）』（岩波文庫、一九五一年）三頁の「訳者序」による。
（24） Bain, *op. cit.*, p. 105 and p. 139 (note 38, Chapter 2).
（25） ベイン『前掲書』（第二章注38）の第六章表題（The New Paternalism）より。
（26） Bain, *op. cit.*, p. 134 (note 38, Chapter 2).
（27） 石田淳「国際安全保障の空間的ガヴァナンス」河野編『前掲書』（注16）一九三頁。Robert H. Jackson, "Quasi-States, Dual Regimes, and Neoclassical Theory : International Jurisprudence and the Third World," *International Organization*, Vol. 41, No. 4 (Autumn, 1987), p. 531.
（28） See, for example, Bain, *op. cit.*, p.139 and p. 192 (note 38 Chapter 2).
（29） Anthony Anghie, *Imperialism, Sovereignty and the Making of International Law* (Cambridge University Press, 2005), p. 191.
（30） ICISS, *Responsibility to Protect*, p. 43, para. 5.22 (note 13, Introduction).
（31） UN Doc. A / 59 / 565, 2 December 2004.
（32） UN Doc. A / 59 / 2005, 21 March 2005.

(33) UN Docs. A / 59 / 565, para. 299 and A / 59 / 2005, para. 218. なお、二〇〇五年一〇月二四日の「世界サミット最終文書（2005 World Summit Outcome, UN Doc. A / RES / 60 / 1)」における「保護する責任」の該当箇所（第一三八項から一四〇項）では、国連憲章第一二章および第一三章への言及はない。他方で、第一七六項は、「信託統治理事会が開催されておらず、残された役割もないことに鑑み、憲章第一三章と、第一二章で同理事会に言及した部分を削除すべし」となっている。

(34) Simon Chesterman, "Virtual Trusteeship," David M. Malone (ed.), *The UN Security Council : From the Cold War to the 21st Century* (Lynne Rienner Publishers, 2004), pp. 219-233 (hereinafter, referred to as Malone, *The UN Security Council*).

(35) 等松春夫「帝国からガヴァナンスへ」『前掲書』（第五章注6）九六頁。

(36) 田岡『前掲書』（第二章注36）二九—七一頁。

(37) 桐山「領土帰属論からガバナンス論への転回」（第二章注7）四—六頁。

(38) マーク・R・ピーティー「日本植民地支配下のミクロネシア」『植民地帝国日本（岩波講座近代日本と植民地1）』（岩波書店、一九九二年）一九二頁。

(39) Bain, *op. cit.*, pp. 101-105 (note 38, Chapter 2).

(40) 例えば、G. B. Helman and S. R. Ratner, "Saving Failed States," *Foreign Policy*, Vol. 89 (1992-93), pp. 3-20.

(41) Chesterman, *You, the People* (note 14, Chapter 3), p. 249.

(42) Sharon Korman, *The Right of Conquest : The Acquisition of Territory by Force in International Law and Practice* (Clarendon Press, 1996), pp. 281-288.

(43) Manusama, *op. cit.* (note 69, Chapter 2), p. 36.

(44) 酒井「国連憲章第三九条の機能」（第二章注71）二五八頁。

(45) de Wet, *The Chapter VII Powers*, p. 135 (note 69, Chapter 2).

(46) 酒井「国連憲章第三九条の機能」（第二章注71）二四七頁。

(47) 「同上論文」（第二章注71）二五九頁。

(48) 「同上論文」（第二章注71）二六〇頁。

(49) 最上『前掲書』（第一章注8）七三頁。

(50) *Brahimi Report*, paras. 76-77 (note 22, Chapter 1).

(51) *Ibid.*, paras. 79-80 (note 22, Chapter 1).

(52) *Ibid.*, paras. 81-83 (note 22, Chapter 1).

(53) Regulation No. 1 on the Authority of the Interim Administration in Kosovo (UN Doc. UNMIK / REG / 1999 / 1), Section 3.

(54) William G. O'Neill, *Kosovo : An Unfinished Peace* (International Peace Academy Occasional Paper Series, 2002), pp. 79-80.

(55) Regulation No. 24 on the Law Applicable in Kosovo (UN Doc. UNMIK / REG / 1999 / 24), Section 1.1 (b).

(56) 一九八九年三月のセルビア共和国憲法修正により、コソヴォは実質的な自治権限を剝奪され、セルビア共和国議会の立法がコソヴォとボイボディナにも適用されることになった。さらに、コソヴォ自治州議会も、この憲法改正を受け入れたことで、コソヴォではアルバニア系住民とセルビア治安部隊の間で衝突が発生した（久保『前掲書』（第三章注77）二一〇—二一二頁）。

(57) Chesterman, *You, the People*, p. 166 (note 14, Chapter 3).

(58) 例えば、de Wet, *The Chapter VII Powers*, p. 319 (note 69, Chapter 2).

(59) Ruffert, *op. cit.*, pp. 622-624 (note 16, Chapter 4).

(60) Regulation No. 2001 / 9 on Constitutional Framework for Provisional Self-Government (UN Doc. UNMIK / REG / 2001 / 9).

(61) Sthan, *op. cit.*, p. 160 (note 19, Chapter 3).

(62) Jarat Chopra, "The UN's Kingdom of East Timor," *Survival*, Vol. 42, no. 3 (Autumn 2000), p. 29. ただしチョプラは、東『前掲書』（第五章注52）二〇五頁にあるように、ＵＮＴＡＥＴ内部の人事抗争に敗れて、職を解かれている。彼のＵＮＴＡＥＴへの批判の背景には、そういった個人的な事情も込められていると思うが、少なくともＵＮＴＡＥＴの権限の広範さと特権免除の存在は客観的な事実の部類に属する。

(63) Gabriella Rosner, *The United Nations Emergency Force* (Columbia University Press, 1963), p. 145.

(64) UN Doc. A / 45 / 594, Annex (9 October 1990).

(65) 香西茂『国連の平和維持活動』（有斐閣、一九九一年）三八一頁。

(66) Stahn, *op. cit.*, pp. 161-162 (note 19, Chapter 3) and Zimmermann and Stahn, *op. cit.*, p. 447 (note 54, Chapter 4).

(67) ＵＮＭＩＫについては安保理決議一二四四（一九九九）第二〇項、また、ＵＮＴＡＥＴについては安保理決議一二七二（一九九九）第一八項。

(68) 山本慎一「民軍協力の発展に伴う法的課題——国際社会の暫定統治を素材にして」上杉編『前掲書』（第五章注3）一〇二頁、望月康恵「国際連合による『統治』——国連東チモール暫定行政機構（ＵＮＴＡＥＴ）を題材として」『法と政治』第五五巻四号（二〇〇四年）三九頁にも同旨の指摘がある。

(69) UNMIK Regulation 2000 / 38 on the Establishment of the Ombudsperson Institution in Kosovo, UNMIK / REG / 2000 / 38 (30 June

2000).

（70） Ombudsperson Institution in Kosovo, available at http:// www.ombudspersonkosovo.org [25 August 2007].

（71） Ombudsperson Institution in Kosovo, Seventh Annual Report 2006-2007 addressed to the Assembly of Kosovo, available at http:// www.ombudspersonkosovo.org [25 August 2007].

（72） *Ibid*., p. 97.

（73） Chesterman, *You, the People* (note 14, Chapter 3), p. 149.

（74） *Ibid*.

（75） UN Doc. S / 2001 / 42, para. 38.

（76） 篠田『前掲書』（序章注5）六三頁。

（77）『同上書』（序章注5）七一頁。

（78）『同上書』（序章注5）七六―七九頁。

（79） Bain, *op. cit*., p. 170 (note 38, Chapter 2).

（80） *Ibid*., p. 147 (note 38, Chapter 2).

（81） *Ibid*., p. 192 (note 38, Chapter 2).

（82） *Ibid*., pp. 151-152 (note 38, Chapter 2).

（83） *Ibid*., p. 152 (note 38, Chapter 2).

（84） 上杉勇司「紛争後選挙と選挙支援」大芝・藤原・山田編『平和政策』（第二章注19）二四三頁。

（85） 安保理決議一二七二（一九九九）前文第三項。

（86） 桐山孝信『前掲書』（序章注16）五―一〇頁。

（87）『同上書』二四一―二四四頁。

（88） Chopra, *op. cit*., p. 29 (note 62).

（89） *Ibid*., p. 35 (note 62).

（90） 佐藤「前掲論文」（第一章注2）二二二頁。

（91） IICK, *The Kosovo Report* (note 13, Introduction).

（92） 最上『前掲書』（第一章注14）、一九八―一九九頁（傍点原文）。

(93) IICK, *op. cit.*, p. 293.

(94) Manusama, *op. cit.*, p. 7 (note 69, Chapter 2).

(95) Manusama, *ibid*. (note 69, Chapter 2). Thomas Franck, *The Power of Legitimacy among Nations* (Oxford University Press, 1990), p. 24.

(96) Manusama, *ibid*. (note 69, Chapter 2).

(97) de Wet, *The Chapter VII Powers*, p. 76 (note 69, Chapter 2) も同様の指摘をしつつ、二〇〇三年のアメリカおよびイギリスによるイラク空爆を批判し、国際立憲秩序に基礎付けられた国際共同体が危機に瀕しているとする。

(98) 井上達夫『法という企て』（東京大学出版会、二〇〇三年）三七―三八頁。

(99) 横田洋三編著『新国際機構論』（国際書院、二〇〇五年）六七頁以下。

(100) 最上『前掲書』（第一章注8） v-vi頁（傍点は原文）。

(101) 大芝亮「グローバル・ガバナンスと国連」総合研究開発機構・横田洋三・久保文明・大芝亮編『グローバル・ガバナンス――「新たな脅威」と国連・アメリカ』（日本経済評論社、二〇〇六年）三一九―三二〇頁。

(102) 佐藤「国際社会の共通利益と国際機構――国際共同体の代表機関としての国際連合について」『前掲書』（第二章注59）八四頁。

(103) Manusama, *op. cit.*, pp. 317-320 (note 69, Chapter 2). Schweigman, *op. cit.*, pp. 289-293 (note 69, Chapter 2).

(104) 萬歳「前掲論文」（第二章注18）四四頁。

(105) そのような観点からの考察に、Schweigman, *op. cit.*, Chapter 5 (pp. 205-285) (note 69, Chapter 2) がある。

(106) 佐藤「前掲論文」（第一章注2）二二三頁。

(107) UN Doc. A / RES / 60 / 1 (24 October 2005), paras. 153 and 154.

(108) Wilde, "Representing ITA'" (note 21, Chapter 1), p. 96.

(109) Certain Expenses of the United Nations (Article 17, paragraph 2, of the Charter), Advisory Opinion, *ICJ Reports 1962*, p. 151.

(110) Jean-Marc Coicaud, "International democratic culture and its sources of legitimacy : The case of collective security and peacekeeping operations in the 1990s," in Jean-Marc Coicaud and Veijo Heiskanen (eds.), *The legitimacy of international organizations* (United Nations University, 2001), pp. 262-266.

(111) *Ibid*.

(112) 香西『前掲書』（注65）五〇七―五〇八頁。

(113) 納家『前掲書』（序章注8）三四頁。

(114) Coicaud, *op. cit.*, pp. 271-272 (note 110).

(115) Chesterman, *You, the People*, pp. 238-249 (note 14, Chapter 3).

(116) ICISS, *Responsibility to Protect*, pp. 39-45 (note 13, Introduction).

(117) Chesterman, *You, the People*, p. 257 (note 14, Chapter 3).

(118) 石田淳「内政干渉の国際政治学」藤原帰一・李鍾元・古城佳子・石田淳編『国際秩序の変動〔国際政治講座4〕』（東京大学出版会、二〇〇四年）二五九―二六〇頁。

(119) ICISS, *Responsibility to Protect*, p. xii (note 13, Introduction).

(120) 桐山『前掲書』（序章注16）二四五頁。

(121) Chesterman, *You, the People*, p. 127 (note 14, Chapter 3).

(122) 東「前掲論文」（第五章注52）二一六―二二三頁。

(123) de Wet, "The Direct Administration of Territories by the United Nations and its Member States in the Post Cold War Era : Legal Bases and Implications for National Law," *Max Planck Yearbook of United Nations Law*, Vol. 8 (2004), p. 312.

(124) Chimni, *op. cit.*, pp. 20-21 (note 10, Chapter 2).

(125) Anghie, *op. cit.*, p. 254 (note 29).

(126) 半澤朝彦「植民地支配の遺産と開発途上国」大芝・藤原・山田編『平和政策』（第二章注19）一二二頁。

【第七章　国際組織法の再検討に向けて】

(1) 植木「国際組織法」小寺ほか編『講義国際法』（第二章注13）一九二―一九三頁。

(2) 植木「『国際組織法』の体系に関する一考察（五・完）」（第二章注14）二七頁。

(3) Fox, *op. cit.*, p. 1 (note 12, Chapter 3).

(4) 「カンボジア紛争の包括的政治解決に関する協定」附属書1、A節1項。

(5) 石田淳「国内秩序と国際秩序の《二重の再編》――政治的共存の秩序設計」『国際法外交雑誌』第一〇五巻四号（二〇〇七年一月）四四―六七頁、石田淳「序論　国際秩序と国内秩序の共振」『国際政治』第一四七号（二〇〇七年一月）一―一〇頁。

(6) Wilde, "Representing ITA'" p. 93 (note 21, Chapter 1).

（7）この点については第五章注66を参照のこと。

（8）このような状況はコソヴォやボスニアにおいて顕著である。定形「前掲論文」（第五章注61）三六―三七、四〇―四一頁。

（9）吉川元「前掲論文」（第一章注1）一七頁。

（10）星野俊也「前掲論文」（序章注9）三九頁。

（11）この点については、桐山「領土帰属論からガバナンス論への展開」（第二章注7）一八頁も指摘するところである。

（12）西海「前掲論文」（第二章注42）三八―三九頁。

（13）遠藤誠治「世界秩序の変動と平等」『平等と政治（年報政治学二〇〇六―I）』四四頁。桐山『前掲書』（序章注16）七頁。

（14）位田「前掲論文」（第二章注42）六一五頁。

（15）西海「同上論文」（第二章注42）四一―四三頁。

（16）UN Doc. A / RES / 3201 (S-VI) (1 May 1974).

（17）UN Doc. A / RES / 3281 (XXIX) (12 December 1974).

（18）桐山「領土帰属論からガバナンス論への転回」（第二章注7）一七頁。

（19）例えば、井上達夫『普遍の再生』（岩波書店、二〇〇三年）（とくに第II部第二章「アジア的価値論とリベラル・デモクラシー――欧米中心主義をいかに超えるのか」（七三―一二四頁）を参照）。

（20）UN Doc. A / CONF.157 / ASRM / 8-A / CONF.157 / PC / 59 (7 April 1993).

（21）UN Doc. A / CONF.157 / AFRM / 14-A / CONF.157 / PC / 57 (24 November 1992).

（22）桐山「前掲論文」一八頁（第二章注7）。

（23）B. S. Chimni, *op. cit.*, pp. 1-2 (note 10, Chapter 2).

（24）*Ibid.*, (note 10, Chapter 2).

（25）*Ibid.*, pp. 11-12 (note 10, Chapter 2).

（26）Anghie, *op. cit.*, p. 191 (note 29, Chapter 6).

（27）UN Doc. A / RES / 60 / 1 (24 October 2005).

（28）山内麻里「国連における平和構築の潮流――平和構築委員会設立」『外務省調査月報』No. 2（二〇〇六年）三六頁。

（29）UN Docs. S / RES / 1645 and S / RES / 1646 (21 December 2005).

（30）UN Doc. A / RES / 60 / 180 (30 December 2005).

（31）山内「前掲論文」（注28）四〇―四一頁。

（32）UN Doc. A / RES / 60 / 180, para. 4 (d).

（33）庄司真理子「国連における人間の安全保障概念の意義――規範としての位置づけをめぐって」『国際法外交雑誌』第一〇五巻二号（二〇〇六年）一〇九頁。

（34）押村「前掲論文」（第一章注36）一四―一五頁。

（35）庄司「前掲論文」（注33）一一〇頁。

（36）したがって、そもそも「人間の安全保障」が大多数の支持を受けるような内容を持った概念として成立しているのか、という問題提起も当然可能である。

（37）例えば、武者小路公秀『人間安全保障論序説――グローバル・ファシズムに抗して』（国際書院、二〇〇三年）。なお、対抗的グローバリゼーション運動については、遠藤「前掲論文」（注13）五四―五七頁を参照。

（38）星野俊也「軍事介入」大芝・藤原・山田編『前掲書』（第二章注19）二二四頁。

（39）ICISS, *The Responsibility to Protect*, p. xi (note 13, Introduction).

（40）篠田「前掲論文」（第一章注26）九〇―九三頁。

（41）ICISS, *op. cit.*, pp. 47-52 (note 13, Introduction)は、第一義的な責任を安保理に負わせる見解を示している。国連憲章の存在を前提として考えれば、法的な整合性は保たれている。しかし、安保理における五大国の特権的地位に不満を抱いている諸国（主として途上国）の目には、安保理の決定であってさえ（あるいは、安保理の決定であるが故に）「干渉」に映る可能性を排除できない。

（42）渡辺昭夫・土山實男編『グローバル・ガヴァナンス――政府なき秩序の模索』（東京大学出版会、二〇〇一年）七頁。

（43）最上『前掲書』（第一章注８）三一九―三二二頁。

（44）河野「ガヴァナンス概念再考」河野編『前掲書』（第六章注16）五頁。

（45）Nico Krisch and Benedict Kingsbury, "Introduction : Global Governance and Global Administrative Law in the International Legal Order" (hereinafter, referred to as "Introduction"), *EJIL*, Vol. 17, No. 1 (2006), p. 1.

（46）Benedict Kingsbury, "Sovereignty and Inequality," *EJIL*, Vol. 9 (1998), pp. 610-616, especially pp. 615-616.

（47）Krisch and Kingsbury, "Introduction," pp. 1-2 (note 45).

（48）*Ibid.*, pp. 11-12 (note 45).

（49）Carol Harlow, "Global Administrative Law : The Quest for Principles and Values," *ibid.*, pp. 187-214 (note 45).

(50) 横田洋三「第Ⅲ部第一章　問題提起」総合研究開発機構ほか編『前掲書』（第六章注101）二二〇―二三二頁。

(51) 星野俊也「国際機構」渡辺・土山編『前掲書』（注42）一八四頁。

(52) 横田「国際組織と法」『国際政治』第七六号（一九八四年）一三八―一五七頁。なお、同論文は、横田洋三『国際機構の法構造』（国際書院、二〇〇一年）第一部第一章に章名を「国際機構と法構造」に改めた上で収録されている（一六―四四頁）。本書では、後者一九頁より引用した。

(53) 佐藤『国際組織法』（第一章注7）一〇四―一〇五頁および同所の（注1）。なお、そこで佐藤が注記するように、“constitution”の訳語としての「組織法」は、本章第二節で検討した、国際組織の「組織面に関する法」という意味で横田が用いる「組織法」（例えば、横田『同上書』（注52）五八頁）とは異なる。

(54) Erika de Wet, “The International Constitutional Order,” *ICLQ*, Vol. 55, Part 1 (January 2006), p. 53.

(55) *Ibid*., p. 51 and p. 53 (note 54).

(56) *Ibid*., p. 56 and pp. 64-67 (note 54).

(57) 佐藤哲夫「国際社会における“Constitution”の概念――国際連合憲章は国際社会の憲法か」『変動期における法と国際関係（一橋大学法学部創立五〇周年記念論文集）』（有斐閣、二〇〇一年）五〇八頁。

(58) 佐藤「前掲論文」（第一章注2）二〇二頁。

(59) Christian Tomuschat, “Obligations Arising for States without or against their Will,” *Recueil des Cours de l'académie de droit international de la Haye*, Vol. 195 (1993-IV), p. 249.

(60) Tomuschat, *ibid*. (note 59).

(61) 二〇〇七年四月一七日に安保理が「気候変動が平和と安全に与える影響」をテーマに公開討論を開催した際、中国などは安保理が気候変動問題を扱うことに反対した。これに示されるように、安保理における「討議」と決議採択などの「行動」は、とりあえず切り離されており、安保理内部で一定の「自制」が存在するといえなくもない（http:// www.un.org / New / Press / docs // 2007 / sc9000.doc.htm［18 April 2007］）。

(62) A / RES / 377(V), 3 November 1950.

(63) de Wet, *op. cit*., pp. 64-65 (note 54).

(64) 佐藤「前掲論文」（第一章注2）二〇三―二〇四頁。

(65) 佐藤「同上論文」（第一章注2）二〇一頁。

(66) Michael J. Matheson, *Council unbound : the growth of UN decision making on conflict and Postconflict issues after the Cold War* (hereinafter, referred to as *Council unbound*) (United States Institute of Peace Press, 2006).

(67) *Ibid.*, p. 234 (note 66).

(68) Steven R. Ratner, "The Security Council and International Law," in Malone (ed.), *op. cit.*, pp. 593-602 (note 34, Chapter 6).

(69) José E. Alvarez, *International Organizations as Law-makers* (Oxford University Press, 2005), p. 189.

(70) 内田孟男「序論――グローバル・ガバナンスにおける国連事務局の役割と課題」日本国際連合学会編『グローバル・アクターとしての国連事務局（国連研究第三号）』（国際書院、二〇〇二年）一一頁以下。

(71) Kofi Annan, "Two Concepts of Sovereignty," *The Economist*, 18 September 1999, pp. 49-50.

(72) 内田「前掲論文」（注70）一〇頁。

(73) 内田孟男「国連事務総長の政治的リーダーシップの課題」功刀達朗・内田孟男『国連と地球市民社会の新しい地平』（東信堂、二〇〇六年）一九―五九頁。

(74) 「同上論文」五五頁（注73）。

(75) 遠藤乾「前掲論文」（序章注15）二四頁。事務総長をはじめとする国連職員が国連憲章第一〇〇条に基づく国際性を有しているにせよ、事務総長が安保理の勧告に基づいて任命される以上、正統性はともかくとしても、中立性には一定の限界があろう。

(76) de Wet, *op. cit.*, pp. 71-72 (note 54).

(77) それ故に近年、PKOのアカウンタビリティ（accountability）が問題になる。詳しくは、Marten Zwanenburg, *Accountability of Peace Support Operations* (Martinus Nijhoff Publishers, 2005)。

(78) 国際法学会編『国際法外交雑誌総索引（自第一巻至第一〇〇巻）』（二〇〇五年）。

(79) 横田喜三郎「国際組織法の理論（一）（二・完）」『法学協会雑誌』第四七巻七号一―四六頁、第四七巻八号一―四七頁（ともに一九二九年）。その後、これらの論文は『国際法の基礎理論』（有斐閣、一九四九頁）一―八四頁に収められた。ここでの引用は、同書のオンデマンド版（二〇〇三年刊）に拠っている。なお、引用に際しては、適宜、旧字体を改め、現代仮名遣いにした。

(80) 横田喜三郎『前掲書』四一頁（注79）。

(81) 『同上書』七二頁（注79）。

(82) 横田喜三郎『国際法（上巻）』（有斐閣、一九三三年）一六〇―一八一頁。

(83) なお、横田喜三郎の国際組織法体系に対する詳細な検討・分析として、植木俊哉「『国際組織法』の体系に関する一考察（三）――『国際組織法総論」構築への予備的考察」『法学』第六一巻四号（一九九七年）一―三三頁、とくに二三―二四頁。なお、同「前掲論文」一九四―一九六頁（第二章注67）においても同旨のコメントがある。

(84) 植木「『国際組織法』の体系に関する一考察（三）」（注83）二四頁。

(85) ただし、本書の視角との関連では、『国際法（上巻）』で示された、ザール、ダンチッヒ自由市および委任統治を同列の「直接国際行政」として取り扱うということが果たして適当か、という問題を指摘することはできる。

(86) 横田洋三「国際組織の法構造――機能的統合説の限界」『国際法外交雑誌』第七七巻六号（一九七九年）一七―三七頁。なお、同論文も、横田『前掲書』（注52）第一部第二章に章名を「国際機構の法構造――機能的統合説の限界」に改めた上で収録されている（四五―八一頁）。本書では、後者から引用している。

(87) 横田洋三自身は、このような法を「国際組織法」と名づけるが、本書の用語法との混同を避けるため、横田が定義する意味での「国際組織法」を本書では「組織面に関する法」と読替えている。また、同様に国際組織の作用に関する法を横田は「国際作用法」と名づけているが、本書では「作用面に関する法」と読み替えることにする。

(88) 横田洋三『前掲書』（注52）五八頁。

(89) 『同上書』（注52）六六頁。

(90) 『同上書』（注52）五八―七〇頁。

(91) 中村道「日本における国際機構法研究」『国際法外交雑誌』第九六巻四・五号（一九九七年）一四六頁。

(92) 黒神直純「国際機構の内部的責任について」『国際法外交雑誌』第一〇一巻二号（二〇〇二年）八二頁脚注10を参照。

(93) 横田洋三『前掲書』（注52）七二頁。

(94) 『同上書』（注52）六八頁。

(95) これは、ＳＮＣ議長から事務総長への書簡という形式をとっている（UN Doc. A / 46 / 494-S / 23066, 24 September 1991）。

(96) UN Doc. A / 50 / 757-S / 1995 / 951 (15 November 1995), annex.

(97) UN Doc. A / 53 / 951-S / 1999 / 514 (5 May 1999), Annex I. なお同国連文書の附属書II（住民投票の様式に関する合意）と附属書III（住民投票実施までの治安確保に関する合意）では、アナン事務総長はインドネシアおよびポルトガルの両外相とともに署名している。しかし、これは後のＵＮＴＡＥＴの受入れ同意の法的基礎になるものではない。

(98) 横田洋三『前掲書』（注52）六六頁。

(99) 『同上書』（注52）五九―六〇頁。

(100) 『同上書』（注52）六八頁。
(101) 佐藤『前掲書』（第一章注7）二一二―二一三頁。
(102) 『同上書』（第一章注7）一一九頁。
(103) 『同上書』（第一章注7）二一三頁。
(104) 『同上書』（第一章注7）二二一頁および二〇七―二〇八頁。
(105) 黒神「前掲論文」（注92）七八頁。なお、H. G. Schermers and N. M. Blokker, *International Institutional Law : Unity within Diversity* (3rd revised edition) (Martinus Nijhoff, 1995), p. 1954.
(106) 黒神「同上論文」（注92）八〇頁脚注7、黒神『国際公務員法の研究』（信山社、二〇〇六年）二九三―二九四頁と同書に対する佐藤哲夫の「紹介」（『国際法外交雑誌』第一〇六巻一号（二〇〇七年）一〇五―一〇七頁。
(107) 横田洋三『前掲書』（注52）三四―三七頁。
(108) 横田編著『国際関係法』（放送大学教育振興会、二〇〇二年）一四―一五頁および七四―九〇頁。横田「国際機構法の可能性」横田・山村編『前掲書』（第三章注4）九―二七頁。
(109) *Brahimi Report* (note 22, Chapter 1), paras. 79–83. Ruffert, *op. cit.* (note 16, Chapter 4), pp. 622–624.
(110) 植木俊哉「前掲論文」（第二章注67）二〇五頁。
(111) Matheson, *op. cit.* (note 66), pp. 235–236.
(112) 例えば、河西（奥脇）直也「国連法体系における国際立法の存立基盤――歴史的背景と問題の所在」大沼保昭編『国際法、国際連合と日本』（弘文堂、一九八七年）七七―一二一頁、最上敏樹「国連法体系の展望」『国際社会と法（岩波講座現代の法2）』（岩波書店、一九九七年）二六三―二九一頁、藤田久一『前掲書』（第一章注2）、秋月弘子『国連法序説』（国際書院、一九九九年）。
(113) 加藤新平『法哲学概論（法律学全集1）』（有斐閣、一九七六年）三一三頁。
(114) 植木「前掲論文」（第二章注67）二〇三頁。
(115) Ratner, *op. cit.*, p. 591 (note 34, Chapter 6).
(116) *Ibid.* (note 34, Chapter 6).
(117) Tomuschat, *op. cit.*, pp. 326–327 (note 59).

（1）Chesterman, *You, the People*, p. 1 (note 14, Chapter 3).
（2）Cf. Richard Caplan, *op. cit.* (note 6, Introduction).
（3）そのような問題意識から国際信託統治を検討したものとして、五十嵐元道「国際信託統治の歴史的起源（一）―（三・完）」『北大法学論集』第五九巻六号（二〇〇九年）二九五―三二六頁、第六〇巻一号（二〇〇九年）一一一―一四四頁、第六〇巻二号（二〇〇九年）一九三―二二五頁がある。
（4）Simon Chesterman, *Just War or Just Peace? Humanitarian Intervention and International Law* (Oxford University Press, 2001), Bain, *op. cit.*, p. v (note 38, Chapter 2).
（5）第三章注31参照。
（6）Outi Korhonen, "International Governance in Post-Conflict Situations," *Leiden Journal of International Law*, Vol. 14 (2001), p. 527.
（7）山田「領域管理と国際秩序――「新信託統治」が問いかけること」『前掲書』（第六章注8）一七七―一九五頁、とくに一九四―一九五頁参照。
（8）Chesterman, *You, the People*, pp. 238-249 (note 14, Chapter 3).
（9）Bain, *op. cit.* (note 38, Chapter 2), p. 159.
（10）岡垣「前掲論文」（第1章注30）五一―五二頁。
（11）Ydit, *Internationalised Territories*, p. 320 (note 1, Chapter 2).
（12）植木「『国際組織法』の体系に関する一考察（一）――「国際組織法総論」構築への予備的考察（一）」『法学』第五六巻一号一六―二〇頁。

あとがき

研究者として単著を書くこと。それは、私にとって一つの目標であるとともに、気宇壮大な、見果てぬ夢のようにも思われた。さまざまな幸運に恵まれて本書を刊行できる今の瞬間は、ようやく一つのゴールを迎えたという安堵の瞬間であるとともに、新たなスタートにつくという、不安な時の始まりでもある。そして、不安のほうがはるかに大きいことはいうまでもない。「あとがき」の執筆は著者がもっとも解放される瞬間だ、と言った編集者がいたが、残念ながら今の私にその実感はない。単著を書くことに何がしかの意味があるのだとすれば、それは、批判を甘受すること、そして、それを糧に次の一歩を踏み出す覚悟を決めること、それ以外に今、思いつくことはない。

そのような私の個人的な、拭いきれない逡巡はともかく、今は二人の人に真っ先に、また最大の謝意を表しなければならない。一人目は、横田洋三中央大学教授である。私が国際基督教大学に入学した頃、横田先生は国際法に加えて、教養科目として国際関係論も講義されていた。私がその国際関係論を受講し、横田先生に出会ったことが、その後に研究者を志した最大の理由である。その後、学部・大学院のゼミを通じ、また今日に至るまで公私にわたって指導を仰いできた不肖の弟子としては、今ようやくこれまでの学恩の、少なくとも一部に報いることができたのではないかと思う。また、畏友・黒神直純岡山大学教授にも、心からの感謝を捧げなければならない。もし、彼が二〇〇五年秋の国際法学会秋季大会（於・北海道大学）の休憩コーナーで、それまでの私の研究成果を単著としてまとめることを強く薦めなければ、私は本書を書く覚悟を決めることはできなかった。その後も氏は、折に触れて的確な助言と励ましを送り続け、さらに、本書の最初の草稿にも目を通してくれた。本書の内容が氏の期待に応えるものとなったかどうかはともかく、この五年余は氏との約束を果たすための時間でもあった。

本書は、全体として書下ろしであるが、部分的に以下の拙稿を引用している。これらについては煩雑を避けるため、引用注などを付していない。

「国際機構による領域管理の法的側面」横田洋三・山村恒雄編『現代国際法と国連・人権・裁判（波多野里望先生古稀記念論文集）』（国際書院、二〇〇三年）

「領域の国際的管理と法――『国際的領域管理論』構築の試み」『社会とマネジメント（椙山女学園大学現代マネジメント学部）』第一巻二号（二〇〇四年三月）

「国際機構による領域管理と法」『国際法外交雑誌』第一〇四巻一号（二〇〇五年五月）

「領域管理の意義を巡って――合法性と正統性の相剋」『国際政治』第一四三号（二〇〇五年一一月）

「ＰＫＯの任務拡大と正統性確保――領域管理を題材とした問題提起」『軍事史学（ＰＫＯの史的検証）』第四二巻三・四号（二〇〇七年三月）

「『平和構築の国際法』への覚え書き――『軍事占領』と『ガバナンス（の構築）』の関係を題材として」『社会とマネジメント（椙山女学園大学現代マネジメント学部）』第四巻二号（二〇〇七年三月）

なお本書は、南山大学学術叢書として、南山学会からの出版助成を得て刊行される。着任間もない私の助成申請を認めてくださった、ミカエル・カルマノ会長と浜名優美常任理事のご高配に感謝したい。また、出版助成に関わる一連の事務手続きをサポートしてくださった南山大学教育・研究支援事務室の滝純さんにも感謝したい。出版助成につきものの刊行期限を守ることができ、胸をなで下ろしている。先行研究については、前任校である椙山女学園大学から受けた、一連の「学園研究費助成金」（平成一五年度～一九年度）による研究成果も含まれている。

本書が東京大学出版会から刊行されるにあたって、最上敏樹国際基督教大学教授と藤原帰一東京大学教授には、多大なるお力添えを頂いた。加えて、そもそもの企画段階から刊行に至るまでのすべての過程をサポートしてくださった、同会編集部の山田秀樹氏に対しては感謝の言葉以外に何も思いつかない。氏は、あるときは大所高所から、またあるときは極めて細部について、本書の、あるいは書物一般のあるべき姿を示しながら刊行へと導いてくれた。氏の編集者としての辣腕ぶりは他書からも明らかなところであるが、氏に導かれ、あるいは、術中にはまった挙句の果てが本書でしかないことは、ただ冷汗三斗の思いである。また、学兄・鶴見直人氏（神戸大学大学院博士後期課程）には、草稿段階で全体に目を通してもらい、表記上の統一はもとより、元・外務省国際平和協力調査員としての経験を踏まえた、内容面についての貴重な指摘も得ることができた。心からの謝意を表したい。

本書は、これまでに記した人々に加えて、さらに多くの先生方からの長年にわたってのさまざまな機会でのご指導とお励ましがあって刊行される。そのことを、ただ感謝の念を込めて記しておきたい。特に、大学院生のころにある先生から頂戴した「長く広い目で国際法に取り組んでください」という一言は、今も、怠惰な私の背筋を伸ばす一言であり続けている。これに応えられる時が来るのか心許ないが、今回の出版を機に改めて約二〇年前のこの一言を思い出しながら、次を目指してみたいと思う。

研究者の業績というものが、日常を共にする周囲の理解によらずしては形を成さないのだとすれば、本書も例外ではない。最後になったが、両親と妻への謝意を表しておきたい。

二〇〇九年一一月二三日　南山大学瀬戸キャンパスの研究室にて

山田哲也

索　引

サ　行

タ　行

ナ 行

ハ 行

マ　行

ヤ　行

ラ　行

ワ　行

著者略歴

1965年　東京生まれ

1993年　外務省専門調査員（在連合王国（英国）日本大使館）

1995年　国際基督教大学大学院行政学研究科博士後期課程中途退学

1996年　財団法人日本国際問題研究所研究員

2003年　椙山女学園大学現代マネジメント学部助教授

2008年　南山大学総合政策学部教授

専　攻　国際法・国際組織論

主要編著書

『融ける境 超える法 2 安全保障と国際犯罪』（共著，東京大学出版会，2005年）

『平和政策』（共編，有斐閣，2006年）

『日本の国際政治 第2巻 国境なき国際政治』（共著，有斐閣，2008年）

国連が創る秩序　領域管理と国際組織法

2010年1月22日　初　版

［検印廃止］

著　者　山《やま》田《だ》哲《てつ》也《や》

発行所　財団法人　東京大学出版会

代表者　長谷川寿一

113-8654 東京都文京区本郷7-3-1 東大構内

電話 03-3811-8814　Fax 03-3812-6958

振替 00160-6-59964

印刷所　株式会社暁印刷

製本所　牧製本印刷株式会社

ISBN 978-4-13-036140-8　Printed in Japan